金融科技发展视角：构建保险科技创新新生态

2020

清华大学五道口金融学院中国保险与养老金研究中心 著

中国财经出版传媒集团
中国财政经济出版社

图书在版编目（CIP）数据

金融科技发展视角：构建保险科技创新新生态2020 /
清华大学五道口金融学院中国保险与养老金研究中心著
. -- 北京：中国财政经济出版社，2020.9
　ISBN 978-7-5095-9956-3

Ⅰ.①金… Ⅱ.①清… Ⅲ.①科学技术—保险—研究
—中国　Ⅳ.①F842.6
中国版本图书馆CIP数据核字（2020）第150870号

责任编辑：郁东敏　　　　责任校对：胡永立
封面设计：中通世奥　　　责任印制：刘春年

中国财政经济出版社　出版

URL：http://www.cfeph.cn
E-mail：cfeph@cfemg.cn
（版权所有　翻印必究）

社址：北京市海淀区阜成路甲28号　邮政编码：100142
营销中心电话：010-88191537
北京时捷印刷有限公司印刷　各地新华书店经销
889×1194毫米　16开　14.75印张　282 000字
2020年10月第1版　2020年10月北京第1次印刷
定价：78.00元
ISBN 978-7-5095-9956-3
（图书出现印装问题，本社负责调换）
本社质量投诉电话：010-88190744
打击盗版举报热线：010-88191661　QQ：2242791300

编 委 会

主　　　编：周延礼

副 主 编：姜　波　廖　理

执 行 主 编：魏晨阳　金　鼎

研究组成员：王　言　刘　晓　蒋昭昆　冯　采

　　　　　　邓珊珊　薛　越　吴康妮　李心怡

课题组在国务院参事室召开保险科技座谈会

2019年9月,课题组在中银保信调研

2019年9月,课题组在中银保信调研

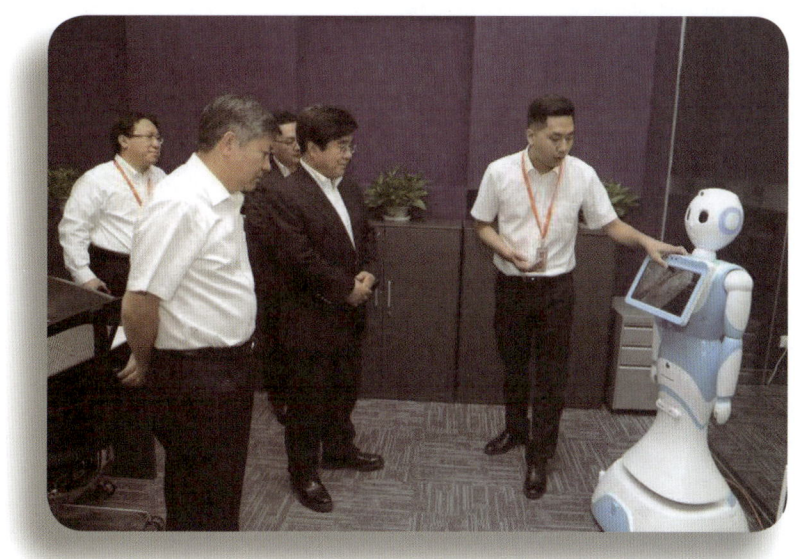

课题组在泰康保险集团调研

课题组在泰康保险集团调研

课题组在泰康保险集团调研

课题组在泰康保险集团调研

课题组在太平洋保险集团调研

课题组在太平洋保险集团调研

课题组在大地保险集团调研

课题组在上海保险交易所调研

课题组在蚂蚁集团调研

序

近年来，我国保险业发展迅速，推动了保费规模和行业资产规模稳步增长。就保费收入而言，2017年中国保险市场已位居全球第二，已成为全球保险市场增长的主要贡献者。可见，全球保险业增长重心东移的趋势日益明显。2020年初新冠肺炎疫情肆虐，全球经济陷入深度衰退，对全球金融业冲击严重，而全球保险业也难以幸免。在内外部环境的双重压力下，中国保险业审时度势，抓住新一代信息技术发展的机遇，实施了以保险科技为代表的新发展动能转换，加速推动保险业向数字化的转型升级，以科技金融促进全新保险生态系统的建设，从而使保险业经营管理更具韧性，抵御风险能力更强，服务实体经济更精准，保险消费者的获得感提高，在此过程中保险+科技的应用与实践必将成为行业转型发展的核心竞争力。

在新一代信息技术的推动下，大数据、云计算、人工智能、区块链等新技术深度参与保险业务的全流程，保险产品和服务的流程再造应运而生，不仅提升了保险业服务的效率，而且改变了产品形态与服务交互方式，推动了保险业多生态对接经济社会发展"双循环"战略新特征。得益于科技快速迭代能力，既激发了保险产品创新潜力，又带来了保险规模和收益的增长，特别是保险科技在财产险、人身险及健康险业务中得到了广泛应用，推动了保险公司在数据支持上的不断完善和核心业务系统的建设投入。可以看到，新兴保险产品迭代周期大幅缩短，产品上线速度提升，进一步激发了保险公司在产品创新上的潜力，保险消费者可选择性得到了提升。

随着新一代信息科技的迅猛发展，多元化科技+保险主体纷纷加入，科技企业为保险业全流程科技化不断注入革新动能，助力了保险全流程革新，提升各保险经营环节效率，提高了保险风险管理的精准性，带来了保险产业链不断扩展，保险多样生态圈不断扩大，一个以保险主体为中心，链接相关行业上下游不同产品、服务的提供者和客户的保险新生态圈正在逐渐形成。

保险科技是"保险+科技"的深度融合，也是驱动保险业转型升级换代的重要引擎，"科技+保险"是保险数字化的支撑，也是保险业融入数字经济浪潮必由之路。当前，保险科技的快速发展正在为保险业加速转型升级带来全新契机，多种指数级发展的技术正合力改变着保险业现状，拓展了保险业新的风险管理需求，为保险业务的发展带来新机遇、注入新动能。下一步，保险科技健康有序发展还需要"科技+监管"介入、确保保险机构与科技企业的协力配合和共同进步，由此可见，进一步发挥信息技术对保险业供给侧结构性改革的推动作用，加快保险业转型升级，助力保险业高质量发展有着现实意义。

目前，保险业对保险科技的发展、科技在保险业中的实践应用，各国都处在创新提高的阶段，还缺乏系统性的技术和理论研究成果。清华大学五道口金融学院中国保险与养老金研究中心研究团队通过对全国范围内有代表性的保险机构、保险中介机构及保险科技初创公司开展实地调研，对保险科技相关文献资料进行系统的梳理，进行了大量调研和归纳总结工作，历时1年左右完成《金融科技发展视角：构建保险科技创新新生态（2020）》。此书从保险科技发展阶段、险种分布、业务流程、技术特点等维度搭建起保险科技研究的系统性理论框架，并就海内外保险科技发展对比、行业基础设施建设、数据与技术安全、监管科技等重点话题进行了深入探讨，填补了在全球保险业科技创新、产业升级的实证研究方面的空白，为中国保险业在全球数字化这个历史性际遇下如何探索创新提高和实现可持续性的升级和发展，提供一个研究和政策思考的基础与框架。

籍此，希望清华大学五道口金融学院中国保险与养老金研究中心未来在推动保险科技助力保险业转型升级和高质量发展方面，继续与保险机构、监管部门、研究学者及保险实务等各界同仁，深入合作与交流，推出更多的研究成果！

是为序。

周延礼

二〇二〇年九月十七日

目录
CONTENTS

引 言

1. 我国保险科技行业发展现状

1.1 我国保险科技发展阶段概述　18

1.2 我国保险科技市场主要参与主体　21

1.3 保险科技在各险种中应用的发展趋势　42

1.4 保险科技赋能保险生态链　67

2. 技术发展趋势

2.1 人工智能　87

2.2 大数据　102

2.3 云计算　118

2.4 区块链　126

3. 海外保险科技行业发展借鉴

3.1 全球保险科技发展概述　142

3.2 国际大型险企数字化转型之路　148

3.3 全球 UBI 汽车保险一览　158

3.4 数字驱动的健康险　165

3.5 互联网寿险　169

4. 我国保险科技发展面临的机遇与挑战

4.1 保险业务专题：积极应用保险科技提升保障水平和效率，促进保险业进一步回归保障本源　178

4.2 技术与数据专题：推动行业基础设施建设，规范技术与数据安全　184

4.3 监管科技专题：推动金融科技监管与时俱进，不断健全金融科技监管体系　214

后记　222

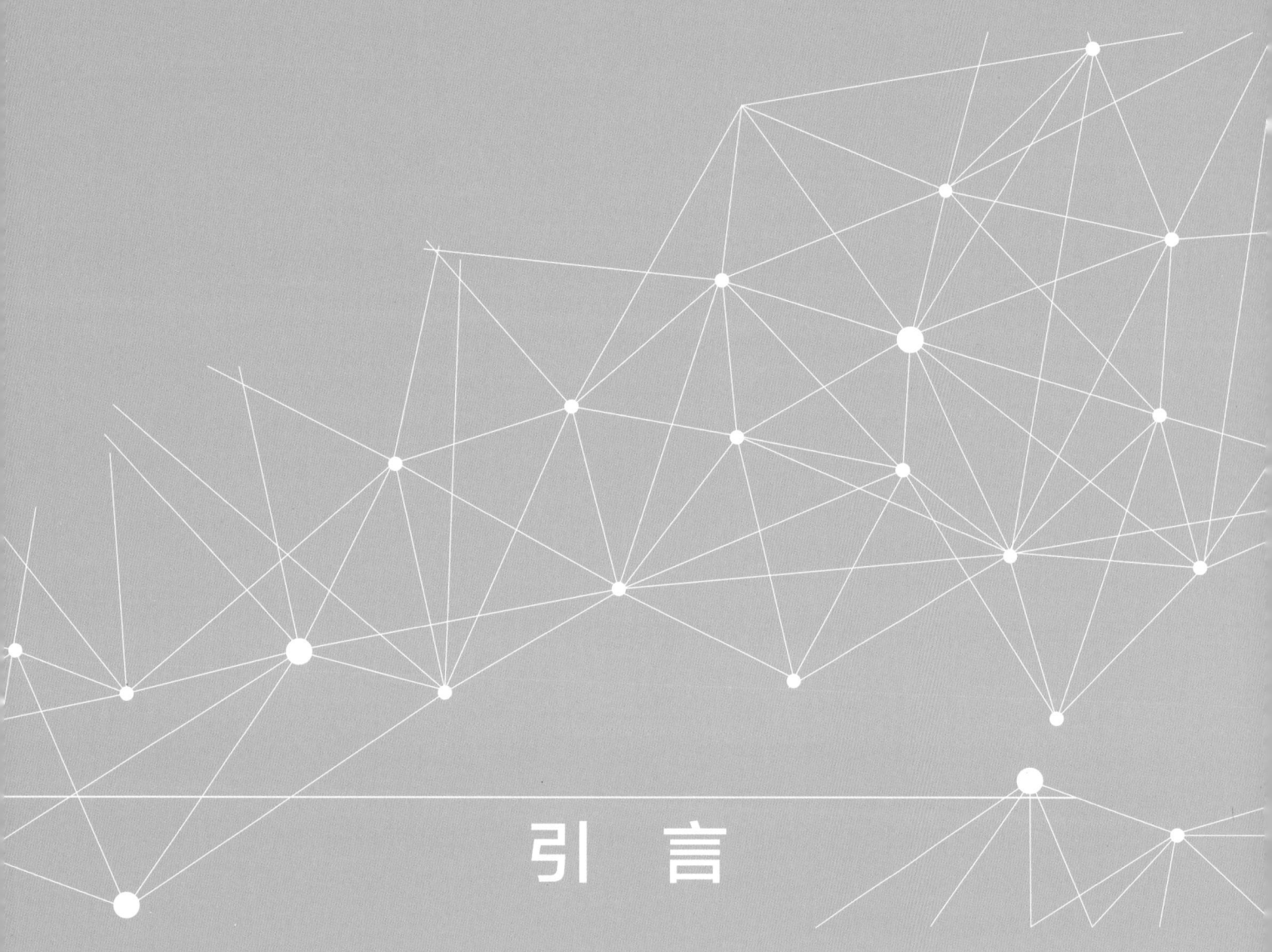

引 言

目前，中国保险业已步入从高速度增长向高质量发展的重要转型升级阶段，科技是推动保险业质量变革、效率变革、动力变革的核心驱动力，也是推进保险业动能转换及转型升级的关键。以人工智能、大数据、云计算、物联网、区块链为代表的新一代信息技术正在为保险业的发展注入新动能，不断提升保险业的创新性和创造力，并正在改变保险业的生态格局，最终将助力保险业实现高质量发展。

本次"金融科技发展视角：构建保险科技创新新生态"调研，选择全国范围内具有代表性的保险机构、互联网保险公司、保险中介机构及保险科技初创公司为调研对象进行实地走访，在对我国保险科技发展状况进行深入了解的基础上，对我国保险科技行业的创新生态深入研究，系统分析存在的问题和困难，并就下一步促进我国保险科技发展提出相关政策和建议。

一、"构建保险科技创新新生态"调研概述

本次调研活动由全国政协委员、国务院参事室金融中心研究员、原中国保监会副主席、清华大学五道口金融学院理事周延礼同志牵头，调研组由清华大学五道口金融学院、中国人民银行参事室、中国银保监会等相关人员组成。实地调研历时3周，对北京、江西、上海、浙江等地的10家机构进行了实地走访，组织20余家市场机构召开了3次座谈会。通过总结调研内容、查阅相关文献资料，调研组成员历时近5个月形成20余万字的详细调研报告。

（一）调研选题的重要现实意义

近年来，以数字金融为代表的数字经济占中国GDP的份额已近1/3，是当前新经济的重要组成部分。保险作为金融体系和生产生活保障的重要组成部分，其发展与国民经济发展密切相关。如何利用数字金融和创新科技推动保险行业转型升级、更好地服务实体经济成为关键问题。在全球范围内，保险科技是金融科技发展的重要分支，投融资活动活跃，大型（再）保险公司、科技巨头持续布局。在全球保险业重心东移的趋势下，保险科技成为保险行业转型发展的核心竞争力。

（二）调研工作安排系统科学

本次调研采用实地调研与理论研究相结合的方式。2019年9月至10月，调研组赴北京、上海、杭州及南昌进行了实地调研，既覆盖保险总部聚集的经济发达地区，也覆盖金融欠发达的中西部地区。实地走访了中银保信、泰康保险、新华保险、太平洋保险、大地保险、众安保险、人保江西分公司、上海保交所、蚂蚁金服等机构，组织中国平安、人保金服、微民保险代理等20余家代表性市场机构，并进行了座谈。调研对象既包含大型保险公司，也包括中小型保险公司、互联网保险公司、保险中

介公司及保险科技初创企业等，力争全面了解保险科技发展状况。调研活动结束后，调研组成员查阅了大量文献资料，对金融科技、保险科技、技术发展趋势及海外保险科技发展等相关行业研究资料进行了全面梳理，搭建起保险科技发展研究的理论框架，最后形成了20余万字的研究报告。

（三）调研成果具有理论创新性及政策参考价值

保险科技属于新生事物，目前对保险科技发展及在保险业中实际应用尚无系统性的理论研究。调研组通过实地调研与理论研究相结合的方式，从发展阶段、机构特征、险种应用、业务流程等维度搭建起保险科技发展研究的理论框架，在理论上具有创新性。同时，调研组对保险科技与保险业务的结合、行业基础设施建设、数据与技术安全、监管科技等重点问题进行了分析，并提出相应的政策建议，对于进一步推动保险科技发展，促进保险业转型升级、高质量发展具有参考价值。

二、我国保险科技发展进入纵深阶段，科技深度赋能推动保险业新生态建立

我国保险科技发展已进入科技深度赋能保险业的第三阶段，保险科技在各类型保险机构中均有不同程度的应用，在财产险、寿险及健康险等险种中广泛渗透，并通过技术赋能核保核赔、数字化客户服务、智能风控等业务环节，提升运营效率。

（一）保险科技深度赋能保险业发展阶段

回顾"保险+科技"融合发展的流程，保险信息基础设施建设的突破推动了行业生态升级，我国保险科技的发展也经历了三个阶段。

第一阶段：保险信息电子化阶段。此阶段发展的主要特征是保险信息与业务简单的电子化以提升管理水平和工作效率。这一阶段，计算机作为公司后台管理的辅助工具有了一些简单应用，保险公司开发了一些财务管理、办公自动化等应用系统，减少了复杂的人力成本，提高了效率。进入2000年后，保险业信息化建设进入快速发展阶段，保险公司进行分阶段、渐进式的系统建设，开展了系统整合、数据整合、IT架构再造等IT大集中工作，为后期业务互联网化打下了坚实基础。

第二阶段：保险业务线上化阶段。此阶段的特征是传统保险机构将业务流程电子化、网络化，具体表现为，保险机构搭建在线的业务平台，销售、投保承保、理赔、保全等业务流程逐步线上化，传统保险业务实行信息共享和业务融合。这一阶段，科技在保险业最突出的应用是保险销售线上化。

第三阶段：科技深度赋能保险业。这是一个保险和科技深度融合的阶段，科技

的运用体现在各个险种以及业务的各个环节，显著提高了保险业务的运营效率，降低了经营风险。一方面，科技的发展和运用，将过去不可保障的风险转化为可保障风险，整体风险可拆分为局部风险，消费者个性化的需求被满足，由科技运用创造的新增市场可以部分化解在传统存量市场竞争的危机。另一方面，保险为科技的运用提供了丰富的场景。传统保险业若是一维结构，那么科技的赋能将促使保险业的生态进化为二维结构。在新生态中，技术的进步使得保险业务流程中定价、销售、核保、核赔四个环节均与科技密切结合，保险整个业务链条更为立体化，保险与科技的相互渗透，更精准地把握并激发消费者需求，为消费者创造价值，满足人民群众日益增长的保险需求。

（二）大型保险企业将数字化建设作为重要的发展战略，多元化市场主体入局

从市场主体的维度看，大型保险公司是我国保险科技发展的主要参与者。面对金融科技对行业格局带来的冲击，传统大型保险企业纷纷开始改变自身发展策略，积极融入数字化浪潮。大型保险企业的数字化转型具有四大特点：

- 在顶层设计层面将数字化转型列入公司战略重点，并建立数字化运营机构，设置首席科技官与首席信息管理职位，通过组织架构变革保障战略执行。
- 投资大量资金进行数字化建设，借助自身资金和体量优势，在IT架构建设、自由云平台建设等数字化建设方面进行大投入。2019年中国保险机构的科技投入约319亿元。
- 保险科技应用于全业务链条，通过科技深度赋能保险价值链。通过打造贯通内部链接外部的数字化保险生态圈，延伸保险价值链，提升客户全流程体验。
- 建立科技子公司，将科技子公司作为集团的科技创新基地，通过投资初创科技公司，快速布局保险科技相关的上下游行业，打造数字化保险生态圈。

中小型保险公司、保险中介、互联网保险公司、互联网巨头等多元化市场主体在不同的赛道上凭借技术助力形成差异化竞争优势。中小型保险公司凭借技术在产品、服务、渠道发力，积极进行金融创新，加大保险科技布局和促进互联网渠道业务。互联网保险公司开启凸显线上及技术属性的全新商业模式，在渠道上建立完全线上的D2C模式，在业务布局上丰富产品布局，在业务运营方面对保险业务全流程进行数字化重塑，技术实力更强大。

此外，互联网巨头纷纷入局保险业，凭借流量和技术优势，给保险业原有的格局带来冲击。互联网巨头革新保险业的客户触达方式，从代理人触达变为线上触达，借助线上渠道和低进入门槛将保险产品迅速推广至数十亿级用户，通过场景化销售、引导用户开展保险自我教育的方式，将用户向商业保险消费者转化，并面向年轻人群、下沉市场人群，拓展传统保险的获客范围。

（三）保险科技广泛渗透财险、寿险、健康险业务

大数据、区块链、云计算、人工智能等技术通过对保险业务流程的全面渗入，提升了保险业的业务效率、改变了产品形态与服务交互方式，在财产险、寿险及健康险业务中广泛应用。车险业务中，保险科技的一项重要应用是图像智能定损技术。通过应用深度学习算法、大数据挖掘等，智能理赔技术可以辅助进行车物定损、人伤定损、反欺诈等，覆盖从报案调度、查勘定损、核损核价、理算核赔到结案支付的理赔全流程。例如，平安的"智能闪赔"技术可以提供通过拍照自动识别车辆损失的图片定损工具，将车理赔定损缩短至"秒级"。太平洋保险开发的"太好赔"服务可以实现1分钟一键报案、8分钟自助定损、15分钟收付赔款的极速体验，每年进行超过6万次的上门调解、10万次的探视慰问、2万次的费用担保、1万次的免除鉴定，极大地提升了理赔效率并提升客户体验。

保险科技的发展拓宽了财产险业务的保障范围，在科技的助力下，非车险业务迅速发展。场景化保险可以通过细分购买人群，基于特定场景为不同类型的客户提供能满足细致需求、多样化的保险。例如，泰康在线基于财产、出行、健康、餐饮、电商五大场景，推出了多种场景化保险产品。基于健康场景，泰康在线根据已病人群的保障需求，推出针对心血管疾病、呼吸系统疾病、胃部恶性肿瘤疾病、糖尿病患者的已病人群保险产品；针对外卖小哥、年轻租客、艺术品机构及个人、母婴人群等不同类型的人群，推出解决外卖和快递场景痛点的"骑手意外险"、专为年轻租客群体设计的"租客专属家财险"、国内首款私人收藏艺术品保险"臻品有约"、国内首款试管婴儿保险产品"祝孕"试管婴儿医疗保险等。

保险科技在寿险行业的重要应用是为保险代理人渠道赋能。各保险企业借助保险科技，解决传统寿险营销模式面临的痛点。寿险业的营销思路从传统的线下人海战术和高压管理，过渡到线上的专业营销、微信营销、批量获客，利用互联网新工具并通过完善产品体系来促进营销技术的提升。寿险营销工具将展业投保、客户服务到招募培训、团队管理等全流程集成在同一展业工具中，通过技术手段对传统的行销支持和管理工具进行全方位革新，极大提升了销售效率和用户体验。例如，太平人寿为代理人打造的"太平保宝"平台可以提供个险代理人移动展业闭环服务，2019年微商城累计产生保费12.91亿元，承保件数达到535.9万件。平安壹账通开发的AI代理人甄员系统通过历史数据挖掘和专家经验，刻画出"易留存代理人"及"易脱落代理人"两类画像，形成关键特征，帮助保险公司对代理人进行智能评分与筛选。

健康险业务中，保险科技的发展助力健康险保障设计和精算定价。现阶段我国商业健康保险发展水平较低，商业健康险在发展过程中存在产品同质化严重、客户理赔体验差、保险公司经营困难等一系列问题。上海保险交易所股份有限公司（以

下简称"上海保交所")建设健康保险交易平台,通过深度集成大数据、云计算、人工智能、区块链等科技,推动商业保险与医疗卫生机构的互联互通。上海保交所通过搭建医疗机构与保险公司的对接平台,实现数据的共享、整合、管理,实现商业保险与医疗资源的互联互通。目前,上海保交所与上海市卫健委、宁波市卫健委合作,已对接了约1 200家公立医院,覆盖上海、北京、宁波、武汉等区域,并与26家保险机构达成合作。平台通过对区域5~10年的居民健康信息的大数据分析,为保险公司健康产品创新提供依据,引导开发覆盖特需医疗、特需人群的健康险产品,并通过对接医疗健康大数据,稳定地开展对外输出快速理赔、健康调查、案件核实等服务。

(四)保险科技赋能保险业务全流程

以大数据、云计算、人工智能、区块链等技术为代表的保险科技广泛应用于保险业务的全流程,提升了产品开发及定价、营销渠道、客户服务、核保核赔等各环节效率。

- 保险产品开发及定价环节,保险科技为数字化保险产品开发提供创新支持。云计算、大数据分析处理技术的日趋成熟,使得保险公司可以从丰富产品种类、开发新保险场景、拓展保险可保范围、精准化定价等角度打造技术赋能的多层次保险产品保障体系。在定价数据丰富及核心系统升级的支持下,互联网保险产品实现了敏捷快速上线,可采取快速应对、精准定价、及时承保等策略。例如,众安保险推出的"尊享e生"系列产品在上线3年的时间内完成了12次更新迭代,而这样的迭代速度是传统保险产品开发模式无法企及的。新冠肺炎疫情期间,众安保险在阿里巴巴迅速上线专属新冠肺炎保险,为疫情期间生活服务类工人提供因新冠肺炎导致的身故保障、一次性补贴、染病务工保障等。在新加坡,众安保险与Grab和Chubb合作,在1个星期内上线了抗击新冠的免费医疗保障,为当地7万多Grab注册司机免费提供500~1000新元的确诊保障。

- 智能营销方面,线上化渠道兴起,保险公司通过官网、APP及第三方网络平台等多渠道触达客户。通过大数据分析和机器学习技术,保险公司可以充分识别保险客户的潜在保险需求,并据此实现全自动化的智能保险推荐。多家保险企业推出了智能保顾服务,例如太保推出了阿尔法机器人,国寿推出了智测身价服务,可以根据客户的年龄、性别、地域、收入、家庭情况等基本信息给出智能保险推荐方案。

- 客户服务环节,数据化客服优化客户体验。保险公司以用户APP为交互入口连接用户,提供电子保单管理、在线理赔、问诊等综合服务以客户体验;可穿戴设备和其他联网设备数据的接入,使得保险服务进一步延伸,更加贴近用户生活;智能客服、语音外呼机器人、智慧化网点等客服能力智慧化建设的相关举措提升了客户体验。例如,基于人工智能技术的语音外呼机器人能够解决传统呼叫中心人力成本高、培训成本高、人员流动率高的问题,头部保险公司的呼出业务已经能够实现

80%以上的人力替代。

- 核保核赔环节，保险公司通过技术应用不断提升核保核赔环节的运营效率及风控水平。智能核保系统通过简单的人机对话和互动问答，可以完成对客户身体状况的判断，通过搭建高风险用户识别模型，精准识别高风险用户并给出较为精确的核保结论，用户也可随时随地进行高精度的AI自核。智能核赔通过人工智能、图像识别等技术，可以完成对案件的实时风险评估，实现理赔风险控制与处理时效之间的平衡。

三、数字化特征凸显，保险科技为我国保险业发展注入新动能

在技术发展的推动下，大数据、云计算、人工智能、区块链等技术通过对保险业务流程的全面深入，提升了保险行业业务效率，改变了产品形态与服务交互方式，推动了保险业生态呈现新特征。

（一）保险信息化基础设施建设的突破，推动了行业信息化水平升级

数字经济时代，数字资产是第一资产，数字资源是第一资源，加强数字信息基础设施建设是推动保险业转型升级的必然要求。2013年，经国务院批准，保险行业专门成立了一家负责信息共享平台建设运营的公司——中国银行保险信息技术管理有限责任公司（原中国保险信息技术管理有限公司），建立了行业级数据共享的新格局，搭建了保险业与其他行业信息交互的新桥梁。

目前，保险业相继建成了全国新一代车险信息平台、农险信息平台、税优型健康险信息平台、保单登记管理信息平台、行业增值税管理平台，搭建了车险反欺诈系统、保险公司服务评价系统和保险销售行为管理系统，不断推动保险中介云平台、保险信用信息系统等建设。平台服务对象涵盖保险机构、监管部门、保险消费者和相关社会公共部门，汇集险种范围包括财产险、人身险等多个领域，实现了各类数据跨公司、跨地区、跨行业的共享及应用。

（二）保险产品与服务数字化、智能化趋势明显

近年来，多家保险公司发布了数字化转型战略，积极开展云计算、大数据、人工智能、区块链等创新应用，在大数据风控、反欺诈、精准营销、智能客服等方面发力。保险产品设计环节，利用数据挖掘技术辅助进行新保险产品消费场景、保障范围与形式、定价方式等的设定，强化对新产品风险识别与管理能力，满足客户个性化需求并实现企业产品的价值最大化；保险产品研发环节，通过服务解耦与研发流程再造，进一步提升新产品的上线效率，实现对客户需求的快速响应；保险产品投放环节，运用大数据技术实现精准营销，并将产品灵活投放到微信、微博、第三

方机构等多种渠道，使消费者对新保险产品触手可及，提升产品盈利能力；保险产品运营环节，应用人工智能等技术通过智能客服持续响应客户问题，关注客户行为与反馈，不断迭代优化保险产品；核保、承保及理赔等核心环节，通过数字化整合与流程优化再造，打通端到端作业流程，提高运营效率与流程标准化水平，实现运营服务质的提升。

（三）保险数据资源价值凸显并不断释放

保险业把数字资产作为最重要的资产，数据技术成为信息管理最重要的工具，数据库成为行业基础性战略资源储备。保险业持续夯实统一、安全的数据基础，借助海量数据，完善产品创新机制，用新技术创造新的商业价值。运用大数据技术对客户需求进行深入分析分类，使保险产品个性化定制成为可能。对信用数据的全面使用极大开拓了普惠金融市场，对数据的深度挖掘预测提高了保险产品的智能化程度，对风险的精准度量有效提升了保险产品创新成功的概率与效率。

（四）保险科技打造全新保险生态圈

随着保险科技的迅猛发展，大型互联网企业、专注于赋能险企的科技服务公司、各类基于互联网的中介平台、与保险科技紧密相关的通信和汽车零售等行业纷纷加入保险布局，保险产业链不断扩展，保险生态圈不断扩大。一个"以保险主体为中心，链接相关行业上下游不同的产品、服务的提供者和客户，协调、系统为客户提供一站式服务"的保险新生态圈在逐渐形成。如，中国平安在健康险业务方面，打造了覆盖"用户—服务商—支付方"的医疗健康生态圈。用户端，打造"保险保障+就医康复+健康管理"的健康服务体系，为用户提供健康保险保障；服务商端，连接合作医院、合作药店、诊所、体检机构等，打造覆盖诊前、诊中、诊后全流程的智能一体化平台；支付端，为医保、商保及医疗服务提供方提供"系统+服务+运营"一揽子智能化赋能方案，搭建的"医保鹰眼"系统能够捕捉40种典型医保欺诈场景。

四、我国保险科技发展中存在的主要挑战

随着金融科技的不断深入，我国保险业信息化发展在新形势下呈现了新的特征，并取得了较好成效。但也要看到，保险科技的发展也面临思维习惯、数据与技术应用、行业基础设施建设、网络安全及监管等方面的问题和挑战。

（一）观念上的挑战

行业部分公司存在既有业务模式与操作行为惯性较大，接受新技术、新事物的

意识不足等问题，特别是对金融科技发展带来的业务模式变化、操作行为变更等问题，没有主动意识、主动适应、主动思考、主动破解，因循守旧、裹足不前的问题仍较严重。战略层面，仍有部分险企未能充分认识到技术发展带来的挑战及数字化建设的紧迫性，在推动数字化变革方面力度不够。业务经营层面，保险科技与保险业务链条中的应用仍处于初级阶段。例如，许多险种仍存在产品同质化严重的问题，未能充分发挥保险科技在拓宽保障范围、精细化定价方面的作用。

（二）技术上的挑战

我国保险科技方面的自主研发项目和专利集聚领域主要集中在应用层面以及对保险精算模型的更新上，对于底层技术的研发投入和研发力度仍有待提升。现阶段我国保险科技在科技研发投入以及知识产权上仍存在着重量轻质、核心技术受制于人、复合型人才缺乏等多重挑战；行业部分公司在金融科技与信息化发展中频于、盲目于应用新技术，有些新应用一旦出现问题，会带来一定风险。同时，新技术发展较快，也导致行业内相应的技术队伍没有配套培养起来，技术上严重依赖于外部资源，出现技术"受制于人"的局面。

（三）数据上的挑战

目前，行业部分公司数据治理意识薄弱、数据标准化管理与应用挖掘的能力不足，"数据孤岛"和"数据烟囱"问题没有得到有效解决。以医疗健康数据为例，近年来，居民医疗需求不断提升、保险意识不断增强，商业健康保险的社会治理作用日益提升。商业保险公司在健康保险产品研发、理赔作业、风险管控等方面，都离不开海量的数据支持。但是目前我国医疗、医保和医药卫生数据缺乏整合，存在社保部门、公立医院对医疗数据垄断的问题，这给商业健康险业务的开展以及经办基本医保业务带来了极大限制。目前，保险行业对医疗数据的整合尚为局部的，对接个别医疗数据服务公司、部分地区医保机构、部分病种，数据不完整，亟待宏观层面的将医疗数据与保险公司互联互通。

此外，数据安全和隐私保护制度建设相对滞后。近年来，随着信息技术快速发展，个人数据的商业价值一定程度上推动着金融科技演进与发展。然而，与此同时，金融科技的发展也面临数据安全与隐私保护挑战，面临个人信息安全保障制度缺失、金融科技数据利用效能参差不齐等问题。

（四）行业基础设施的挑战

大型保险企业过去几年布局云平台建设，很多私有云平台已有了很好的成果，如国寿建成一体化混合云"国寿云"，平安建成集团核心业务系统"平安云"，太保建成"两地三中心"的"太保云"，大地保险公司推出业务核心系统"筋斗云"等。

然而，云平台建设耗资巨大，对整个保险行业而言，现阶段各家险企私有云平台建设存在重复性，一定程度上造成行业内资源利用效率的低下。中小型险企无力负担自建云平台的巨大开支，只能通过选用企业级别的公有云平台，而由于保险公司对数据的安全性、私密性要求极高，现有企业级别的云平台又带有一定商业性质，出于对数据安全的忧虑，很多保险公司不会将核心业务数据或财务数据上云。因此，建设一个行业级别的公有云平台，能够有效缓解重复性建设问题以及商业云平台的数据安全问题，更好地实现行业资源利用效率的最大化。

（五）网络安全风险的挑战

网络安全是国家安全的重要组成部分，严峻的网络安全形势给国家带来了挑战。我国网络安全具有动态性，网络安全风险复杂度不断上升。一方面，随着数字化转型速度加快，数字化商业经营模式的复杂度显著上升，也扩大了网络安全风险的潜在影响。另一方面，网络犯罪行为的形态也在不断变化。金融行业是国家经济运行的中枢，金融业务高度依赖网络和信息系统，因此，网络和信息安全是保险行业实现发展的生命线与基石。保险行业要坚决守住不发生重大风险和安全事件的底线，并通过保险科技的创新应用为网络安全风险提供保障。

（六）监管的挑战

随着金融科技业务迅速发展，金融科技的创新带来的风险不容忽视，其对现有的金融监管体制带来的冲击影响深远。金融科技在提供跨市场、跨机构、跨地域金融服务的同时，也使得风险的传染性更强，波及面更广。未来的金融监管要适应金融科技发展需要，在严密防范风险的同时积极支持金融创新，尽量在创新和监管之间取得平衡。

五、进一步推进我国保险科技有序健康发展，助力保险业供给侧结构性改革

技术发展为保险业发展带来全新契机，呈现出指数级发展的多种技术正合力改变着保险业，创造和拓展新的风险管理需求，为保险业发展带来新机遇、注入新动能。可以说，一个以大数据、云计算、人工智能、区块链为信息技术基础，由传统保险公司、大型互联网机构、保险科技初创企业及监管机构等多元主体共同组成，以服务供给侧结构性改革，助力保险业高质量发展为目标，推动行业数字化转型，更好地服务人民保险保障需求的保险科技创新新生态正在逐步形成。未来保险科技的发展，要从引导保险业回归保障、医疗数据互联互通、数据安全及隐私保护、云平台基础设施建设、网络安全风险保障、发展监管科技等方面着手，进一步发挥信息技术对保险业供给侧结构性改革的推动作用，不断助力保险业高质量发展。

（一）积极应用保险科技提升保障水平和效率，促进保险业进一步回归保障本源

保险业要通过云计算、大数据、人工智能、区块链、物联网等创新应用，从大数据风控、反欺诈、精准营销和智能客户服务等方面提升保险业务的保障水平。寿险业务要创新产品形态，注重保障功能，通过支付方式碎片化、线上销售等方式促进销售，提升寿险产品的可获得性；要关注老年人、慢病人群等群体的保险保障需求缺口，研发适合的产品，切实协助解决民生问题。健康险业务可通过应用保险科技提升保险产品的定价及风控水平，拓宽保障范围。健康险公司要实现从单一的理赔支付向主动的健康管理角色转变，通过应用可穿戴设备等智能健康管理手段实施积极的健康干预。车险业务要积极关注UBI车险的国际经验，应鼓励车险行业突破现有桎梏，充分利用5G、无人驾驶等技术，创新保险产品和业务发展模式；同时，监管部门要积极做好市场规则，做好创新发展保障等。

（二）加强底层技术研发力度，增强自主知识产权建设

要探索新型技术在金融领域安全应用，加快扭转核心产品和技术受制于人的局面，全面提升金融科技应用水平，将金融科技打造成金融高质量发展的新引擎；企业要不断加强相关领域的研发力度，聚焦重大科学前沿问题和基础理论瓶颈，开展前瞻性、基础性研究，包括科学规划运用大数据、合理布局云计算、稳步应用人工智能、加强分布式数据库研发应用以及健全网络身份认证体系等；对金融科技发展面临的共性技术难题，要推动产业部门加大支持和保障力度，为金融科技发展与应用提供技术支持。

（三）推动医疗大数据互联互通

建立行业级的医疗数据共享和更新机制，打破医疗数据的"信息孤岛"，更好地指导和规范商业保险公司与各地基本医保、医疗机构就医信息进行系统对接，实现信息交流共享。在监管层面，建议由中国银保监会牵头，与人社部、卫健委、医保局协商，推动公共医疗大数据的打通；行业层面，由中国保险行业协会牵头，建立商业健康保险大数据系统，与基本医保数据库进行对接，以实现保险行业数据与社会医保数据的系统对接；公司层面，各商业保险公司要加强对客户隐私信息的管理，防止因数据信息系统出现漏洞，或内部人员利用数据牟利而导致的信息泄露情况。

（四）加强金融信息保护机制，建立健全数据安全保障制度

要进一步加快与数据安全及隐私保护相关的法律法规制度体系建设，加快信息

保护领域对违法行为的惩戒，逐步构建法律规范、行政监管、行业自律、社会监督的多元协同共治格局，不断提升金融信息安全治理水平。

（五）关注网络安全保障缺口，引导网络安全险市场发展

进一步加强对网络安全风险保障的政策引导以及完善法律体系和监管制度。加强网络安全风险相关数据支持，加快建立网络安全风险经济模型。鼓励多元化网络安全生态体系，设计保障充分的保险产品。

（六）合理布局云计算，推动行业级基础设施建设

统筹规划云计算在保险领域的应用，引导行业探索与互联网交易特征相适应、与金融信息安全要求相匹配的云计算解决方案，解决中小企业上云难以及公有云数据安全性的问题。中国银行保险信息技术管理有限责任公司牵头搭建安全可控的保险行业云服务平台，构建集中式与分布式协调发展的信息基础设施架构，力争保险行业的云计算服务能力达到国际先进水平。

（七）推动金融科技监管与时俱进，不断健全金融科技监管体系

监管科技方面要加快创新，积极利用大数据、人工智能、云计算等技术丰富金融监管手段，提高监管的科技水平，提升跨行业、跨市场交叉性金融风险的甄别、防范和化解能力。对金融科技的监管方面，目前已有英国、新加坡、澳大利亚等多国尝试建立了监管沙盒机制，以促进金融创新，并对创新型业务进行合理监管。我国北京市、上海市也启动了金融科技监管试点，探索构建包容审慎的"中国版"监管沙盒机制。未来，要对我国监管沙盒的基本和首要目标、申请审批方式、辅助工具、退出方式等不断完善和修正，健全金融科技监管体系，不断提升金融监管效能。

1. 我国保险科技行业发展现状

1.1 我国保险科技发展阶段概述

1.1.1 我国保险业正处于从高速度发展向高质量发展的转型关键期

当前，我国保险业的发展正面临改革开放四十年来从未有过的挑战和机遇同生并存的大变局，科技成为推动保险业实现转型升级的核心驱动力。从外部环境看，我国经济正在从高速度发展向高质量发展转型，在经济转入"L"形曲线的过程中，一些传统上促进保险业增长的外部动力呈现弱化态势，人口红利的衰减也使得以往依靠增员拉动业务增长的模式难以持续，行业发展新旧动能转换的需求凸显。从行业内部看，在外部动力弱化、监管政策转变的大环境变化下，原来的发展模式难以为继。费率市场化的推进迫使市场主体告别外延式扩张的老路，日益激烈的竞争环境与严格的市场行为监管促使市场主体改变粗放式经营方式，寻求向内涵式发展、集约化经营转型。"保险姓保"的监管导向促使保险业回归保障职能，保障型产品成为主流，保险公司面临结构调整与产品转型的压力。

虽然面临严峻复杂的形势与来自行业内外部的种种挑战，但我国保险业仍具备多重关键驱动力，并存在着众多发展机遇。

首先，我国保险市场拥有巨大的发展空间。目前，我国虽然是世界第二大保险市场，但我国保险市场保险密度和保险深度与欧美成熟市场相比仍有较大差距，未来增长潜力巨大。2018年，我国保险业原保险保费收入3.8万亿元人民币，保险市场规模为世界第一大保险市场美国的40%。2018年，发达市场的保险密度为3 737美元，我国为406美元，相差9倍；发达市场的保险深度为7.8%，我国为4.22%，相差近2倍。

其次，我国保险消费需求正处于加速释放阶段，尤其随着中产阶级人群不断壮大和社会财富的进一步积累，市场对风险保障、健康与财富管理需求明显增加，也为保险市场带来持续的发展动力。同时，中国社会的老龄化进程正在加速，我国将拥有全球最大规模的老龄化人口群体，社会老龄化趋势将给保险业及经济社会发展带来深刻变化。

技术发展为保险业发展带来全新契机。多种呈现出指数级发展的技术正合力改变保险业，在产品的营销、定价、渠道、体验等方面带来创新发展机遇，创造和拓展新的风险管理需求，为保险行业发展注入新的动能。

目前，保险行业步入从高速度发展向高质量发展的转型升级期，科技是推动保险业质量变革、效率变革、动力变革的核心驱动力，也是推进中国保险业转型升级与动能转换的关键。以人工智能、大数据、云计算、物联网、区块链为代表的新一代信息技术正在为保险行业发展注入新动能，赋能保险经营管理、转变保险发展动能、实现保险发展转型升级、改变保险行业生态格局，最终实现保险业的高质量发展愿景（见图1-1）。

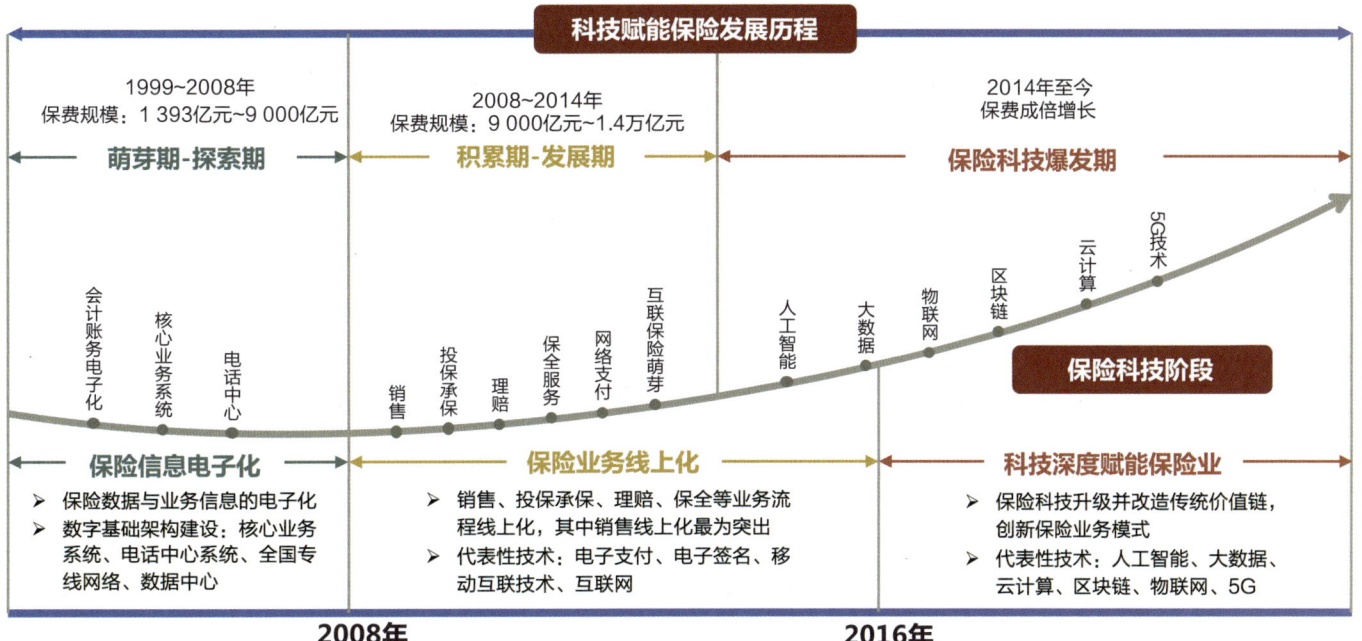

图1-1 我国保险科技发展的三阶段

数据来源：中国保险与养老金研究中心

1.1.2 我国保险科技发展进入纵深发展阶段

近年来，科技和互联网巨头跨界纷纷进入保险业，大数据与人工智能成为保险科技主要驱动力，大数据、区块链、云计算、人工智能等技术通过对保险业务流程的全面渗入，提升了保险行业业务效率，改变了产品形态与服务交互方式，新的商业模式和保险生态随之产生。回顾"保险＋科技"融合发展的历程，保险信息基础设施建设的突破推动了行业生态升级，而我国保险科技的发展也经历了三个阶段。

（1）第一阶段：保险信息电子化

保险科技发展的第一阶段是保险信息电子化阶段，主要是保险信息与业务简单的电子化以提升管理水平和工作效率。在20世纪80年代到90年代末，保险业开始了信息化建设的进程。起初，保险公司仅利用计算机对部分长期业务进行单机存储。随后，计算机作为公司后台管理的辅助工具有了一些简单应用，保险公司开发了一些例如财务管理、办公自动化等应用系统，以减少复杂的人力成本、提高效率。在该时期，业务系统的开发与应用主要由各省公司独立完成，并且应用方式基本为单机处理，尚未网络化。2000年之后，保险业信息化建设进入快速发展阶段，保险公司进行分阶段、渐进式的系统建设，开展了系统整合、数据整合、IT架构再造等IT大集中工作，为后期业务互联网化打下了坚实基础。

（2）第二阶段：保险业务线上化

保险科技发展的第二阶段是保险业务线上化阶段。该阶段的特征是传统保险机构将业务流程电子化、网络化，具体表现为保险机构搭建在线的业务平台，销售、投保承保、理赔、保全等业务流程逐步线上化，传统保险业务实行信息共享和业务融合。在这一阶段，科技在保险业最突出的应用在于保险销售线上化。电子支付技术的出现使得在线投保成为可能，电子签名技术的应用为保险公司开展电子保单业务带来巨大的改变，移动互联技术的发展和互联网的普及则为保险网销的规模化发展插上翅膀。2000年，中国人保、中国人寿、平安、太保、泰康、新华等公司率先建立了网上保险商务网站；同年，平安推出了PA18，初步实现保险销售的在线化。随后，保险公司纷纷布局网销渠道，建立了专门的保险直销网站和网销部门；专业保险中介也起步涉足互联网保险销售，建立了第三方保险电子商务平台，打造"互联网保险超市"；第三方网络平台悄然兴起，保险公司开始与电商平台合作进行保险销售，开展了互联网保险的新探索。随着保险与互联网的融合愈加深入，互联网技术逐步渗透到保险服务的各个环节，带动了保险业务线上线下全流程变革。

（3）第三阶段：科技深度赋能保险业

当下，保险科技的发展已步入科技深度赋能保险业的第三阶段，这是一个保险和科技深度融合的阶段。

一方面，保险科技逐步渗透保险行业价值链的各个环节，升级并改造了传统价值链。保险机构通过人工智能、大数据、云计算、区块链、物联网等技术改变传统的业务流程，大幅提升传统保险经营的效率，解决传统保险的痛点，提供更为普惠、全面的保险服务。

在保险产品设计环节，数据挖掘技术被用于辅助新保险产品消费场景、保障范围与形式、定价方式等的设定，满足客户个性化需求。

在保险产品研发环节，服务解耦与研发流程再造助力提升新产品的上线效率，实现对客户需求的快速响应。

在保险产品投放环节，大数据技术用于进行精准营销，并将产品灵活投放到微信、微博、第三方机构等多种渠道，提升销售效率。

在保险产品运营环节，人工智能等技术用于研发智能客服以持续响应客户问题、关注客户行为与反馈。

在核保、承保及理赔等核心环节，通过数字化整合与流程优化与再造，打通端到端作业流程，提高运营效率与流程标准化水平，实现运营服务质的提升。

另一方面，保险科技创新了保险业务模式，丰富了保险产品体系，并打造出新型的保险商业生态体系，这激发了保险需求，为消费者创造了价值，并推动了保险市场规模的扩大。大数据、区块链、物联网等技术在汽车出行、健康管理、消费金融等互联网场景下被广泛应用，通过整合保险公司、外部服务商、用户等多方资源与数据，构建多方位、跨界融合的互联网保险产业生态圈，为行业带来新的发展机遇。

随着科技的不断发展，科技与保险的关系正在从赋能走向融合——价值链与技术链的融合、金融属性与服务属性的融合、数字经济与实体经济的融合以及线上线下的融合。新一代技术革命正在推动着保险行业的突破与变革，驱动行业驶向更远的未来，开启保险新时代！

1.2 我国保险科技市场主要参与主体

1.2.1 保险信息基础设施建设突破并推动行业生态升级

在数字经济时代，数字资产是第一资产，数字资源是第一资源。现阶段，保险行业在数字信息的基础设施建设上加大投入以推动数字资产在保险业动能转换中发挥作用，推动保险行业的生态转型升级。2013年，经国务院批准，保险行业专门成立了一家负责信息共享平台建设运营的公司——中国银行保险信息技术管理有限责任公司（原"中国保险信息技术管理有限公司"，简称"中银保信"），建立了行业级数据共享的新格局，搭建了保险业与其他行业信息交互的新桥梁（见图1-2）。

中银保信

- 中银保信相继建成了全国**新一代车险信息平台**、**农险信息平台**、**税优型健康险**信息平台、**保单登记管理**信息平台、**行业增值税**管理平台
- 搭建了车险反欺诈系统、保险公司服务评价系统和保险销售行为管理系统
- 目前，正在推动建设保险中介平台、保险信用信息系统等
- 平台服务对象涵盖保险公司、监管机构、保险消费者和相关社会公共部门，汇集险种范围包括人身险、财产险等多个领域,实现了各类数据跨公司、跨地区、跨行业的共享及应用

全国新一代车险信息平台
- 中国保信在整合原有车险信息平台的基础上打造新一代平台，使之成为支撑车险市场改革与发展的新型基础设施
- 目前，平台已实现除港澳台之外的全面覆盖。实现了全国车险数据跨公司、跨地区、跨行业的实时共享，以及投保查询、确认、批改、报案、赔款支付等共20个核心行业公共流程的交互与管理

全国农业保险信息管理平台
- 2015年底一期功能上线，所有经营农业险险企全部接入平台
- 2016年底二期全险种数据汇集系统上线
- 现阶段，基于行业全量数据深化功能服务，为监管及行业提供相应的业务监控、风险监测、数据统计及信息查询服务

税优健康险信息平台
- 2016年1月上线，现已接入第一批7家保险公司，31个试点数据
- 功能包括客户验证、承保、保全、保单转移、续期、续保、理赔、账户管理、客户信息查询和交易核对等接口以及平台的产品管理功能

图1-2 中银保信业务介绍

数据来源：中国保险与养老金研究中心

目前，中国保险业已经相继建成了全国新一代车险信息平台、农险信息平台、税优型健康险信息平台、保单登记管理信息平台、行业增值税管理平台，搭建了车险反欺诈系统、保险公司服务评价系统和保险销售行为管理系统，正在推动建设保险中介平台、保险信用信息系统等。平台服务对象涵盖保险公司、监管机构、保险消费者和相关社会公共部门，汇集险种范围包括人身险、财产险等多个领域，实现

了各类数据跨公司、跨地区、跨行业的共享及应用。

其中，在全国新一代车险信息平台的建设上，中银保信在整合原有车险信息平台的基础上，打造了全国新一代车险信息平台，使之成为支撑车险市场改革与发展的新型基础设施。该平台真正成为全行业机动车辆保险的生产管理平台和数据共享平台，以及行业统一实现公共流程和对外交互的信息化载体。目前，全国车险信息平台已全面覆盖除港澳台之外的36个保监局辖区省市，对接服务67家财产保险总公司、992家省级分公司，实现了全国车险数据跨公司、跨地区、跨行业的实时共享，以及投保查询、确认、批改、报案、赔款支付等共20个核心行业公共流程的交互与管理。2018年，全国车险信息平台提供信息查询超过40亿次，承载投保车辆2亿辆、保单4亿件，日均交互近3 000万次，平均交互时效在0.13秒以内，峰值达到6 700万次。

全国农业保险信息管理平台目前已上线两期功能。一期系统将所有经营农业保险业务的保险公司全部接入管理平台，平台初步实现全国范围内对中央财政补贴型种植业保险业务数据的集中管理。为了保障个人税收优惠型健康保险业务开展，中银保信开发建设了商业健康保险信息平台，并于2016年1月上线。商业健康保险信息平台功能包括全业务流程的接口对接以及平台的产品管理功能。目前，第一批经营个人税收优惠型健康保险的7家保险公司已全部接入平台，实现了对31个试点城市的税优健康险业务数据的集中管理，在技术和网络上具备了开展业务的条件，将在推进税优健康险政策落地、促进商业健康保险发展方面发挥基础性作用。

1.2.2 大型保险公司的数字化转型

在金融科技的浪潮下，互联网保险公司、互联网巨头等市场主体纷纷进入保险市场，以技术作为驱动力，给原本稳定发展的保险行业格局带来冲击。面对金融科技对行业格局带来的冲击，传统大型险企纷纷开始改变自身发展策略，积极融入数字化浪潮。在顶层设计上，各大保险公司都将数字化战略放在了公司战略的首要位置，不断强化创新发展的顶层设计，制定实施数字化战略和创新性驱动发展战略。在各大上市保险公司2018年年报中，"数字化""金融科技"已经成为关键词。在科技能力建设上，各大保险公司投入大量资源进行数字化建设，打造以科技为驱动的动能模式，利用科技推动公司向高质量发展转型。保险科技的应用已渗透全业务链条，大幅提升大型险企的经营效率。同时，科技为公司创造了新的业务模式并打造数字保险生态体系，为大型险企带来新的发展机遇。传统大型险企凭借着自身的规模优势、牌照优势、资金优势，在保险科技的浪潮中抢占先机。作为行业的领军者，传统大型险企在自身数字化转型的过程中，也引领着保险行业的数字化变革和新生态建设。

1. 我国保险科技行业发展现状

本部分内容首先从四个角度概述传统大型险企数字化转型之路的共同特点,其次分别介绍中国人寿、中国人保、中国平安、太平洋保险、新华保险、泰康保险这六家大型险企的数字化转型进展,通过分析它们的数字化转型战略、数字化建设投入、科技研发情况和保险科技的应用情况,展示大型保险公司在保险科技浪潮下的应对之道。

(1)传统大型险企数字化转型特点(见图1-3)

数字化转型列入公司战略重点,通过组织架构变革保障战略执行

- 大型险企数字化战略:科技国寿、平安"金融+科技"规划、人保创新驱动战略与数字化战略、数字太保、新华"一体两翼+科技赋能"战略、泰康"一二一"科技建设战略
- 组织架构变革:建立数字化运营机构、设置首席科技官与首席信息官职位

投入大量资金进行数字化建设,打造以科技为驱动的动能模式

- 大型险企科技投入情况:平安每年营业收入的1%用于科技研发,国寿、人保、太保、泰康每年投入数十亿级的资金用于数字化建设
- 大型险企借助自身资金和体量优势,在IT架构建设、自有云平台建设等数字化建设方面进行大投入

保险科技应用于全业务链条,通过科技深度赋能保险价值链

- 利用科技优化传统保险价值链,覆盖保险全流程,提升客户服务质量。
- 打造贯通内部连接外部的数字化保险生态圈,延伸保险价值链,提升客户全流程体验。

建立科技子公司,打造数字化保险生态圈

- 将科技子公司作为集团的科技创新基地,通过投资初创科技公司,快速布局保险科技相关的上下游行业
- 出资设立金融、汽车、医疗健康等领域的科技公司,建立新型保险生态体系

图1-3 传统大型险企数字化转型特点

数据来源:中国保险与养老金研究中心

- **将数字化转型列入公司战略重点,通过组织架构变革保障战略执行**

近年来,保险科技的迅速发展引起传统大型险企的高度重视。为应对科技给行业带来的冲击与变革,传统大型险企纷纷将数字化转型上升为战略高度,并作为公司重点战略推行。例如,中国人寿提出"科技国寿"战略,中国人保提出"创新驱动战略""数字化战略""一体化战略",平安实施"金融+科技"战略,中国太保推行"数字太保"战略,新华保险提出"一体两翼+科技赋能"发展策略,泰康保险实行"一二一"科技建设战略等。

与此同时,为了保障数字化战略的有效执行,各大型险企均进行了组织架构的变革,通过建立数字化运营机构和设置首席科技官职位,规划、统筹与管理集团的数字化转型工作(见图1-4)。大部分大型险企设立了专门的数字化运营机构。这类机构大多直接向CEO汇报,负责从公司整体角度规划数字相关业务并对其进行管理与整合。例如,中国人寿的金融科技部、中国人保的信息科技部、太平洋保险的集团营运管理委员会、泰康保险的集团信息化工作委员会、新华保险的运营与信息管理委员会,均负责统筹与管理集团的数字化建设工作。同时,部分公司引入首席科

技官、首席信息官的职位，负责制定公司整体数字化转型策略，统筹数字化相关业务，培育内部技术力量和建立数字运营系统。例如，人保、平安、太平洋保险、泰康保险均引入了首席信息官或首席科技官的职位。

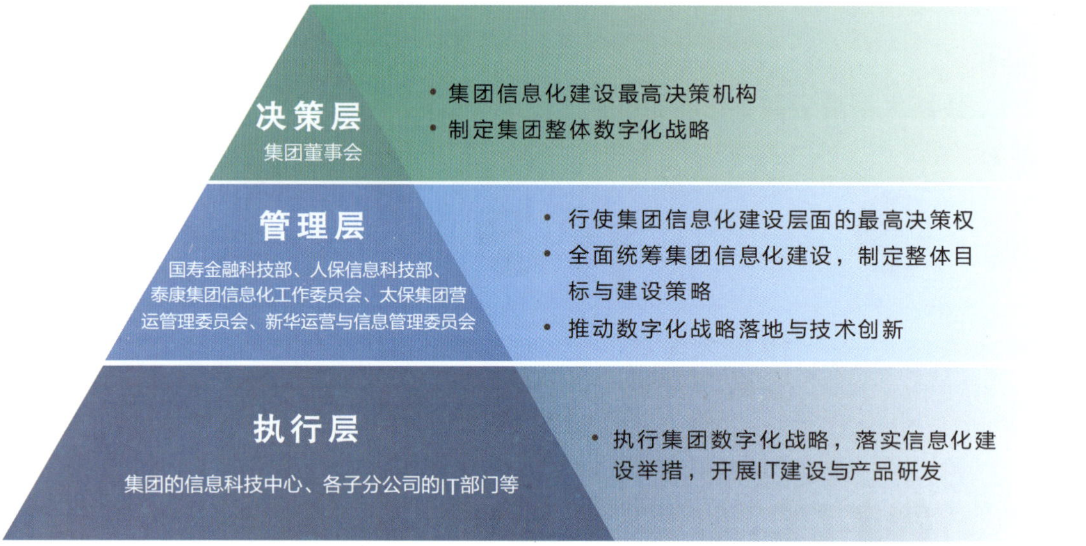

决策层
集团董事会
- 集团信息化建设最高决策机构
- 制定集团整体数字化战略

管理层
国寿金融科技部、人保信息科技部、泰康集团信息化工作委员会、太保集团营运管理委员会、新华运营与信息管理委员会
- 行使集团信息化建设层面的最高决策权
- 全面统筹集团信息化建设，制定整体目标与建设策略
- 推动数字化战略落地与技术创新

执行层
集团的信息科技中心、各子分公司的IT部门等
- 执行集团数字化战略，落实信息化建设举措，开展IT建设与产品研发

图1-4 大型险企数字化战略下的组织架构体系

数据来源：中国保险与养老金研究中心

- **打造以科技为驱动的动能模式，通过数字化建设实现科技赋能**

传统大型险企不断改革以往高成本低效率的发展模式，打造以科技为驱动的动能模式，实现高质量发展。例如，国寿布局从人力驱动向人力与科技双轮驱动转型；人保提出以科技力量赋能保险供给，以"保险+科技+服务"商业模式变革为引领，推行集团向高质量发展转型；平安设立了"成为国际领先的科技型个人金融生活服务集团"的转型目标；太保利用科技推动发展新动能转换，推行以科技赋能为主的保险新发展模式；新华将科技赋能作为实现"一体两翼"战略目标的关键驱动力；泰康希望通过科技赋能主业，使公司成为在线化、数字化、智能化、生态化的大健康产业领军企业。

大型险企借助自身资金和体量优势，在IT架构建设、云平台建设等数字化方面加大投入，以实现科技赋能。例如，平安每年将营业收入的1%投入科技研发中，国寿、人保、太保、泰康等公司每年也拿出数十亿级的资金用于数字化建设。数字基础设施建设是数字化建设的基础，也是现阶段各公司数字化转型过程中的主要着力点。其中，数据机房的建设、云平台的构建、集团新IT架构的建设、智能化核心系统建设、集团统一客户资源平台建设、一体化综合营销服务体系建设是大型险企重点关注的部分。国寿、人保、平安、太保都投入了大量资金自建云平台，整合集团新IT架构，建设大型数据机房。完善的数字基础设施能为具体的科技项目提供支持，可以帮助保险公司实现数字化策略向解决方案的快速过渡，提高公司内部沟通效率和对事件的应变能力。

- **将保险科技应用于全业务链条中，通过科技深度赋能保险价值链**

大型险企将多种科技广泛应用于不同保险业务链条中，深度覆盖产品定价、市场营销、承保核保、定损理赔及客户服务等业务环节，优化并延伸传统保险价值链，提高公司产能与效率，同时为公司创造新的商业模式与发展机遇。

从技术角度看，传统大型险企关注的技术领域广泛，关注重点包括以提高客户体验为目标的电子签名技术、OCR技术、知识图谱、客户信息识别，人工智能领域的人脸与语音识别、影像识别、智能机器人、预测性分析、机器学习，大数据领域的网络安全、数字技术平台、大数据分析，云计算领域的云储存平台、云安全等。

从保险业务链条的角度看，传统大型险企重点关注面向客户的保险销售与服务环节，并在探索利用科技建立数字化保险生态圈，以提升客户全流程的体验。

一方面，大型险企利用科技优化传统保险价值链，提升客户服务质量。一是在销售环节，注重使用科技进行场景化产品设计、精准营销和代理人培训，提高销售效率。二是在保全与理赔环节，侧重使用科技提升核保核赔业务速度、简化理赔流程、提供全天候智能客服，提升客户关键旅程体验。三是在风控环节，使用技术提升反欺诈能力并协助被保人防灾防损，提升风控能力。

另一方面，大型险企致力于打造贯通内部连接外部的数字化保险生态圈，提升客户全流程体验。大部分大型险企都推出了贯通集团内部寿险、财险、养老险等业务的统一APP；部分险企还将银行、基金等其他金融业务与保险业务整合在一个APP内，通过一个APP入口客户便能一站式办理所有保险业务、一键式查询客户权益。例如，中国人寿、中国人保、太平洋保险、泰康保险都推出了集团统一APP。同时，大型险企积极搭建数字平台连接外部商业机构，建立保险生态圈，延伸保险价值链，例如国寿的"商户宝"平台、人保的"驾安配"平台、平安的"汽车之家"APP等。

现阶段，大型险企对科技的应用已从销售渠道线上化和简单的产品形态创新向深度赋能保险价值链转变，科技也帮助大型险企实现从销售渠道创新到产品创新再到商业模式创新的演变。大型险企利用科技优化、延伸甚至重塑保险价值链，通过降本增效与优化客户体验，推动公司向高质量发展方向转型。

- **建立科技子公司，通过投资与合作打造数字化保险生态圈**

建立科技子公司也是传统大型险企进行数字化转型的重要部分，人保与平安都已分别建立了科技子公司人保金服与平安金融科技，泰康也在筹备建立科技子公司。大型险企将科技子公司作为集团的科技创新基地。依托科技子公司，大型险企通过直接出资设立、股权投资、设立孵化器等方式，投资与公司发展战略或业务相关的初创科技公司，获取初创公司的技术与发展经验，快速布局保险科技相关的上下游行业。

值得注意的是，大型险企越来越多地将目光聚焦在出资设立有助于延伸保险价值链的初创科技公司，如金融服务、汽车服务、医疗健康等领域的科技公司，希望打造数字化保险生态圈，建立新型保险生态体系。例如，人保成立了邦邦汽服、爱保科技、麦保付等公司，平安成立了金融壹账通、平安好医生、汽车之家等公司，布局汽车、金服、健康管理等领域。

（2）各公司的数字化转型战略

• 中国人保 •

"3411工程"有序实施，创新驱动战略、数字化战略强化集团科技实力。在"3411工程"的战略规划下，中国人保实施"创新驱动战略""数字化战略""一体化战略"以强化集团金融科技实力，并建立人保金服以打造集团金融科技创新板块，推动集团向高质量发展转型。其中，创新驱动战略主要体现在为了打造集团持续创新能力，中国人保组建集团级创新孵化器，配备了2 000余平方米的创新孵化室，并设立千万元级创新奖励基金。在数字化战略的引导下，中国人保通过改革IT架构、建设北中心数据机房、构建集团统一共享的云基础平台、升级子公司核心业务系统等方式，加强集团数字基础设施建设，保障数字化转型的顺利进行。同时，中国人保还上线多种线上客户服务平台以增强数字化能力建设，包括"中国人保"APP、"人民健康"APP、"车主惠"APP、"驾安配"汽配平台、"麦保付"互联网金融服务平台等，为用户提供展业、投保、理赔、支付等全面线上服务。在一体化战略上，中国人保利用科技强化集团一体化建设，通过建立一体化佣金"T+1"结算体系，上线统一销售服务平台"人保e通"，建设"一站式"综合服务体系等方式，推进柜面资源共享、促进销售与服务效率提升。

此外，中国人保近年加大科技服务，建立子公司人保金服作为集团金融科技创新基地。人保金服是中国人保的综合创新基地和金融科技板块，以"保险+科技+服务"为战略，目前在汽车服务、保险科技、普惠金融、大数据应用、支付账户、创新孵化等领域实现突破进展。中国人保还设立了保险科技研发引擎"爱保科技"，以"保险+科技+服务"为驱动，强化应用，将创新成果逐步转化为集团现实生产力，促使集团价值创造能力持续增强。

以科技力量赋能保险销售、客户服务、风险控制，优化保险供给。中国人保构建"保险+科技+服务"的商业模式，强化科技赋能，优化保险供给，构建保险后市场生态圈，以保险服务延伸提升核心竞争力（见图1-5）。

在保险销售辅助方面，中国人保通过开发移动应用与建设一体化设施助力销售人员移动展业，如推出社交化保险销售APP"人保V盟"，上线移动销售平台"人保e通"，建立一体化佣金"T+1"结算体系等。数字化销售辅助措施在人保集团内部广

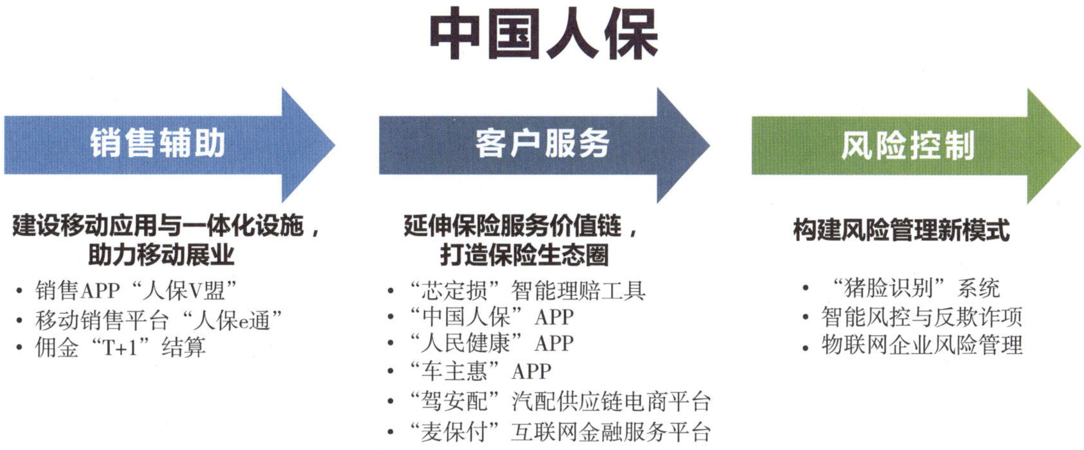

中国人保

销售辅助	客户服务	风险控制
建设移动应用与一体化设施，助力移动展业	**延伸保险服务价值链，打造保险生态圈**	**构建风险管理新模式**
• 销售APP "人保V盟" • 移动销售平台 "人保e通" • 佣金 "T+1" 结算	• "芯定损"智能理赔工具 • "中国人保"APP • "人民健康"APP • "车主惠"APP • "驾安配"汽配供应链电商平台 • "麦保付"互联网金融服务平台	• "猪脸识别"系统 • 智能风控与反欺诈项 • 物联网企业风险管理

图 1-5 中国人保保险科技应用情况

数据来源：中国保险与养老金研究中心

泛应用，助力公司提升展业效率。在客户服务方面，中国人保应用科技完善并延伸保险服务价值链，打造包含汽车服务、健康管理与金融服务的保险生态圈。如上线的首个面向客户的统一APP "中国人保"，为用户提供便捷投保服务。在风险控制方面，中国人保则致力于应用技术手段在农险与企财险方面构建风险管理新模式。例如研究"猪脸识别"系统辅助生猪保险定损理赔、推进智能风控与反欺诈项目以自动识别保险欺诈、应用互联网与物联网等科技手段将保险服务嵌入企业管理与生产流程。

• 中国人寿 •

全面启动"科技国寿"建设三年行动，科技动能持续释放。 "科技国寿"建设三年行动，全方位赋能保险价值链，运用大数据、人工智能技术为公司客户、队伍、网点提供高科技应用，不断丰富国寿数字化服务。为实现"重振国寿"的战略目标，公司推动人力驱动向人力与科技双轮驱动的转型，并打造"人才、机制、创新、融合"四大引擎。在"科技国寿"的战略指导下，中国人寿从科技赋能队伍、科技赋能网点、科技赋能运营、数字化生态建设四个方面入手，主要运用大数据、物联网、人工智能等技术全方位赋能保险价值链，助力公司高质量发展（见图1-6）。

自国寿全面启动"科技国寿"建设三年行动以来，国寿通过科技赋能队伍、网点、运营，通过加强数字化生态建设为保险全价值链提供科技赋能，助力公司高质量发展。 在科技赋能队伍上，国寿运用移动互联、大数据等技术，为销售队伍提供自主展业和团队管理的数字化应用。在智慧化网点的建设上，国寿充分发挥科技的手段，全方位打造数字化网点。国寿将物联网技术运用到线下服务场所的数字化建设中，推进网点网络实时互通与日常办公智能升级，推动柜面从传统服务窗口到新型智享门店转变。截至2018年末，国寿实现服务场所WiFi全覆盖，配备6.6万套智能设备，建成2万多个适应多场景、智能化、整体无线互联的数字化服务网点和

全面互联
- 服务场所WiFi全覆盖
- 物理网点数字化率超过80%
- 北京科技园机房正式投产，构建一体化混合云

数字平台
- 大数据分析客户需求
- 营销员大数据社交名片
- 数字化队伍管理工具
- 数字生态合作伙伴

智能服务
- 大数据、实时计算、智能语音、人脸识别、深度学习五大人工智能平台
- 异地电子签名、智能理算引擎、智能电子快捷支付、重疾险风险评估人工智能模型

智慧运营
- 无纸化投保应用率达90%，核保自动化通过率同比提升10%
- 理赔全流程自动化通过率同比提升20%
- 大力推进智能柜面建设，电话服务中心升级为多媒体联络中心

图 1-6 科技国寿战略布局示意图

数据来源：中国保险与养老金研究中心

3 475个实时互动的服务指挥调度中心，物理网点数字化率超过80%。在运营管理上，国寿将人工智能技术融入各经营环节中，提升运营效率。国寿通过建成大数据、实时计算、智能语音、人脸识别、深度学习五大人工智能平台，推动运营全链条、全流程智能升级。此外，国寿通过搭建全面开放、线上线下一体的数字化平台，构筑开放共赢的数字生态。国寿依托数字化平台深化内外部合作，在丰富内部生态的同时积极融入外部生态，以此加强数字化生态建设。截至2019年上半年，公司累计投放创新应用1 076项，开放应用及数据服务280余项。

在运营服务上，国寿通过推进集约化、智能化，借助生态化建设不断进行运营服务的升级。国寿坚持"以客户为中心、以生产单元为重心"，强化科技驱动，提升运营服务效率和客户体验，为高质量发展提供强大动能。运营服务的升级一方面体现在服务更畅通上，通过寿险APP或者多媒体联络中心一个入口，便可贯通财产险公司、养老保险子公司、广发银行、安保基金公司等多种服务。另一方面，运营服务再升级使得服务更快捷。国寿e化服务能力持续提升，个险业务无纸化投保应用率达96%。理赔全流程自动化率较2018年提升30多个百分点，理赔申请支付时效同比提速37%。国寿还推出"重疾一日赔"并持续打通直赔服务，对接医疗机构已超万家。此外，智能化运营服务也使得服务更加智慧化。目前，国寿持续优化差异化核保政策，强化人工智能应用，核保智能审核率同比提升8.7个百分点，并升级"智能客服机器人"，推出语音服务，智能客服服务总量达2 343.71万次。

• **中国平安** •

中国平安在"金融+科技""金融+生态"的战略规划指引下，将创新科技聚焦于"大金融资产、大医疗健康"两大产业，深度应用于"保险、银行与资产管理"三大传统金融领域与"金融服务、医疗健康、汽车服务、房产服务、智慧城市"五大生态圈。平安从数字研究、数字投资和数字产出三个方面落实数字化战略（见图1-7）。

人工智能
- 人脸识别技术识别准确率达99.8%
- 声纹识别技术识别准确率达99.7%
- 医疗影像相关技术在全球肺结节、胃癌病历、糖网等比赛中获世界第一
- 平安脑智能引擎获"吴文俊人工智能科学技术奖"
- 人工智能单证识别技术在国际票据扫描件文字识别和信息提取(SROIE)大赛中获第一
- 自然语言处理（NLP）技术在2018年全球SQuAD2.0机器阅读理解竞赛中排名第一

区块链
- 自主研发壹账链（FiMAX）区块链技术
- 独家掌握非货币场景下的零知识验证技术：5万笔每秒的吞吐量、小于0.05秒的延时
- 平安壹账链获"IDC金融科技区块链实践大奖"

云
- 平安云：12项权威云认证、超过400项云技术科技专利申请
- GitHub在大中华地区的首个云服务托管提供商（MSP）
- 9个国内数据中心，3个海外数据中心

图1-7 中国平安三大核心技术能力

数据来源：中国保险与养老金研究中心

在数字研究方面，中国平安高度重视自主核心技术研发与自主知识产权掌控，科技能力领先。平安集团每年将营业收入的1%用于科技研发，持续加大科技投入。在科技能力建设上，平安打造人工智能、区块链、云三大核心技术，助力业务开展。平安格外注重基础研究专利的申请和积累，专利在业内遥遥领先。截至2019年8月，平安集团专利申请累计19 701项，位居国际金融机构前列。其中，PCT国际专利申请3 026项，境外专利申请1 104项，分布全球12个国家与地区。在研发团队建设上，平安已经聚集10.1万名科技从业人员、3.2万名研发人员、2 200名科学家，建立了金融科技、医疗科技、人工智能、区块链、云计算等8个科技研究院和50余个实验室，并积极与国内外顶尖高校和研究机构合作，共同产出科研成果。

在数字投资领域，中国平安设立了科技子公司平安科技，并逐步打造数字化保险生态圈。平安科技是平安集团旗下的科技子公司，负责为平安提供技术研发支持并向外部机构提供科技服务。此外，平安集团孵化了金融壹账通、平安好医生、平安医保科技、汽车之家、陆金所控股五大科技公司，从金融服务、保险云、健康管理、汽车服务等方面拓展保险业务范围，建立保险生态圈。在数字产出方面，中国平安表现亮眼，通过发展保险应用科技，持续输出赋能保险行业，建成了中国唯一的金融全产业链科技服务平台"金融壹账通"。金融壹账通具有智能保险云业务板块，内置智能闪赔、智能营销和智能风控等产品。同时，中国平安自主研发的人工智能、区块链、金融云等金融基础科技，已全面应用于保险风控、运营、营销和生态服务四大环节。

在逐步转型科技型寿险公司的过程中，平安寿险不断利用科技推动代理人队伍转型升级。一方面，平安通过科技助力代理人面试与培训，提升队伍管理效率。平

安寿险通过科技赋能，推动队伍经营、管理的转型。在代理人面试环节，平安应用专家级的AI面谈官辅助完成代理人的筛选工作，AI面试覆盖率达100%。在代理人培训环节，平安利用人工智能技术为代理人画像。在此基础上为代理人提供个性化培养规划及7×24小时在线培训，实现月均3 570万人次在线学习。另一方面，平安通过科技促进销售辅助逐步升级，提升销售效率。平安寿险通过高仿真的对话机器人AskBob为代理人提供疑问解答、任务查询和办理、销售场景模拟演练等辅助，疑问解答准确率高达95%，任务查询和智能办理功能覆盖代理人90%常用需求，销售场景模拟演练覆盖100%代理人。此外，平安还通过科技优化风险识别准确率，提升风控效率。平安寿险构建智能风控模型，已为超2 000万件智慧客服业务保驾护航，高风险业务模型识别率达99.86%。同时，平安还通过建设客户标准体重（BMI）图像检测模型，有效拦截客户投保阶段不实告知风险，准确率达到90%。

在产险方面，平安加强科技应用，在车险与财产险领域打造差异化核心竞争力。 在车险领域，平安产险在客户服务、查勘定损、线上理赔以及客户运营环节均通过保险科技的应用提升服务质量和效率。在财产险领域，平安产险构建线上与线下结合的智能风控体系，为众多用户提供防灾防损服务。企财险方面，平安构建了鹰眼系统，通过"线上+线下"的风控体系，2018年为超12 000家企业客户和400多个重大工程项目提供防灾防损服务。平安开设Know Your Risk（KYR）企业风险管家项目，通过"风控+保险"的模式为超过1万家企业客户和重点工程项目提供防灾防损服务。此外，平安产险搭建业内首个火灾实验基地，开发消防物联网云平台，搭建政保风控云平台，协助各地方政府提升辖区内安全生产、环境保护及建筑质量管控等方面的管理水平。

• 中国太保 •

2017年，中国太保提出"数字太保"战略，推动以"客户需求为导向"的战略转型升级。"数字太保"战略主要关注五个方面：数字化前端、数字化中后端、计算机能力建设、敏捷开发机制与数字安全，由计算机能力建设与敏捷开发机制作为数字化中后端的改造基础，并最终落成在数字化终端（见图1-8）。

在数字化决策方面，中国太保委任科技官并成立集团运营管理委员会，助力数字化决策开展。在数字能力建设方面，主攻数字基础设施、计算能力、敏捷开发机制三方面的建设。其中，在数字基础设施建设上，中国太保在成都与上海两地设立了三个数据中心，开发了"太保云"平台以改善集团底层数字设施的安全性和稳定性。计算机能力建设上，作为太保数字化转型的基础，中国太保目前已在大数据、云计算、人工智能领域有所进展，开发出大数据批量实时处理技术，上线"太保云"平台，并部署了为分公司提供服务的"机构云"以及承载开发测试环境的"测试云"。敏捷开发机制上，太保的敏捷开发机制以云平台搭建为基础，推行从集团总部到各层次的产品经理制，并建立跨行政结构的开发机制，实现敏捷交付与快速迭代的产品开

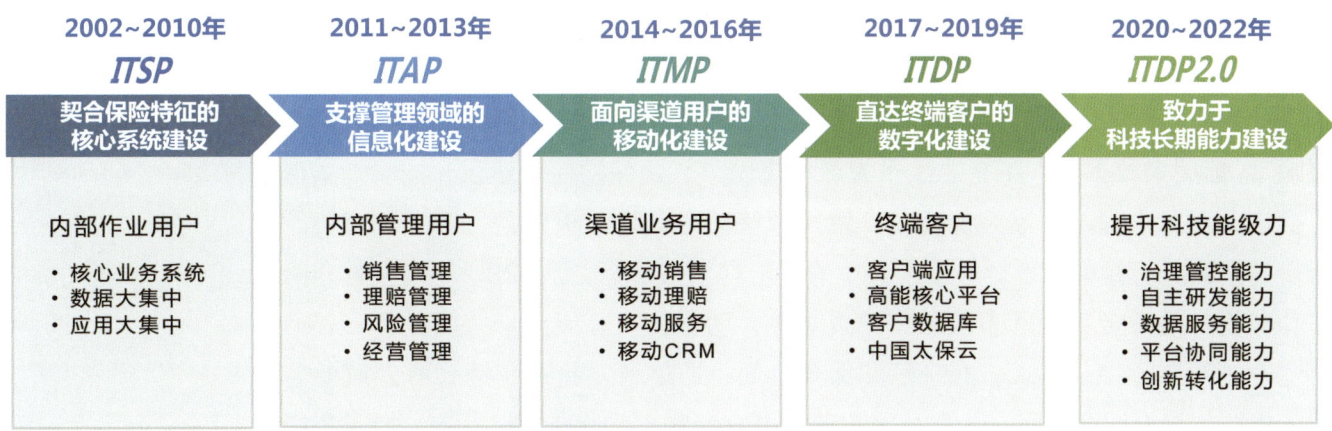

图 1-8　中国太保科技战略规划与实施历程

发。在信息安全建设方面，中国太保构建全方位的信息安全组织与管控体系，保障信息安全建设有序推进。在顶层设计上，太保将信息安全建设列为"数字太保"战略的重要组成部分，设定了实现"安全防护虚拟化和云化、安全能力服务化、安全智能化与自动化"的三年信息安全建设目标。在科技投入与技术研发方面，中国太保近年来逐步加大投入，并在业内首创多项保险科技应用。太保集团的IT投入占营业收入比例从2015年的0.66%上升为2018年的0.99%。其中，太保云、大数据、信息安全是太保集团在2019年投入金额最多的三个领域。在技术研发上，中国太保积极开展自主研发，目前拥有52项软件著作权，并在业内拿到多个保险科技研发"第一"：申请到国内农业保险第一个专业商标"e农险"，推出行业首款智能保险顾问"阿尔法保险"，上线保险业内首个自主搭建的保险车联网平台"太睿保"营运车安全监控运营管理平台等。

数字化已全面融入中国太保的业务管理与综合管理领域，太保聚焦于客户关键旅程，运用科技赋能业务链条以解决客户痛点，提升客户体验与公司运营效率。新技术应用为太保转型发展换装新"引擎"，赋予新动能（见图1-9）。

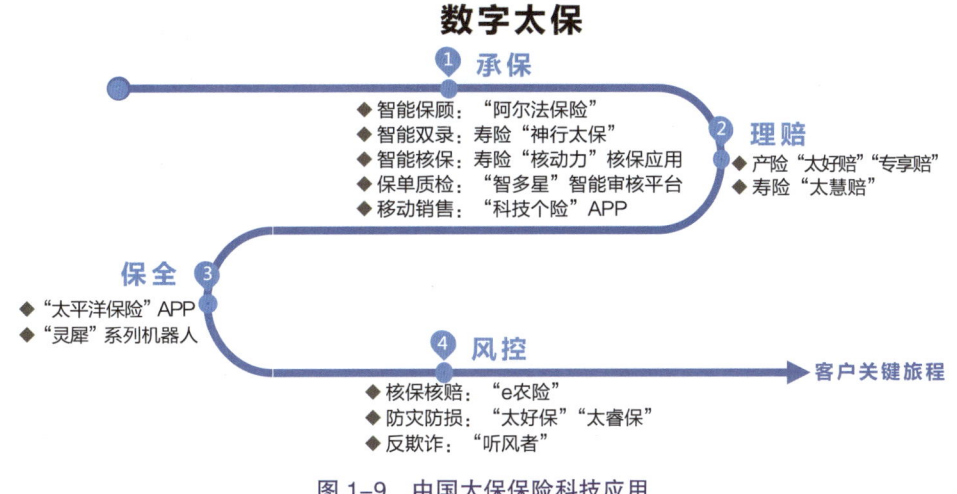

图 1-9　中国太保保险科技应用

数据来源：中国保险与养老金研究中心

科技赋能客户体验和公司运营效率提升主要体现在三方面。其一，在承保方面，太保通过科技打造智能化、便捷化的投保过程，提升展业效率。深度应用人工智能技术，提升投保过程的智能化与便捷度。推出保险业内首款智能保险顾问"阿尔法保险"，运用大数据和人工智能技术为客户提供个性化保险保障建议；同时，太保寿险推出"神行太保"开展智能双录，使用"核动力"智能核保，上线"智多星"智能审核平台进行保单质检，并推出移动销售工具"科技个险"APP，通过整合车险业务功能将产险业务系统和寿险销售工具对接，助力公司开展产寿协同业务，提升公司"寿销车"业绩。其二，在理赔和保全方面，通过科技打造快速、有温度的客户服务体验，提升服务质量。为简化客户业务办理流程，太保上线"太平洋保险"APP，使客户可在一个APP内通办所有保险业务；同时，运用"灵犀"系列机器人实现多场景保险服务，提升线上化服务能力。其三，在核保核赔方面，太保依靠科技赋能打造高效、智能的风控模型，提升反欺诈能力。推出"e农险"助力公司高效验标查勘、核保核赔，降低农险经营风险提升经营效率。车险业务使用"听风者"软件，应用语音情绪识别技术检测车险欺诈，提升公司的反欺诈能力。防灾防损方面，太保推出"太好保""太睿保"实时监测与有效管控不安全驾驶行为，拓展车险防灾减损业务范围。

• **新华保险** •

2019年，新华保险启动"一体两翼+科技赋能"的发展策略，将科技赋能作为实现"一体两翼"战略目标的关键驱动力，对内深化融合业态与场景，对外加强技术引入与合作，以打造"保险、财富管理+康养管理、科技"的生态圈（见图1-10）。

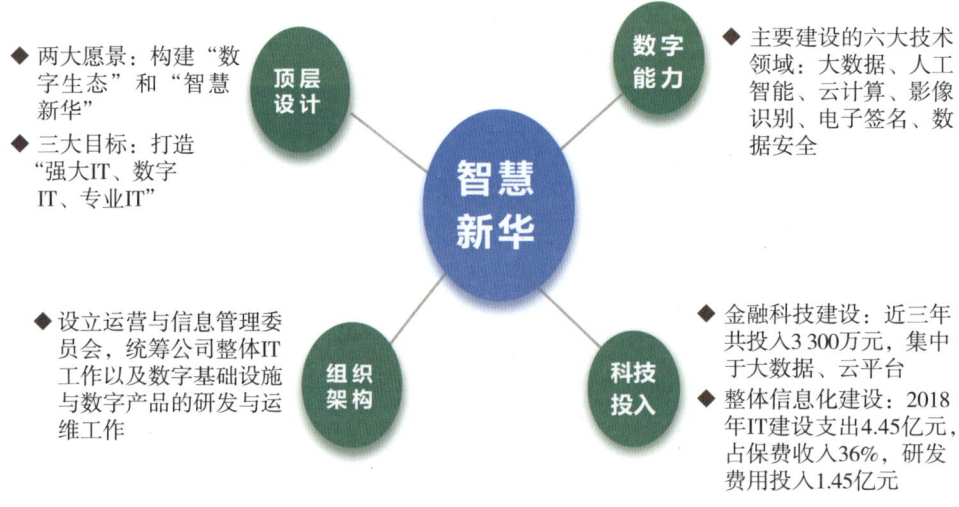

图1-10 新华数字化转型战略

数据来源：中国保险与养老金研究中心

从顶层设计看，新华保险推出了公司层面的数字化转型规划，为新华保险的信息化建设工作制定战略方向。《新华保险"十三五"信息建设规划纲要（2016~2020）》

是在公司层面的整体数字化转型规划。在纲要中，新华保险提出构建"数字生态"和"智慧新华"的两大愿景，设定打造"强大IT、数字IT、专业IT"三大目标。为配合数字化战略的落实，新华保险还在组织架构上进行相应调整，设立运营与信息管理委员会，对IT部门进行整合和职能新定位。运营与信息管理委员会负责统筹管理公司整体的IT工作和数字基础设施与数字产品的研发、应用、运维工作，助力公司有效开展信息化建设工作。

在数字能力建设方面，新华保险主要在大数据、人工智能、云计算、影像识别、电子签名五大技术和数据安全领域投入建设。其中，大数据方面，新华保险的大数据平台具有亿级数据秒级响应的处理能力，既能为保险业务提供销售支持、运营优化、风险管控和监管支持，也能为信息安全领域的预警、联动、决策、处理、追踪等环节提供支持。人工智能方面，构建生物识别平台进行客户身份核验，在运营作业、理赔、核保等环节使用智能机器人，并推出智能问答、智能导航、智能质检的功能，提高业务处理效率优化客户体验。云计算方面，新华云平台为公司"互联网+"业务、个性化业务以及子公司与分公司应用需求提供资源支持。

在保险科技投入方面，新华近年来正逐步加大IT建设与研发投入。在金融科技建设上，近三年来新华保险一共投入了近3 300万元用于引入大数据、人工智能、云计算、影像识别、电子签名技术，其中新华在大数据和云计算平台投入最多，分别占金融科技总投入的40%和32%。在整体信息化建设方面，2013~2018年，新华保险整体IT建设支出和研发投入总体呈现上升趋势，IT建设支出从2013年的2.46亿元上升到2018年的4.45亿元，在保费收入中的占比从21%上升到36%，研发费用投入从2013年的1.08亿元增长到2018年的1.45亿元。

此外，新华保险还运用数字化技术支持公司移动化、数字化运营，进一步助力公司降本增效。在销售辅助方面，运用大数据平台计算客户个险风险保额，助力业务员推荐产品。客户服务方面，利用智能机器人开展智能问答、导航、核赔理赔，利用影像识别技术加速投保流程，利用电子签名技术加速业务无纸化进程，上线微信投保服务和智能微信回访，提升服务效率优化客户体验。风控方面，建立医疗险反欺诈模型、核保前的客户风险模型、知识图谱数据库模型和智能质检系统，加强公司反欺诈能力和风控效率。

• 泰康保险 •

科技建设是泰康集团战略核心组成，由集团CEO直接负责，为此泰康集团提出了"一二一"战略作为科技建设规划，通过构建人工智能、大数据、云计算等核心科技平台能力，构建大健康平台，实现智慧支付和智慧服务，最终打造无缝客户体验。

在IT治理体系改造上，泰康设立集团层面的信息化建设决策机构与落实机构，全方位改造IT治理体系。同时，泰康集团也在运营层进行了配套改造，搭建了全方位的信息系统平台以促进集团资源高度共享。构建了648套信息技术系统，全面支撑泰康集团全版块的业务，全方位支持公司业务、运营、服务、管理、风控各个领域。同时，建立了云服务平台"泰康云"为集团信息化建设提供基础设施支持。此外，泰康是保险业内第一批实现云中心落地投入运行的保险公司。

在数字合作方面，泰康成立了六大科技实验室对内提升数字能力，并筹备设立科技子公司对外输出科技应用。目前，泰康集团成立了人工智能、物联网、智能硬件、互联网金融、数字化理赔、DRGs（疾病诊断相关分类）六大科技实验室，以加强集团内部核心科技研究与孵化能力。同时，泰康正在筹备成立科技子公司，计划将科技子公司作为集团保险科技和健康科技的创新主体，通过科技子公司对外赋能中小保险、养老、医疗机构，构建泰康大健康云，加速泰康大健康生态体系的建设。

在科技投入与技术研发上，泰康科研投入逐年增加，产权保护工作逐步加强。在人才投入上，截至2019年6月底，泰康集团科技员工共1 854人，平均年龄32岁，覆盖互联网、健康、新技术、IT等专业领域。在技术研发上，泰康从2015年开始逐步加强知识产权保护工作，截至2019年6月30日已累计申请专利920件，科技专利分布涵盖保险、资管、医养三大业务领域。其中，保险业务的科技专利最多，占比65%。同时，从技术分布领域看，科技专利分布涵盖大数据、人工智能、区块链、IT基础、互联网等技术，其中IT基础技术最多，占比37%。

在数字化转型的战略引导下，泰康保险不断探索科技赋能传统保险价值链的方式，打造新业务模式。一方面，运用保险科技赋能传统保险价值链，开展智慧保险，优化产品定价、市场营销、承保核保、理赔服务、客户服务等环节，助力公司降本增效；另一方面，积极从新业务模式中创造价值，辅助政府医保管理，开展智慧医养与智慧资管，为自身创造新的发展机遇（见图1-11）。

图1-11　泰康保险科技应用情况

数据来源：中国保险与养老金研究中心

在科技赋能保险价值链上，泰康运用科技赋能产品研发、智能核保、线上销售等环节，不断开展智慧保险。 在产品定价环节，泰康利用大数据实现自动化报价与产品创新，使用基于大数据与机器学习的智能定价模型，实现团险大数据自动化报价，同时使用大数据经验分析，进行互联网产品创新。在市场营销环节，泰康使用智能机器人提升获客效率，微保机器人、泰行销智能机器人分别应用于客户端和代理人端，解决客户与代理人保险相关疑问；同时，泰康在线续期外呼机器人用于自动拨打续期电话，代替人工座席。核保环节，泰康的智能核保系统在行业内率先实现体检报告全量结构化、核保结论可解释性预测，实现96种重大疾病的健康风险预测和核保结论预测。客户服务环节，泰康打造"微信+APP"双生态，形成线上连接、互动、转化完整闭环，创造无缝客户体验。

在新业务模式的搭建上，泰康运用科技不断驱动集团的大健康生态建设。 泰康参与政府医保经办，在医保基金支出预测、按病种付费改革和医保智能审核方面取得突破。此外，泰康利用科技开展智慧医养，将人工智能应用于养老、医疗、健康等业务场景，目前已开发并试点紧急报警、定位终端、智能床垫等项目。同时，应用智慧资管，构建智能投研深度学习分析平台和智能合规系统，实现基于金融投资大数据的基础服务能力。

1.2.3 多元化市场主体入局

中国保险市场作为新兴市场正处于快速发展和裂变过程中，保险科技的发展为多元主体释放了入局空间。在科技的助力下，保险市场主体变得更加丰富与多元化，市场活动也变得更为活跃。除传统的大中型保险公司外，保险中介、互联网保险公司、互联网巨头等，在不同的赛道上凭借着差异化竞争优势抢占市场份额，推动保险市场格局的发展与变化。

中小型保险公司凭借技术在产品、服务、渠道发力，打造差异化竞争优势。从互联网人身险业务看，排名前五位的公司分别为建信人寿、国华人寿、工银安盛、平安人寿和弘康人寿。中小型寿险公司积极进行金融创新，加大保险科技布局和促进互联网渠道业务。以众安、泰康在线为代表的互联网保险公司开启凸显线上及技术属性的全新商业模式，在渠道上建立完全线上的D2C模式，在业务布局上改变传统财险公司以车险业务为主的业务结构，非车业务突出，在业务运营上对保险业务全流程进行数字化重塑，技术实力更强大。值得注意的是，以"BATJ"为代表的互联网巨头纷纷入局保险行业，凭借流量和技术优势，给保险行业原有的格局带来冲击。互联网巨头革新保险行业的客户触达方式，从代理人触达变为线上触达，借助线上渠道和低进入门槛将保险产品迅速推广至数亿级用户，通过场景化销售引导用户开展保险自我教育的方式，将用户向商业保险消费者转化，并面向年轻人群、下沉市场人群，拓展传统保险的获客范围。此外，保险科技科创公司则专注于某一特定的保险业务领域，运用技术优势为传统险企提供覆盖前中后端的服务，利用技术赋能保险业。

一方面，保险科技的发展给传统保险公司带来强烈的危机感，促使它们积极开展数字化转型以提升自身运营效率；另一方面，科技优化拓展了保险价值链，提升行业整体的经营效率，最终推动了保险行业的高质量发展（见图1-12）。

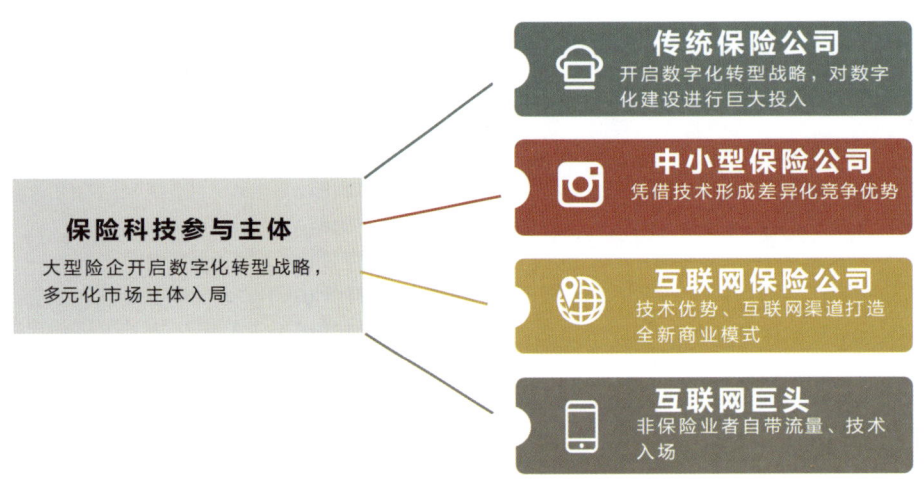

图1-12　多元化保险市场主体

数据来源：中国保险与养老金研究中心

（1）互联网保险公司

国内目前有4家互联网保险公司，分别为众安在线财险保险有限公司、泰康在线财产保险股份有限公司、易安财产保险股份有限公司、安心财险保险有限公司（以下分别简称为"众安""泰康在线""易安""安心"）。与传统险企相比，互联网保险公司在销售渠道、业务形态与科技能力上具有突出特点。

- **销售渠道全线上化，通过开展场景化销售直接触达用户，提升获客效率**

与传统保险公司主要依赖线下代理人与中介机构间接与客户接触不同，互联网保险公司构建了直接触达用户的网销渠道，借助自营网站、移动端和第三方互联网平台，进行全线线上化保险销售。同时，互联网保险公司注重采用场景化销售模式和打造多元化线上生态，通过与众多拥有优质场景的第三方平台合作，直接触达大量有潜在保险需求的客户，并利用在特定场景下用户对保险产品需求较强的特点，借助场景较为轻松地实现产品销售。该模式增强了保险产品的可触达性，提高了用户触达与获客效率。例如，众安重点布局生活消费、消费金融、航旅、健康、汽车五大生态场景，通过与330个生态伙伴合作，向超过4亿的客户提供服务。泰康在线结合O2O、出行、电商、物流、医疗、健康、金融、体育八大场景，与美团、滴滴等平台合作开展销售。易安基于医疗、食品、居住、出行、购物、旅游、生活等场景，进行有针对性的渠道建设，对外加强与第三方平台合作，对内强化自有渠道建设。安心基于汽车场景，连接多家线上B端大流量场景和保险服务平台，通过与支付宝、粤通卡等拥有场景的渠道合作开展互联网车险销售。

- **业务形态多元化，非车业务突出，聚焦场景化、普惠型的创新型财险产品**

相较于传统财产保险公司"车险独大"的业务结构，互联网保险公司的业务形态更为多元化和多样化，且非车业务非常突出。健康险、意外险、家财险、保证保险是互联网保险公司主要经营的险种，也是互联网保险公司的主要保费来源。例如，众安在线主推基于场景的生态系统导向型保险产品，主要保费收入来源于健康险、保证险、意外险；泰康在线践行"云联网+大健康"的核心战略，围绕健康理念推出一系列保险产品，主要保费收入来源为健康险、意外险、商业车险；易安财险主打差异化险种的"微创新+迭代"模式，推出一系列特色险种，主要保费收入来源为健康险、意外伤害险、家财险；安心财险则专注"家财险+车险"的线上线下服务模式，主要保费收入来源于健康险、车险、意外险、家财险（见图1-13）。

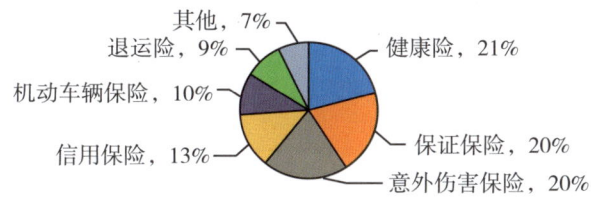

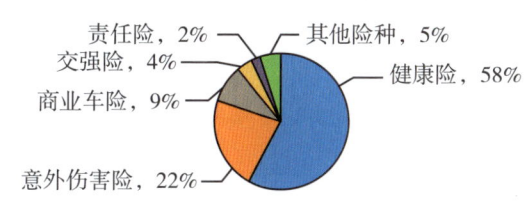

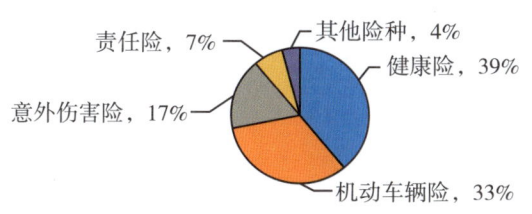

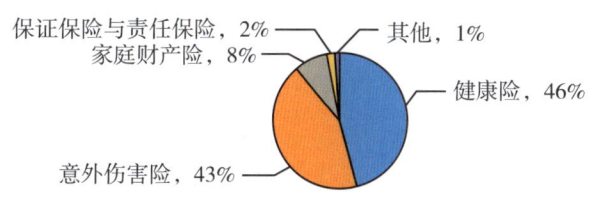

图1-13　2018年四家互联网保险企业的业务结构

数据来源：中国保险与养老金研究中心

创新型产品数量多、研发能力强也是互联网保险公司的特征之一。互联网保险公司重点打造场景化、普惠化的创新型财产保险产品，深度融入生活购物、消费金融、航旅出行、健康医疗等场景，贴合互联网生态，针对细分人群的特定需求，推出创新的多元化财险产品。同时，降低投保门槛，采用碎片化的支付方式，推行普惠保险。例如，泰康在线基于外卖场景推出的碎片化保险"外卖骑手意外险"，在骑手接单后即刻生效，为外卖骑士在送餐过程中的意外事故提供保障；众安基于电商、航旅、医疗等场景推出退货运险、航班延误险、百万医疗险三大代表性险种，其中百万医疗险凭借其超低保费、超高保额的特点，一经上线就成为众安的热销产品；易安建立"消费+征信+保险+支付"的产品模式，基于医疗场景推出挂号费用补偿险等特色险种。

- **科技能力突出，采用技术驱动的业务模式，对保险业务全流程进行数字化重塑**

与传统险企大多通过线下渠道接触客户不同，互联网保险公司与客户的接触均通过线上进行，这使得它们非常重视利用科技实现客户触达与服务。因此，互联网保险公司往往科技能力较为突出，采用技术驱动的业务模式，将人工智能、区块链、云计算、大数据等技术与保险进行全流程的深度融合，通过技术提升公司经营效率和用户服务体验。

目前，互联网保险公司的科技应用不仅仅是渠道互联网化，而是涵盖产品开发、营销、承保、理赔以及后续客户服务，作用范围从前端产品开发延伸至业务运营的中后端及保险服务的客户体验，对保险业务全流程进行数字化重塑。

在产品开发上，一方面，在大数据分析技术的支撑下，互联网保险公司应用多维度的用户数据开展差异化、精准化定价。另一方面，互联网保险公司使用基于云端、模块化结构的保险核心系统，灵活地进行产品创新和快速上线。在理赔环节上，互联网保险公司利用大数据等技术，与赔付场景数据打通形成理赔流程闭环，极大地提升了理赔速度，而且便捷化的理赔流程使客户无须提交理赔资料即可自动理赔。例如，泰康在线首创"直赔、当日赔、三日赔"等多种极速理赔模式，针对不同医疗支付场景，提供针对性的极速理赔服务。在客户服务上，互联网保险公司侧重于建立完善的线上服务平台，不仅为客户提供一站式保险购买、理赔等专业服务，还提供一系列增值服务，以打造极致客户体验。在公司运营成本控制上，互联网保险公司也具有科技优势。通过使用云计算、人工智能、区块链、大数据等技术互联网保险公司可以大幅提升公司承保能力与风控能力，从而降低运营成本。

（2）保险中介公司

作为连接保险公司和客户的桥梁，保险中介在保险行业中具有不可或缺的地位。伴随着保险业的信息化变革，保险中介行业也在进行着线上化与数字化转型。一方面，保险科技的快速进步使中介公司拥有了前所未有的连接能力，将上百家保险公司与数量庞大的保险客户相连，为保险公司与客户带去更多便利并创造更大价值，增强了自身的不可替代性。另一方面，借助互联网及新兴技术，保险中介机构得以拓展并创新自身的业务模式，为客户提供更多服务，延伸保险中介价值链的同时促进保险行业经营效率的提升（见图1-14）。

- **科技赋能保险中介强化连接能力，凸显桥梁作用，增强自身不可替代性**

保险中介机构聚焦于利用科技更好地连接保险公司与客户，通过更广泛且深入地参与到保险价值链中，保险中介优化客户的保险购买体验并提升保险公司的运营效率，进一步凸显自身作为连接型企业的价值。在客户端，保险中介机构能为客户提供保险产品筛选、个性化保险方案定制、一站式快捷理赔服务、保单管理等涵盖售前售中售后的服务，提升客户保险购买体验。而在保险公司端，保险中介机构能

1. 我国保险科技行业发展现状

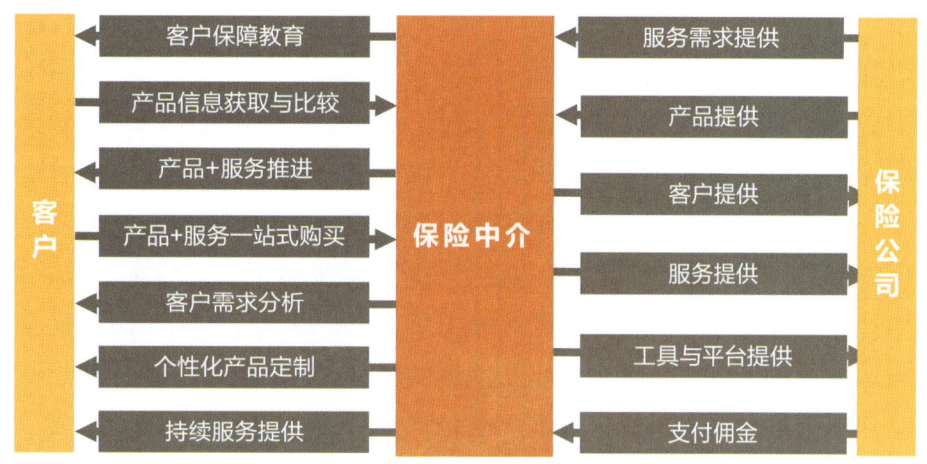

图1-14 拓展价值链后的保险中介业务模式

数据来源：中国保险与养老金研究中心

协助公司感知客户需求，设计定制化产品，搜集精准化定价信息，办理核保、保单保全等业务，并提供保险服务设施和展业工具，帮助保险公司集中资源于定价、风控、投资等方面，提升公司运营效率。

- 科技驱动保险中介延伸业务链条、创新业务模式，助力行业效率提升

借助互联网及新兴技术，保险中介机构得以在业务价值链中向上游拓展、向下游延伸，创新业务模式，通过高效有序地配置产品、客户、公司等行业资源，促进保险行业整体效率的提升。

在保险产品开发方面，由于保险中介的立场更加贴近市场，更加了解客户保险需求，一些保险中介机构利用平台积累的客户数据，主动携手保险公司根据客户需求定制专属保险产品。保险中介通过大数据等技术，结合不同场景，挖掘客户的特色需求，开发定制在垂直领域建立针对特定人群的细分保险产品，提升自身差异化竞争能力。在产品销售过程中，保险中介针对保险产品种类繁多、消费者挑选耗时的痛点，帮助消费者筛选产品、把控合作险企质量，让客户能省时省力地放心买保险。此外，一些数字化中介平台打造了保险产品场景化销售模式，它们以旗下的互联网平台为触点，融入各种碎片化的场景，通过场景获客、转化、黏客、提供服务，挖掘用户需求然后转化为保险客户。在理赔流程中，保险中介针对理赔流程复杂、耗费时间长的特点，上线极速理赔、代办理赔等服务，并增强理赔流程的透明性与可视化性，极大地提升了用户体验。例如，微保在出险率高的航空延误险和门诊险中实现"秒赔"，用户出险后系统实时自动理赔，全程无须用户提供任何资料，无须任何申请动作，赔款实时到账。最后，在服务延伸方面，保险中介通过提供保单管理、健康管理等售后服务，加强与客户接触频次，提升客户保险购买体验。例如，大童保险推出国内中介领域第一款服务产品"童管家"APP，以"科技+人"、线上线下融合的方式，为客户提供财富管理、保单管理、风险管理等全生命周期的管家

式服务。

（3）互联网巨头

近年来，以百度、阿里巴巴、腾讯、京东（BATJ）为代表的互联网巨头等非保险业者纷纷进入保险市场，凭借流量与技术优势，成为传统保险业者的强劲竞争对手，给保险行业原有的格局带来冲击。

- **互联网巨头的流量及技术优势为他们进军保险业打下了坚实的基础。**

一方面，互联网巨头公司拥有庞大的用户基础，巨大的流量为其保险业务贡献较强的触达渠道，可以与海量用户建立直接的联系。另一方面，互联网巨头在过去的经营过程中积累了大量的用户数据资源，可利用用户数据实现客户画像，进行精准营销和定价，且大多互联网巨头已经具备了较强的互联网场景优势。特定的互联网场景能激发用户的保障需求，身处特定场景下用户对保险的需求较强，通过各类碎片化的场景开展保险销售相对而言较为轻松。此外，互联网公司拥有人工智能、区块链、云计算等领先的技术，这一技术优势不仅有利于公司自身保险业务的开展，也能对外输出从而为保险行业赋能。当前，各大互联网巨头纷纷布局保险业，其中阿里巴巴在保险业的布局主要通过蚂蚁金服渗入，后者设有专门的保险事业部，通过参股、增资、战略协议等多种方式获得多块保险相关牌照，主要包括保险代理牌照（蚂蚁保险）、财产保险公司牌照（众安在线）。腾讯旗下的深圳微民保险代理公司于2017年获得保险代理牌照。此外，腾讯投资的水滴公司也在2017年上线水滴保险商城。京东于2018年通过注资安联财险获得保险公司牌照，安联改名"京东安联"，上线保险业务。此外，百度、小米、携程、苏宁、网易等互联网企业也纷纷进入保险领域，通过收购等方式获得保险中介牌照。

- **互联网巨头革新了保险营销与客户触达方式，拓展获客边缘，重点面向年轻人群与下沉市场人群。**

在保险营销创新上，互联网企业打造了保险产品场景化销售模式，它们以旗下的互联网平台为触点，融入各种碎片化的场景，通过场景获客、转化、黏客、提供服务，挖掘用户需求然后转化为保险客户（见图1-15）。例如，水滴公司通过"互助+筹款+保险"的商业模式，借助水滴互助打造医疗健康场景，引导用户向商业保险购买转化。水滴保险商城长险线上销售在6个月时间内，长险单月新单年化保费增长20倍，月度复合增长率超过60%，并于2019年11月长险新单年化保费破亿元，销售效率很高。值得注意的是，一些互联网公司引导用户开展保险自我教育，通过特定场景激发用户保障需求，引导消费者主动了解保险，从而促进保险消费。例如，蚂蚁金服推出"免费的医疗金"项目，通过赠送免费保额的方式，吸引用户主动了解医疗保险，从而引导用户在平台进行健康保险消费。

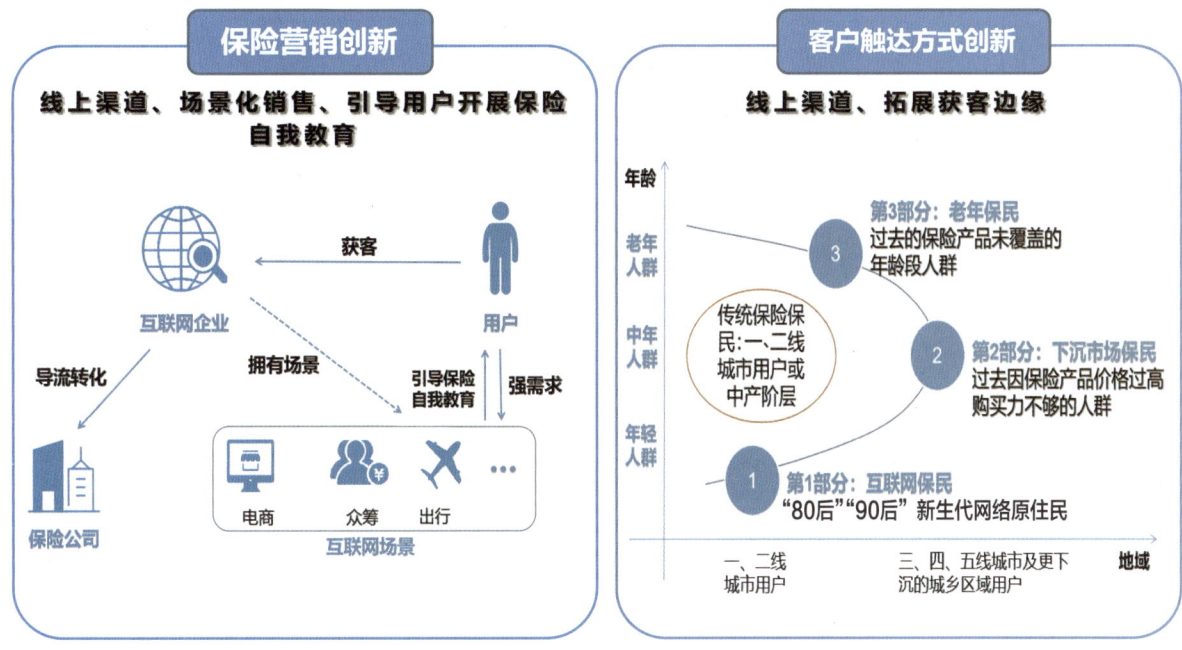

图 1-15 互联网企业的保险营销与客户触达方式

互联网巨头的进入给保险行业触达客户方式带来了改变,从代理人触达变为线上触达,这可能会在未来引致保险行业竞争模式的变化。以腾讯、阿里巴巴为代表的互联网巨头推出水滴保、相互宝等网络互助平台,凭借线上渠道、低进入门槛的特点迅速拓展数亿级用户,以网络互助的形式引导用户进行保险消费自我教育,将用户向商业保险消费者转化。同时,互联网巨头将保险覆盖到下沉市场、互联网中"80后""90后",以及老年人群等传统保险覆盖不到的人群,拓展保险获客边缘。长期以来,寿险公司更关注的是消费能力较高的一、二线城市、中高产人群,对低线级城市、中低收入人群覆盖度不够。水滴公司70%以上的用户均分布在"下沉市场",其中80%的筹款用户、72%的捐款用户和77%的互助用户都来自于三线、四线、五线城市。蚂蚁金服旗下的大病互助计划"相互宝"客群同样体现了明显的"下沉"特征。2019年8月,相互宝会员数超过8 000万人,其中三线城市及以下区域的相互宝成员占56%,来自县城及农村的占30%。此外,中西部区域相当踊跃,在成员数最多的十个省份中,中西部省份占了四席,分别为河南、四川、湖北、安徽。

(4)初创保险科技公司

除了保险公司与保险中介机构外,伴随着保险科技的兴起,专注于赋能险企的技术服务公司也进入保险市场。这些保险科技公司大多处于初创阶段,往往专注于某些特定的保险业务领域,运用自身的技术优势为险企提供服务,利用科技赋能保险价值链。

保险科技公司主要集中在车险与健康险领域,在销售、产品研发、客户管理、风险控制、公司运营等环节为险企提供技术服务,助力险企降本增效,提升运营效率。

销售环节，保险科技公司一方面运用大数据技术为险企提供客户画像与精准营销服务；另一方面开发代理人展业工具，辅助中小型险企进行代理人管理。产品研发环节，科技公司主要使用大数据帮助险企精准定价，根据市场需求进行定制化产品开发。尤其在车险领域，部分科技公司专注于车联网和UBI业务，为险企提供汽车及用户驾驶行为大数据，并利用大数据分析为险企提供创新型产品设计等服务。风险控制环节，科技公司主要在健康险与车险领域辅助保险公司进行核保核赔业务，增强险企的反欺诈能力。公司运营环节，科技公司主要提供SaaS云服务，辅助险企建设自动化与智能化的中后台系统。

此外，TPA（医疗保险第三方管理公司）也是保险科技公司较为集中的领域，科技公司主要为险企提供健康险的结算、分析、理赔、医疗机构连接。

1.3 保险科技在各险种中应用的发展趋势

1.3.1 财产险

（1）保险科技在车险业务中的应用

车险是财产险行业的主要险种，车险业务的特性决定了其将是保险科技深度应用的主要场景。近几年来，受新车销售增速下滑的影响，我国车险市场保费收入增速整体下降。同时，车险业务发展一直面临着费率竞争激烈、赔付率高、综合费用率高的困境。大数据、人工智能、云计算、区块链等技术可以应用于车险业务的产品定价、销售渠道、智能理赔、风险控制以及生态链建设等各个方面，给车险行业带来深刻变革。现阶段，保险科技在车险领域的应用主要在集中在产品定价、理赔查勘、风控反欺诈等环节，典型应用主要包括智能定损技术和智能反欺诈技术。展望未来，搭建车险业务生态链条及车后服务市场以实现车险数据的积累和打造商业闭环将是车险业务的重要发展方向。在发达市场，UBI车险模式已经渐趋成熟，并且孵化出了多家保险科技独角兽企业。5G技术、新能源汽车发展也将给车险行业发展带来新的挑战。

- **趋势一：智能定损技术深度应用，助力车险理赔效率提升**

传统查勘定损方式效率低下，高效快速定损成为提升车险理赔效率的关键。车险事故现场查勘是线下理赔服务最基础的业务单元，而受实时路况、报案量集中度等不可控因素影响，传统的车险现场查勘定损方式往往效率低下，出险后保险公司到达现场的平均时间在40分钟左右，常常出现车主因等待保险公司定损而导致全路段交通拥堵的情况，造成较大的社会资源浪费。针对上述问题，直接的解决方案是保险公司投入更多人力到现场，但势必会造成保险公司成本的进一步提高。考虑到定损的准确性直接影响保险公司的赔付，而定损的效率直接影响客户的理赔体验，如何快速、精准、节省人力地完成查勘定损已成为保险公司在车险经营过程中重点关注的问题（见表1-1）。

表1-1　　　　　　　　　　　各公司车险智能定损技术一览表

公司	技术
人保	■ 推出"芯定损"智能理赔工具，通过图像外观定损、OBD系统诊断、历史数据验证、维修精准定价四个步骤，实现乘用车全车型各种事故类型的芯定损
平安	■ 将AI图像定损技术植入"平安好车主"APP，支持用户进行外观损伤自助检测，实现秒级定损、自助理赔、视频理赔等一站式理赔服务，并提供全程在线陪伴的办赔、查理赔服务 ■ 使用人工智能算法进行极速查勘，"智能网格"动态分配查勘员位置，"智能调度引擎"自动规划最优路径，OMO线上线下融合的服务模式实现城市极速查勘 ■ 推出车险"信任赔"服务，运用自主研发的AI图片定损技术和精准客户画像技术，开创性实现后台零人工作业模式
太平洋保险	■ 基于百度智能图像识别技术识别车辆受损情况，结合换修规则与配件数据库生成定损结果，有效降低理赔运营成本，提升风控能力
蚂蚁金服	■ 推出"定损宝"，具备自动定损、预测来年保费、查询附近车辆维修点三大核心功能
腾讯	■ 推出"理赔通服务平台"，车险全流程线上理赔，车主通过微信接入保险公司线上理赔平台，保险公司通过客户手机微信远程进行查勘定损

数据来源：各公司年报、中国保险与养老金研究中心

智能定损技术助力车险理赔效率提升，优化客户体验。现阶段，随着智能定损技术的深度应用，保险公司的理赔服务正在升级。智能定损技术主要包括图像定损、查勘派遣线路优化、线上化理赔服务三大类。

❖ **图像定损**：支撑图像定损的核心技术是图像识别技术。图像识别技术是对输入的图像信息建立图像识别模型，分析并提取图像的特征，然后建立分类器，根据图像的特征进行分类识别的一种技术。图像识别的基本流程包括数据获取、数据处理、特征提取以及识别分类。在图像定损技术的应用下，客户只需将车辆按要求拍照，系统便可自动识别车辆受损部位、是否为本次事故受损、损失程度、预计维修金额。客户通过上传受损车辆照片及相关材料后，便完成理赔申请。定损理赔全过程在几分钟甚至几秒钟内即可完成，免去现场人工查勘的不便。

❖ **查勘派遣线路优化**：保险公司利用大数据、智能算法等技术，优化现场查勘案件筛选、查勘员派工两大传统查勘服务的重要节点，从而实现极速查勘。首先，基于公司后台理赔大数据，保险公司对客户的报案情况进行分析，筛选出真正需要现场处理的案件；其次，基于智能调度平台，动态分配查勘员位置，以事故现场为中心，由智能算法根据周围查勘员的忙闲状态和工作量智能判断到达时长，自动规划最优路径，实现就近就快派工。经过线路优化后，保险公司的查勘可在10分钟之内完成，仅用传统查勘时间的1/4。

❖ 线上理赔服务：不少保险公司的用户APP和微信公众号都已实现电子化自动理赔，为客户提供自助理赔、视频理赔、全程在线陪伴理赔、实时查询车辆维修与理赔进度的服务。此外，部分险企还推出智能理赔服务，无须人工介入，支持低风险、小额案件全流程自动作业，在出险后实现"闪赔"，大幅提升理赔服务效率。

- 趋势二：智能反欺诈技术上线，增强公司风控能力，降低车险赔付率

当前保险行业欺诈渗透率约为10%~15%，车险约为20%。车险欺诈是我国保险欺诈的重灾区，车险欺诈案件在总保险欺诈案件中占比高达80%，涉案金额保守估计每年高达200亿元，车险欺诈已成为财产保险公司亟待解决的难题之一。随着保险公司业务的发展，各种潜在的欺诈风险也随之增加，欺诈手段呈现多样化、专业化、团体化等特征。车险欺诈案件的高额费用支出提升了车险业务的赔付率，从而间接推高保险产品的价格，侵害被保险人的利益，破坏保险市场秩序。各公司车险智能反欺诈技术应用情况汇总见表1-2。

表1-2　　　　　　　　各公司车险智能反欺诈技术应用情况汇总

平安	■ 推出金融壹账通智能保险云，具有智能车定损与反欺诈功能，可计算智能保险分以评估个人与车辆欺诈风险 ■ 建立"从案+从人+从车"的多维度、立体化反欺诈模型，应用于酒驾反欺诈中
太平洋保险	■ 利用语音情绪识别技术打造"听风者"风控产品，将客户报案时的情绪特征与车险欺诈场景进行匹配建模，测算欺诈指数，辨别异常行为，实现风控前置
众安	■ 推出数据智能风控产品，通过人工智能（包括计算器视觉、自然语言处理、数据洞察）以及大数据算法，协助保险公司精细化风险管理，优化风控模型，降低运营风险
泰康在线	■ 运用大数据技术甄别欺诈骗保行为，基于欺诈风险判断结果进行核查资源的配置
蚂蚁金服	■ 实施全流程风控，从投保开始实时风控，评估理赔用户、立案人员和公估人员的关系往来，识别并减少欺诈现象
凯泰铭	■ 推出智能理赔风控系统，将规则引擎、大数据、人工智能相结合，在数秒内确定案件的潜在风险 ■ 推出人伤风控检测系统，可管控人伤案件协议方案中的费用渗漏风险，解决伤残等级扩损、鉴定时机风险、鉴定资质风险、整案欺诈等风险，为保险公司节约理赔成本

数据来源：各公司年报，中国保险与养老金研究中心

面对多样化的欺诈手段，保险公司原有应对策略较单一。随着保险科技与保险行业的深度融合，保险行业推出了智能反欺诈系统，通过深度应用人工智能、大数据、区块链和物联网等技术，实现智能预警和多维核验，以此加强保险公司的反欺诈能力。通过大数据关联图谱分析以及人工智能反欺诈等技术手段，可以提高20%~30%的欺诈识别率，从而实现成本节约和损失挽回。智能反欺诈系统的出现提升了保险公司欺诈案件的识别效率，降低了风险管理成本，优化了风控效能。

相比传统的风险管控方式，智能反欺诈系统优势明显：

第一，智能反欺诈系统拥有海量风险规则支持风险筛查，全面覆盖人工筛查容易遗漏的细小风险规则；

第二，针对高风险理赔案件，设置风险预警方案及时预警，防止风险向后流转；

第三，根据案件调查结果反馈及多维数据输入，机器可不断学习进化与迭代，提升风控精度，并应对不断新增的欺诈手段。

智能反欺诈系统的核心是"三大模型"：一是结合行业车险数据构建的"从车模型"；二是通过财务、消费、信用、医疗等数据构建的以人为中心的多维评分的"从人模型"；三是整合业内权威专家、充分解读行业最新动态、精准预估未来行业发展趋势后，将经验、政策、趋势、数据进行有机集合后所提炼出的"行业管理经验模型"。借助"三大模型"，反欺诈系统基于智能算法，运用合适技术，以"电脑"协助"人脑"自动进行一系列风险管控操作，从而准确快速、全面有效地进行车险理赔案件风险识别、风险评估、风险预警和风险处理等。

智能反欺诈系统识别与认定案件风险的流程主要分为三个步骤：首先，系统借助强大的规则引擎和庞大的车辆基础数据库，通过确定分析目标、数据抽取和清理、数据建模与比对，对案件中的重复索赔、故意制造事故、酒驾换驾、历史出险、关联关系、照片是否被修改、团伙作案等风险点进行自动检测和筛选。其次，将数理模型得到的结果与实际经验相结合，并进行多次模型效果评估和模型优化。最终得到综合案件风险评分方案，实现对案件风险的快速识别与认定。

（2）非车险：非车业务成为新的业绩增长点，技术密集应用

近年来，随着车险业务发展态势趋缓，非车险业务成为财产险的新增长点。2019年前三个季度，非车险保费收入同比增速达25%，而财产险行业的整体增长率为4%。我国财产险市场结构正从车险绝对主导的形态逐步变化，非车险业务的快速发展为财险市场带来了新的发展动力。随着技术深度赋能保险业，保险市场结构逐渐优化转型，技术依赖度更高的非车险业务拥有对于创新和技术更为包容的先天优势。此外，非车险业务的发展环境也正在发生积极变化。一方面，投保意识的提升使得非车险特别是其中的责任险日益成为各行各业及社会大众进行风险管理的有效工具；另一方面，政策利好不断在产品设计方面产生积极影响，且数字经济带来了范围更广、更精准的风险数据。行为数据、健康数据等均可依靠物联网与移动设备轻松获得，精算与大数据可以完美结合，开发出一批场景化、碎片化的互联网保险产品，从而适应网络经济、共享经济对风险保障的新需求。

- **趋势一：互联网非车业务进入新发展周期**

近年来，互联网保险因其购买便捷、产品丰富等特征，给保险消费者带来便利，互联网保险得到快速发展，而其中互联网非车险则一直保持稳健的高速增长态势。从险种结构来看，意外健康险、退货运费险保单数量较大，而意健险和信用保证保险增长最快。从市场主体维度来看，具有互联网基因、掌控流量，以及借力互联网平台、自建场景的财险公司在互联网非车业务上占据优势。

从业务结构分析，互联网非车险业务中，小额、碎片化场景式退货运费险、航延险、航意险、账户资金安全险、意健险成为主力产品，而针对互联网生态主流年轻人群的百万医疗、小额消费贷款保证险成为近年爆款。2019年第1季度，互联网非车险业务中，意健险保费占比接近52%，与2018全年占比保持稳定；以"退货运费险"为代表的"其他类"业务占比达到22.10%，在2018全年占比基础之上增加2.21个百分点。退货运费险保费主要集中在国泰、人保、众安、大地等10家公司。单均保费在0.51~0.72元，体现出小额、高频、低损、低费的业务特征。

从细分渠道来看，第三方网络平台已经成为互联网非车的主力流量入口。2019年第1季度，第三方网络平台提供的保费资源占比超过六成。第三方网络平台主要包括淘宝、携程、美团等电子商务平台，具有绝对的客户流量优势，其保险产品、业务流程设计也相对简单。2019年第1季度，第三方网络平台贡献了近一半的互联网意健险保费，"其他类"中保费来源以"退货运费险"为主（见表1-3）。

表1-3　　　　　　　互联网非车保费结构（细分渠道）

		2018年	2019年第1季度	变化幅度（单位：%）
公司自营平台	PC官网	10.11	9.86	-0.24
	手机WAP	0.21	0.19	-0.01
	移动APP	1.52	1.83	0.32
	微信	1.05	1.18	0.13
专业中介		25.6	24.31	-1.29
第三方网络平台		57.87	60.58	2.71
其他		3.65	2.04	-1.61
合计		100.00	100.00	100.00

数据来源：中国银保监会、中国保险与养老金研究中心

当前我国互联网非车险主要集中在个人业务。从我国互联网发展的历程看，未来面向保险客户的C端市场仍有较大发展空间。此外，在云平台、人工智能等技术的加持下，面向企业的B端市场业务也将迎来爆发式增长。

- 趋势二：场景化保险

随着大数据技术的进步，以及互联网思维在保险行业的逐步渗透，从用户需求出发、注重用户体验的产品设计思路和服务升级方向为传统保险行业带来了新的增长动能。在非车险领域，场景化保险产品凭借其在设计理念上更加贴合用户实际需求、保险条款简洁、投保理赔流程智能化等优势，迅速占领了市场，成为大型险企进行保险创新的试炼场，成为许多中小型保险公司寻找市场的一个突破口。保险公

司通过海量的用户数据洞悉客户需求，针对医疗健康、生活消费、航旅出行、O2O等多个场景，推出多样化的保险产品，以满足不同类型客户的细致化、差异化保险需求，进一步实现"让保障无处不在"的愿景。

退货运费险保费的快速增长则凸显了保险科技对于高并发处理能力的加持，满足了保险公司对交易时效性的高要求。2014年退货运费险在"双十一"当日交出了1.5亿单的成绩，退货运费险以惊人的增长速度迅速成长为全球保单数最大的险种。2020年"双十一"期间，六大类保险再次刷新纪录，创下当日8.6亿单的成绩。此外，2020年退货运费险成绩单还额外披露了一个新的峰值数据，即23万笔/秒的投保峰值。这充分体现了保险公司对于承载高频并发数据的处理能力、自动化风控能力、大数据精准定价能力以及急速理赔的能力。

场景化保险的快速发展一方面体现了保险公司的技术属性和科技能力建设，对保险公司的数据处理能力和精准化定价模型的搭建提出了更高的要求；另一方面则拓宽了保险公司的保障场景和原有保障责任，各家保险公司均对保险客户进行了细分，并基于不同投保人的特定场景化需求，如出行、教育、健康、特定工作人群、财产保护、电商消费、餐饮等场景为其提供能够满足细致需求，多样化保障的保险产品。

互联网保险公司在业务结构上与传统财产险公司具有较大的不同，其技术属性、线上属性更强。以泰康在线为例，其在场景化保险上进行了深度布局，从五大场景对场景化风险进行了细致保障设计。如基于健康场景，泰康在线根据已病人群的保障需求，推出针对心血管疾病、呼吸系统疾病、胃部恶性肿瘤疾病、糖尿病患者的已病人群保险产品；针对外卖小哥、年轻租客、艺术品机构及个人、母婴人群等不同类型的人群，推出解决外卖和快递场景痛点的"骑手意外险"、专为年轻租客群体设计的"租客专属家财险"、国内首款私人收藏艺术品保险"臻品有约"、国内首款试管婴儿保险产品"祝孕"试管婴儿医疗保险（见图1-16）。

图1-16 泰康在线场景化保险产品布局

数据来源：中国保险与养老金研究中心

- **趋势三：农业保险具有政策重要性，保险科技技术应用广泛**

在政策利好的不断推动以及技术的助力之下，我国农业保险的科技技术应用发展取得了长足进步。我国农业保险中主要的技术应用体现在人工智能在家畜识别上的应用、地理信息系统以及遥感技术在农业保险理赔和查勘上的应用，以及图像识别技术在农业保险理赔上的应用。未来我国农险发展应该从防灾减灾、定损理赔和建立大灾防灾体系三个方面发力，但由于尚缺少有效的行业信息，目前普遍存在承保、定损、理赔的困难。

自2007年实施农业保险保费补贴政策以来，我国农业保险取得较快发展。2019年我国农业保险保费收入达672亿元，提供风险保障3.6万亿元，农业保险业务规模稳居亚洲第一。目前，全国农险承保的农作物品种270余种，基本覆盖了各个领域。但我国农险业务的覆盖率与发达市场相比仍有较大差距。麦肯锡2018年发布的《中国农村保险白皮书》预测，与欧美发达国家相比，中国农业保险总体的渗透率仍然非常低，2014年全球平均水平为1.20%，而中国农险仅为0.32%，其预测"市场规模5年内有望超过千亿元人民币"。

我国农业保险在取得积极成效的同时，也存在着发展短板。

一方面，在农业保险承保环节，传统方式是通过目测确定标的物头数。因为标的物一直在活动，导致精确得到标的物头数非常困难，所以在传统农业保险流程中依靠估算模式来解决，但这种方式存在的误差导致保险报价不够科学。通过应用人工智能技术，多家险企均推出了家畜智能识别功能，如猪脸识别产品，在一定程度上有效解决了这个问题。在应用猪脸识别技术的承保流程中，保险公司工作人员仅需要用手机对着标的物进行10秒视频拍摄，系统就会自动识别目标标的物群体中有多少头猪，同时会将每张猪脸照片进行建档保存。这种方式不仅提高了承保的效率，也大大提高了承保环节精确度。此外，猪脸的注册也会为后续理赔中是否"冒名顶替"提供了判断依据，降低了保险欺诈造成的损失。

另一方面，在农业保险理赔环节，传统农业保险业务需要保险公司工作人员到出险现场进行测量称重，实地完成农业保险的理赔流程，这种方式不仅时效低（一般理赔发起后一到两天到现场），保险公司服务成本也高（单次理赔需要300元以上），更重要的是因为需要现场理赔，农户不能及时对死亡动物尸体进行处理，极容易造成传染病的蔓延。针对这一行业痛点，险企也纷纷推出智能化农险理赔系统，通过加载图片识别技术、理赔标的物智能对比、理赔金额自动核算、理赔实时到账等技术，加快理赔流程，提高理赔效率，将传统方式需要1~2天的理赔周期，缩短至几分钟内。

【案例1-1】　　　　　　太平洋保险推出"e农险"

在农业保险技术应用的尝试上，太平洋保险顺应"互联网+"技术革新趋势，提出用"科技"改变公司现有农险经营管理体系，推出农险新技术应用项目"e农险"。

"e农险"体系使得农险经营更加便捷、容易，太平洋农险经营管理体系也更加互联网化、科技化。

一、四大功能板块——覆盖农险经营全流程

"e农险"致力于打造先进的"经营管理体系"。这一体系包含四个核心内容：一是搭建移动平台，与IT系统实现对接；二是开发各类APP应用，符合移动应用属性；三是外围设备辅助，开发应用载体；四是业务流程再造，固化标准操作流程。

"e农险"功能体系由业务操作、风险管理、辅助工具和咨询管理四大功能板块组成，触及农险经营服务的全流程。其中，业务操作板块通过"验标/查勘助手、e键承保/理赔、移动核保/核赔、远程专家、后台辅助"等功能应用，实现了一线操作移动化、传统操作线上化、外部流程内部化、内部流程标准化，极大地提高了工作效率，确保了业务档案数字化、真实可信可跟踪。风险管理板块通过"气象证明、灾情预警、风险地图、气象服务、智农瑞田"等功能应用，为内外部客户提供风险数据与信息，有效协助公司加强风险管控，帮助农户开展防灾减损。咨询管理板块涵盖农业常识、农情、产品、制度等各类信息，为内外部客户提供全面"三农"及保险咨询服务。辅助工具版块为用户提供了包括"水印相机""测亩仪""航拍助手"等多个便捷小程序应用，帮助用户提高效率。

二、"e农险"底层技术

"e农险"依托于强大的3S应用技术，并有效整合OCR、AI、支付等当前主流应用技术，为太平洋农险提供高效便捷优越的技术保障。

3S应用技术即将全球定位系统（GPS）、遥感（RS）技术和地理信息系统（GIS），根据不同的应用需要，有机地组合成一体化的、功能更强大的新型系统技术。在3S技术集成中，GPS主要是精准、快速地提供目标的空间位置；RS用于实时、便捷地提供大面积地表物体及其环境的几何与地理信息及各种变化；GIS则是多源时空数据的综合处理和应用分析的平台。农险业务主要包括应用遥感（RS）技术进行承保标的物识别；应用全球定位系统（GPS）进行承保标的物的精准定位与图像拍照，应用地理信息系统（GIS）进行空间计算和空间敏感数据脱密等。

OCR技术应用主要包括证件识别与验证，应用于农险业务中对客户资料进行收集和整理，减少人力工作量，降低操作失误，提高成果质量。AI技术应用主要包括奶牛头纹识别、无人机、拍照称重、电子耳标等，应用于农险业务奶牛识别、无人机查勘理赔、病死猪拍摄测重等。支付技术应用于农险业务承保交费和理赔赔付，及其他涉及费用支付各环节。

三、"e农险"技术主要创新点

技术创新是"e农险"建设和应用的基础，围绕"承保"和"理赔"核心环节，整合了多项核心技术，其中具有代表性的几项技术包括按图承保技术、水印相机技术、闪赔闪付技术、空间分布图制作技术、多源及多尺度查勘定损技术。

- 按图承保技术是指充分考虑到农业保险的特殊性，针对山区路途曲折、遮挡、无信号等实际问题，从多个应用场景进行技术突破，运用混合定位技术、地图缓存技术以及多场景采集技术充分支持业务人员在偏远地区的离线作业模式。

- 水印相机技术将多重信息集成在现场采集的照片上，包括时间、地点、来源、拍摄者、关键单件信息等，将这些富文本信息制作成水印，覆盖在照片上。这些文本信息可以帮助审核人员判断照片的真实性，降低审核风险。

- 闪赔闪付技术则围绕养殖户理赔服务，依托新技术再造业务流程，减免传统模式8~10项纸质资料，实现了场景化即时理赔服务模式，实现理赔流程操作移动化和线上线下操作的同步，理赔时效从以往的20天缩短至现在的1小时。

- 空间分布图制作技术的应用，使得"e农险"能够在5秒内完成地块四至分布图的制作，极大地提高了工作效率。该图件包括的信息有：绝对位置信息、相对位置信息、地块边界信息、地块面积信息、保单业务信息等。

- 多源及多尺度查勘定损技术则有效解决了传统农业保险定损难的问题。"e农险"采用卫星遥感、无人机遥感及手持移动终端共同组成的"天地空"三个尺度、多方位立体的农业保险灾后查勘定损技术，其中大尺度采用卫星遥感技术，中尺度采用无人机遥感技术，小尺度采用移动采集技术。

四、农险承保效率获得显著提升

2017年以来，太平洋产险在北京、内蒙古、河南、浙江、宁波五个地区，推进启动"e农险"应用示范点及实验室建设工作，已经形成了河南养殖业闪赔、宁波杨梅气象指数产品自动理赔、OCR技术采集用户信息以及无人机精准验标和查勘等多个样板应用实例。

1.3.2 寿险

- **趋势一：保险科技赋能代理人渠道进行营销创新**

目前，保险科技在寿险行业最重要的应用是为代理人渠道赋能，帮助代理人进行团队建设以及销售。各险企持续借助保险科技应用在寿险营销上发挥效益，解决寿险营销面临的痛点。随着技术的应用，寿险业的营销思路从传统的线下人海战术和高压管理,过渡到线上的专业营销、微信营销、批量获客,善于利用互联网新工具,并通过完善的产品体系促进营销技术的提升。当前,代理人渠道仍然是寿险业务最重要的渠道。代理人渠道增长见顶意味着传统上依靠人力拉动的业务增长模式难以为继。

传统寿险行销互联网普及程度低,移动互联更是乏善可陈。从展业投保、客户服务到招募培训、团队管理,充斥着大量的零散纸质材料,流程复杂漫长,客户体验差,管理和运作粗放。寿险营销工具将展业投保、客户服务、招募培训、团队管理等全流程集成在同一展业工具中,通过技术手段对传统的行销支持和管理工具进行全方位革新,极大提升了销售效率和用户体验(见表1-4)。

表1-4 各险企寿险营销工具

太平洋保险	科技个险	科技个险是太平洋保险公司旗下的一款集办公、管理、查询、经营、考勤、培训等功能于一体的手机移动平台
平安保险	"e行销"	"e行销"是一种以多种方式、多种渠道将后台所有产品和前端所有渠道全部打通的信息整合和发送平台
中国人寿	国寿通	国寿通APP是中国人寿智能综合展业平台,拥有综合金融、客户经营、辅助管理等功能,可以帮助中国人寿销售人员更好地提供销售服务
泰康人寿	泰行销	泰行销是满足个险、银保、电销、经代四大渠道需求,从产品、客户、支持、管理四个创新方向出发,用于实现精准销售、改良队伍素质的移动平台
中国人保	人保通	人保通是中国人保的行销展业移动平台,通过搭建学习园地以及业绩查询园地,提供移动投保的功能,让营销员们能够更加便捷地完成各项保险服务
新华保险	新华"e保通"	新华"e保通"是新华人寿的行销展业APP,员工可以随时随地办公和在线处理各种业务,第一时间服务客户
太平人寿	立保通	立保通是太平人寿推出的"客户体验式服务平台"中的一项功能。该服务平台全面上线后,客户可在无纸化环境下实现保费交纳、理赔或给付兑现、保单贷款等

数据来源:内部资料、中国保险与养老金研究中心

各险企通过保险科技赋能代理人多包含代理人团队建设、产品学习、行销展业和客户管理四大功能。

第一,代理人团队建设功能主要包括代理人招募及团队管理两大功能。代理人招募功能实现新人招募上岗的全流程线上化,提升增员效率。新人在线上即可完成从招募到上岗全流程,极大地缩短了上岗时间,提高了上岗效率,节省了险企大量的新人培训和人管手工操作成本。平安推出了AI甄员和AI面谈工具,搭建了一整套提升代理人留存和产能的解决方案。此外,代理人展业工具还配备代理人团队管理的功能,包括实时查询业绩、佣金、考核、继续率、团队管理等,实现智能化自主经营,提升个人和团队管理效率。以太保"科技个险"APP为例,为推动寿销车业务发展,以往营销员需要把购买车险的客户带到公司柜台出单,现在营销员只需要

打开"科技个险"APP，输入车牌等客户信息，就能给每一位客户做出精准的车险报价和出单。同时，车险续保提醒、理赔进度查询帮助营销员实现关键时间点主动服务客户。过去营销员外面跑一天只能服务一两位客户，现在足不出户就能服务很多客户。

第二，产品学习功能主要是方便保险代理人随时随地学习产品知识，提升专业素养。通过建立一个产品学习的训练平台，代理人可在该平台内夯实产品基础，进而获得销售资格证书。通常该项功能还配备一个知识库，汇总所有在售产品的最新投核保规则、最新销售政策、最新体检政策和常见问题等资料，使保险代理人准确、迅速地掌握公司的产品和政策，减少同样问题反复提问的次数，节约管理成本。此外，产品学习功能一般还配备了一个人工智能客服系统，营销人员若遇到无法确定或无法解决的问题，可在系统的后台提问。

第三，行销展业功能包括保险需求分析、个人/家庭计划书、在线投保、数据查询等核心展业功能，是保险代理人日常展业的必备工具，有助于提高营销效率和营销质量。其中，家庭保障样板间是需求分析的一种重要工具。样板间内包括个人计划书、家庭计划书、精选家庭套餐，满足不同家庭私人定制需求。而在线投保实现了投保方式的创新。以往"投保难"是一大痛点，投保手续烦琐、时效慢、体验差。基于在线平台，实现了实时投保、核保、转账、承保和回执回访所有流程线上化，大大提升了效率。

第四，客户管理功能主要是通过短险销售、线上活动帮助代理人批量获客，以及通过老客户的增值服务维持与老客户的关系。通过建立一个代理人专属的拓客产品库，提供了覆盖不同年龄人群、节假日等场景的短期意外险产品组合，具有价格便宜、保障全面和投保便捷三大特点。通过作业模式和技术创新升级，提升产品上线速度，降低开发成本。根据营销主题不断更新线上获客活动，以活动为抓手，实现线上线下全流程活动管理，提升营销活动保费转化率和客户购买率。

【案例1-2】　太平人寿"保宝"微商城：互联网寿险营销

随着移动互联网的发展和客户数字化体验需求日益增长，保险公司在不断扩展互联网保险销售渠道和搭建互联网服务平台。未来的代理人队伍一定是越来越年轻化、更能熟练使用互联网工具的人群，而移动展业工具是帮助代理人提高展业成本和公司运营成本的第一步。"太平保宝"平台是太平人寿创新启动的供太平人寿代理人使用的互联网平台，截至目前已经打造了微信公众号和"太平保宝"专属APP两大流量入口。微信公众号平台从2017年6月4日实现全面推广，平台累计注册的用户数已达100余万人，代理人注册率高达80%的在册人力，已经成为太平人寿自营的高流量平台。"太平保宝"APP自2017年10月起全面推广，成功支持个险开门红的秒杀活动，且已打通太平人寿个险长险业务的新契约流程，打造了移动理赔、移动保全模块，提供个险代理人移动展业闭环服务。2019年微商城累计产生保费12.91亿元，承保件数达到535.9万件。

"太平保宝"主要从四大维度对寿险代理人进行赋能。

第一，在产品环节打造保险产品供应链，加大产品库建设，提供丰富有竞争力的保险产品，包含财产险、养老险、寿险等多条产品线。通过平台以及后台产品配置中心的技术框架搭建，加速产品上线速度，以及满足个性化产品配置需求，帮助代理人为客户提供定制化保险产品方案。

第二，在平台运营及线上营销辅助方面，为代理人提供软文、资讯、营销技巧及配套视频以及在线互动等营销工具。

第三，在CRM及保单管理方面，为代理人提供获客动态、新客户管理、客户档案、续保管理、保单管理等工具。例如，平台可以为代理人提供多维度的平台保单管理，可根据时间、产品线、客群进行保单检索及分类。

第四，在代理人队伍建设方面，"保宝"商城打造了一套微商城会员成长体系，通过搭建成长体系驱动代理人完成各项指标，提升代理人活跃度。

除各保险公司之外，出现了多种集合类的第三方代理人展业工具，如"保险师""保代帮""保险大咖""i云保"等。以"保险师"为例，其主要功能为通过APP提供产品计划书、短险获客、保险产品学习以及订单管理等。

- **趋势二：互联网人身险渠道兴起**

渠道变革是保险科技在寿险业应用的主题。互联网人身险渠道的发展是保险科技在寿险业最直观和最重要的趋势之一。传统保险产品长期存在同质化严重、创新不足的现象，引发了行业粗放式发展、中小险企盈利困难等诸多问题，而面对快速变化的互联网环境，传统保险的产品设计原则、运营方式和交易效率都难以适应。另外，对于保险用户而言，传统保险条例晦涩难懂、理赔体验较差、保险营销方式不受信任都是保险业需要解决的问题。互联网人身险的发展有望在一定程度上攻克传统保险各个环节的发展痛点，为行业带来新的增长发力点。

从互联网人身险市场的发展趋势看，2016~2018年，互联网人身险市场的规模保费分别达到1 796.7亿元、1 383.2亿元和1 193.2亿元（见图1-17）。继2017年互联网人身险规模保费首次出现负增长，2018年互联网人身险市场规模发展势头持续放缓。

从经营主体看，2018年共有62家人身险公司开展互联网保险业务，其中中资38家，外资24家。中小型寿险公司在互联网人身险行业表现突出，2018年互联网人身险公司规模保费前五名分别为建信人寿、国华人寿、工银安盛、平安人寿和弘康人寿。中小寿险公司正在积极进行金融创新，加大保险科技布局和促进互联网渠道大力发展业务。

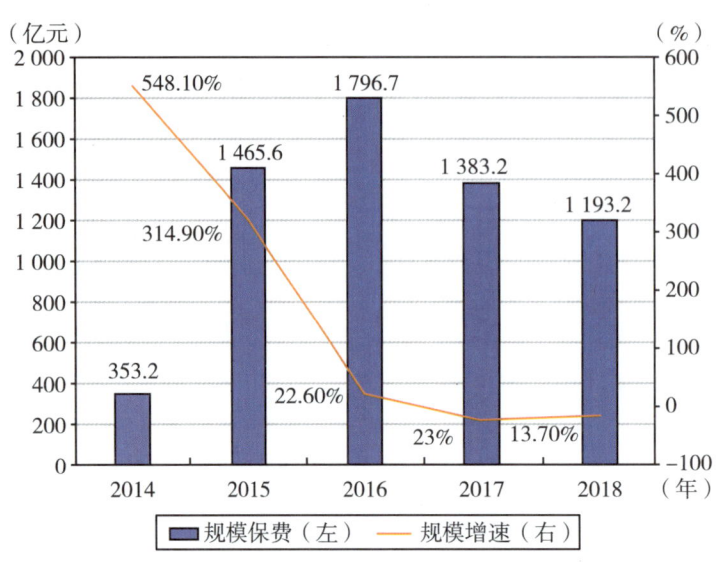

图 1-17 互联网人身险市场发展趋势

数据来源：中国保险行业协会、中国保险与养老金研究中心

从渠道分布看，互联网人身险业务的线上主要包括保险公司自建官网/APP和第三方渠道。2018年互联网人身险第三方渠道实现规模保费991.9亿元，占互联网人身险总规模保费的83.1%；而保险公司自建官网渠道实现规模保费201.3亿元，占互联网人身险总规模保费的16.9%。从流量资源看，平安"金管家"APP拥有2亿注册用户，在各险企客户APP中居首，其次分别为国寿（6700万）和太保（2000万）。在官网流量（PV）方面，2018年人身险行业全年累计官网流量共达59.6亿人次，较上年同比增长50.1%。其中，平安人寿年累计流量为44.6亿人次，太保寿险年累计流量为8.3亿人次。

第三方平台是互联网保险保费收入主要来源。互联网保险销售渠道主要分为官方自营渠道和第三方渠道。从渠道侧市场份额来看，第三方渠道是互联网保险的主要保费收入来源。互联网人身险领域中第三方渠道占比虽然有所下降，但依然占绝对主导地位。相比于官方自营渠道，第三方网络平台拥有更多的用户场景，而专业保险中介能够为用户提供高质量的服务。

从险种维度看，人寿保险为互联网人身险业务的主力险种，在互联网人身险年度累计规模保费汇总占比为56.6%；年金保险为第二大互联网人身保险险种，在互联网人身险年度累计规模保费中占比为28.3%；健康险持续高速增长，在互联网人身险中的占比首次突破10%。在互联网人寿保险业务中，分红保险为互联网人寿保险的主力险种。2017年5月下发的134号文，在持续收紧万能险、投连险的同时，规范了年金险、两全险的保险设计要求。2018年，两全险保费骤降83%，年金险下降27%。2016年9月下发的76号文在2017年逐渐发挥监管效应，对短期理财型保险带来了直接影响。2017年，万能险保费下降85%，投连险下降44%。2018年，互联网健康险业务同比增长108.3%，费用报销型医疗险是主力险种（见图1-18）。

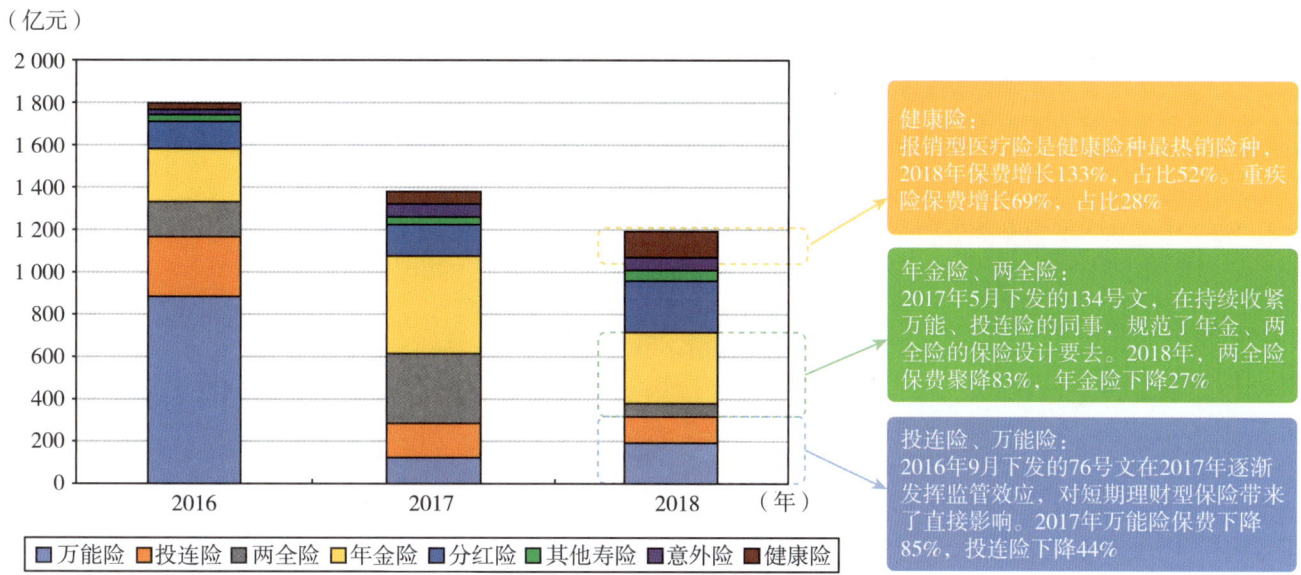

图 1-18 2016~2018 年中国互联网人身险保费结构

数据来源：中国保险与养老金研究中心

从互联网人身险业务的期限结构看，互联网人身险仍以短期险为主。互联网人身险出现连续两年的保费负增长，主要由于发展初期互联网人身险的险种结构过于单一，主要由理财型保险构成，因此在面对行业政策变化时更容易受到影响。细分不同险种来看，寿险业务2018年保费收入为675亿元，较2016年下降了55%；而健康险却逆势高速增长，2018年保费收入增长108%，成为互联网保险领域发展的亮点。不过目前健康险发展仍然以短期医疗险为主，终身重疾险、定期寿险等更有利于保险公司发展的长期险却难以在互联网渠道打开市场。寿险业务具有长期性、复杂性特征，某种程度上与代理人渠道的服务属性更为契合。但互联网渠道的冲击不容小觑，未来寿险行业的竞争也有可能从代理人资源竞争转向线上流量竞争。对于互联网人身险渠道而言，如何突破短期险业务的瓶颈，发展保障型长期险业务是未来的发展方向。

- 趋势三：智慧客服能力建设，提升寿险客户服务水平

寿险行业正在向打造以客户为中心的产品与服务生态转型，更加关注客户的保障需求及用户体验。保险科技在寿险业的另一重要应用即为客户服务水平的智慧化建设，包括开发智能客服、智能保顾，提升核保核赔效率，以及提供延伸服务等。在保险科技的商业化落地中，为企业降低成本是最核心的价值之一，一些重人力的业务场景由于其高工作量、高重复率和经验导向的特性非常适合应用保险科技提升效率，通过智能客服、智能保顾、智慧化柜面等模式极大地降低险企的运营成本（见图1-19）。

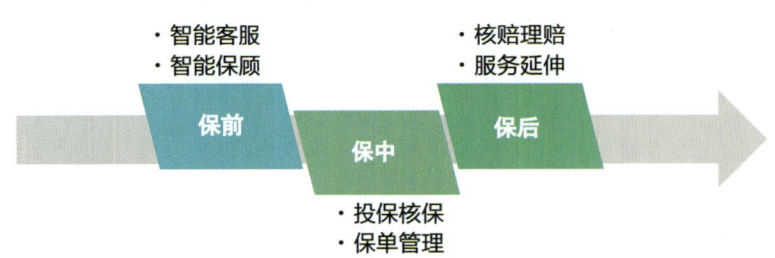

图 1-19 保险科技与寿险客户服务智慧化建设

数据来源：中国保险与养老金研究中心

保险科技在寿险服务领域的创新能够提升用户购买保险的全流程体验，包括产品售前的保险咨询、智能保险顾问，售中的投保核保、保单管理，售后的便捷理赔及服务延伸。而在渠道和产品创新的基础上，通过应用保险科技加强服务体系建设，提高用户的保险购买体验也是寿险公司提高核心竞争力的必由之路。

【案例1-3】　　　　太保："智享家"科技赋能柜面业务

智享家（Intelligent Service Counter，ISC）是太保寿险推出的集合生物识别、智能路由、大数据、深度学习等技术的客户智享体验中心，以技术驱动推动柜面业务流程再造和柜面资源的高效配置，寿险客户服务部通过柜面服务管家、云柜面、柜面机器人、"啄木鸟"工程等项目打造智享家柜面服务模式。

"云柜面"服务基于生物识别、智能路由、远程视频及大数据风控等技术，打通服务"最后一公里"，把保险公司的柜面延伸至千万客户和每个业务伙伴身边，让每一个终端成为一个柜面；实现全司服务共享，为客户匹配最适宜的服务人员，给客户带去即时贴心的服务同时促进全司服务资源共享和服务标准的统一；精准识别业务风险，依托人脸识别、大数据等技术，通过前端实时对比及后端多维智能模型审核，提升服务时效，强化风险精准识别，切实维护客户权益。截至2018年4月底，云柜面授权207人，完成视频作业3万余件，接通率达到66%，作业时效由传统柜面15分钟缩短为5分钟。

"灵犀二号"基于语音交互、图像识别、语义分析等人工智能技术，能为客户提供专业的查询咨询、排队叫号、保全变更、给付、理赔、投保等多项保险服务。其智能高效的服务效率，获得了客户的一致好评。同时，"灵犀二号"还可以通过陪客户聊天、为客户导览等互动形式，进一步提升客户服务体验，成为柜面"金钥匙"服务管家的好帮手。"灵犀二号"机器人已覆盖太保寿险全国42家分公司，累计作业量近75万笔，累计服务客户数达35万人。

"啄木鸟"工程，旨在发现保全作业风险与系统问题。保全利用大数据与机器学习，对于贷款套利风险和续期自动给付客户身故风险进行分析与自动识别，发现800余位多次利用还款到账时差套取利息的客户，并采取相关措施进行限制；发现领取年金的客户有747位已经身故，挽回经济损失134.7万元（年化）。保全风险防控系统利用前后端数据校验，发现前后台数据不一致等问题7万余件，有效防范了业务风险。

通过科技赋能，柜面服务及保全业务更加智能化，有效化解了作业风险，提升了客户体验，降低了服务成本。

在售前环节，多家险企推出了智能客服服务，通过AI客服提供7×24小时在线服务，及时响应客户疑问，节省运营费用。通过智能回访功能实现缴费续期提醒服务等。此外，多家险企推出了智能保顾服务，可以根据客户的年龄、性别、地域、收入、家庭情况等基本信息给出智能保险推荐方案。在保中环节，各险企提升客户服务水平的核心举措为通过保险科技的应用提升核保核赔效率。在投保环节，简化流程，提升用户体验。在核保环节，应用线上智能核保系统，节约等待时间，提升核保效率。在保单管理环节，通过电子化保单、保单云端存储以及在线续保、退保、保全变更等功能实现保单实时查询和保单售后管理。在保后环节，通过保险公司与赔付场景数据打通，形成理赔流程闭环。通过在线提交电子化材料免去人工核赔理赔的烦琐流程。在服务延伸环节，通过拓展保险服务范围，提供被保场景后端的配套服务，建设服务生态圈。如互联网健康险提供健康管理、预约就医、增值医疗服务等。

1.3.3 健康险

健康险业务为中国保险行业增速最快的险种之一，也是技术应用最为密集的险种（见图1-20）。健康险行业保费一直呈现稳步增长的态势，近年来随着国家系列利好政策出台，健康保险业的发展增速进一步提升。受人口结构及医疗结构变化驱动等因素的作用，我国健康险行业发展步入黄金增长期。2020年初新冠疫情发生以来，第1季度健康险业务保费收入达2 640.76亿元，同比增长21.58%，超过保险行业2.29%的整体同比增速水平。

图1-20 保险科技在健康险业务中的应用

数据来源：中国保险与养老金研究中心

目前，健康险业务的发展也存在一些瓶颈。第一，健康险产品同质化较为严重，且以承保健康体为主，慢病人群、老年人群等次标体难以找到合适的保险产品；第二，在产品定价方面，健康险定价数据存在滞后性和不完整性，给健康险产品的精细化定价带来困难；第三，健康险产品的健康管理功能较弱，健康险产品仍以重疾赔付和医疗支付功能为主。

人工智能、大数据、云计算和区块链等技术创新可以极大地改变健康险公司的成本结构。保险公司可从健康险的运作流程进行调整，如在线上购买、保单管理、核保理赔等流程缩减人力，将其转为由人工智能、大数据、区块链技术为基础的管理系统，从而降低管理成本。其次，通过利用基因筛查、物联网等技术，可对参保人员进行生活行为的干预和监测，从预防做起，降低发病率和赔付支出，从而提升利润率。最后，险企基于大数据生成的用户画像，能够将人群细分，进行精准营销，提升购买者转化率，进而增加销量。

- 趋势一：健康险公司的角色从被动的理赔支付向主动的健康管理转变

近几年，由于政策层面的推动以及人民群众对于"生时得从容、老时有安康、病时有尊严"美好生活的向往，我国健康险得到了长足发展。目前，市场上的健康险产品已超过5 000款，且各家险企紧跟市场需求，不断对健康险产品进行升级，扩大保障范围，提供了诸如绿色就医通道等增值服务，为消费者提供了有效的健康保障。据中国银保监会数据，2019年前10个月，我国健康险保费收入达到6 141亿元，同比增长超过30%，成为整个行业增速最快的险种。

作为医疗保障体系的重要组成部分、健康服务产业链条的重要整合者，健康险无疑在健康中国行动中发挥着重要的作用。为消费者提供风险保障、做好经济补偿是健康险的重要功能，而从健康管理的发展趋势和实际需求看，健康险服务和内涵还将在更大程度上进行拓展延伸。随着疾病谱的不断演变和变化，我国城乡居民的健康观念正在经历以治病为中心向以健康管理为中心的转变。此时，健康险所提供的健康保障和健康服务正符合人民群众的刚需。这就要求健康险在发挥保障功能的同时，在健康服务领域进一步发挥作用。因此，涉足健康险领域的保险公司纷纷开始创新探索，除了提供风险保障外，开始关注如何更好地管理消费者的健康。

■ 当前健康险公司在医养服务布局方面的三大举措

从当前我国健康险发展程度来看，较为典型的做法是保险行业与医疗产业协同联动，同时通过提供完善的健康管理功能，进一步提高健康险的保障范围。保险行业与医疗具有天然的相关性，健康险业务发展的重要趋势是保险公司的功能从单一的理赔支付向主动的生命健康管理转变，通过提供积极的健康管理服务降低发病率和死亡率，从而提高健康险业务的运营效率（见表1–5）。在医养服务布局方面，目前各险企采取的主要举措可分为三大维度：

第一，对医疗机构、养老社区等进行重资产布局。

第二，面向健康人群推出健康计步、健康习惯养成等服务。

第三，面向有就诊需求的人群推出线上问诊、预约挂号、重疾绿通等服务。

表 1–5　　　　　　　　　　　　各险企在医养领域的相关布局

医养资产布局（对医养行业资产进行布局）	■ 国寿：通过国寿大健康股权投资基金对医疗健康领域优质企业投资入股 ■ 泰康：通过泰康健投布局"医、养、康、宁"，主要资产包括南京鼓楼医院、泰康之家养老社区（15个重点城市布局，已开业4家）、泰康燕园康复医院等4家康复医疗机构、北京九公山长城纪念林等4家墓园 ■ 太保：2018年与欧葆庭成立合资公司，并在养老服务领域与其法国总部展开合作，联合研发保险与健养服务深度对接的新产品 ■ 在未来3~5年内，将在全国重点城市打造"太保家园"系列高品质养老社区，包括6个城郊型和度假型高端养老社区项目 ■ 阳光：2014年投资阳光融和医院，2018年全年营收在5亿元左右
医养服务（以健康自测、在线问诊、预约挂号、重疾绿通等形式为主）	■ 太保：健康评估、免费体检、太保蓝本重疾绿通服务计划 ■ 太平优医：预约挂号、在线问诊、健康测评 ■ 泰康：齿科服务、体检商城、预约挂号、免费问诊、疫苗计划、疫苗查询、齿科险预约、健康档案 ■ 人保：问医生、海外就医、健康评估、重疾绿通、实时挂号、疾病自查 ■ 阳光：健康评测、基因筛选、医疗绿色通道
健康管理（以计步活动、健康社区等形式为主）	■ 计步活动：国寿健康万里行、太保美好生活、泰康步步健康、太平健步行、阳光运动管理等 ■ 太保：太保健康家园 ■ 泰康：健康直播、健康资讯 ■ 人保：健康资讯

数据来源：中国保险与养老金研究中心

■ **健康管理将成为健康险业务的重要组成部分**

未来，保险与医疗协同还有更大的空间。通过对医疗行为的管控和约束，可以实现双方利益的整合与趋同，促进医患信息透明，降低道德风险和逆选择，达到有效控制和降低医疗风险的目的，最终实现费率、赔付率的降低，真正使医院、险企、消费者三方受益。从服务属性来看，目前各险企提供的健康管理及医养服务仍以健康计步、在线问诊、辅助挂号等形式为主，医疗属性较弱。中国目前的保险公司大多仅仅提供保障（尤其是财务保障），风险经营意识只停留在对风险的识别和精算的粗放型阶段，尚未进入对承保标的风险进行管理和干预的精细化阶段。可以判断，中国目前缺乏医疗服务属性的健康险产品只是健康险的初级形态，未来健康险产品的发展趋势必然会越来越多地与医疗健康服务相结合，进入管理式医疗保险的产品形态。

管理式医疗保险，是指将医疗机构、商业保险机构、医疗保险购买者通过一定的方式结合，集医疗、保险、融资和供应为一体，为被保险人提供医疗服务兼保险业务，以减少医疗支出的运营管理模式（见图1-21）。其核心有两点：一是保险与医疗服务供方形成利益共同体，降低医疗服务过程中的道德风险；二是通过医疗服务管理被保险人的健康，降低发病率。

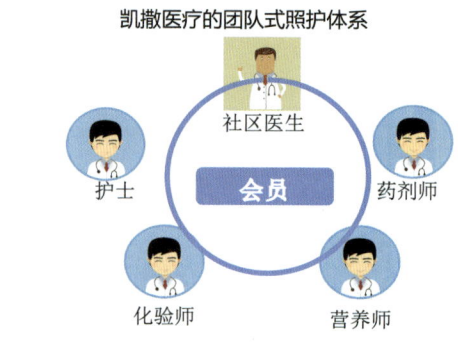

图 1-21 美国凯撒医疗的健康管理体系

数据来源：中国保险与养老金研究中心

近年来我国居民罹患慢病的概率加大，迫切需要以预防慢病为主要内容的健康管理服务的跟进，不少险企看好这一发展前景，开始创新以提供健康管理和服务为主的健康险产品。除此之外，多家险企还借助科技的力量为健康管理助力，通过多方携手打造涵盖医疗机构、医药企业、健康管理公司的医药保健闭环生态系统，建立对更多单病种的全程保障体系，覆盖整个疾病预防和治疗全过程。通过建立"健康管理+健康保险"的服务模式，进一步延伸健康保障价值链。险企为消费者提供健康管理，将重心前移不仅可以为消费者提供更好的服务，也可以通过健康管理降低健康险的赔付风险。而随着健康管理重心前移，保险公司通过主动介入客户的风险管理过程，可以在健康险的服务中更多地引入健康管理线管服务，打造预防、干预、就医、康复的健康管理闭环，引导健康险从事后理赔转向事前预防，将客户健康风险管理前置化、全流程化，探索"治未病"的发展新模式，从根源上降低赔付风险，实现风险总量的减少，从而降低成本。

■ 大数据助力针对用户建立个性化健康管理服务

健康医疗大数据领域涉及的相关技术范围非常广。据IBM统计，全球大健康数据正以每年48%的速度增长，在2020年数据量将超过2300Exabytes。BI Intelligence预估，2020年全球健康物联网设备出货量将达到16 100万台（见图1-22）。医院数据方面，CHIMA在2016年统计，医院管理信息系统整体已实施比例在70%~80%，且集中于三级医疗机构，大量健康医疗数据的积累为算法搭建提供了基础。在处理分析方面，人工智能、生物信息学需要与实际应用场景相结合，以便搭建有效模型。

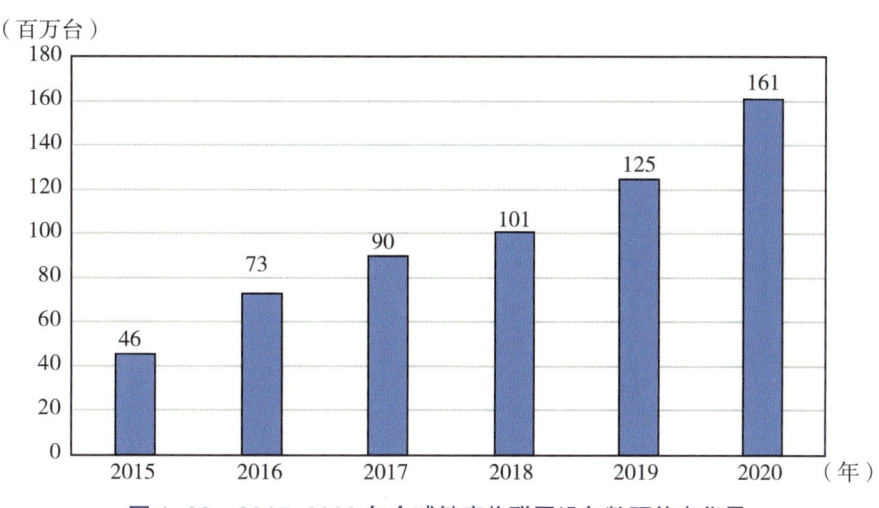

图1-22　2015~2020年全球健康物联网设备数预估出货量

数据来源：IBM、BI Intelligence、CHIMA、艾瑞咨询、中国保险与养老金研究中心

通过移动端（如移动健康门户、可穿戴设备）收集用户的数据，包括用户生活方式、体检信息、实时监测体征数据等，将梳理建立在云端健康管理平台。大数据分析模块对用户进行精准定位，提供个性化医疗健康服务，包括疾病风险评估，进而基于用户的数据分析制定个性化健康干预方案。

能够提供健康管理服务的企业主要分两类：一类是偏健康数据收集类企业，针对健康或慢病人群提供饮食、运动等个性化健康方案；另一类是偏轻问诊类，提供智能分诊、轻问诊、预约、转诊等服务。目前，C端服务盈利能力有限，部分企业依托其健康管理或问诊能力，为企业端客户服务。如"妙健康"依托其多维度健康数据及平台搭建能力，为雇主提供内部员工的健康管理服务，为疾控慢病中心搭建健康信息平台提供技术服务。如"平安好医生"结合其终端智能应用，为用户提供智能分诊，为医生提供辅助决策等服务，辅助政府搭建区域信息化。

■ 从专科切入打造健康险业务闭环

由于我国商业健康险支付占比并不高，目前尚不足1%，且商业保险公司对医疗机构的话语权较弱，因此搭建类似联合健康等美国大型商保公司规模的医疗网络尚有难度。医疗行业进入门槛较高，且医疗资源集中在公立医院，在广泛意义上建立起健康维护组织模式（Health Maintenance Organization，HMO）还有很长的路要走。目前，已有险企尝试从齿科、慢病等专科切入，打造健康险业务闭环。

以泰康在线推出的"E齿康齿科保险"为例，我国具有巨大的齿科需求，齿科行业市场潜力巨大，但目前市场依旧处于沉睡状态。第四次全国口腔健康流行病学调查显示，目前全国有高达97%的成人正在遭受口腔问题的困扰，但就诊率仅有10%。高额的齿科治疗费令很多人"望牙却步"。为满足我国巨大的齿科需求、有效解决"看牙难、看牙贵"的问题，泰康在线推出首款"健康险+医疗"保险产品"E齿康齿科保险"。

作为一款专科类健康险产品，"E齿康齿科保险"是泰康在线根据我国齿科市场需求而推出的定制化创新型产品，包括成人版、儿童版、普惠版三大普适型版本，以及针对正畸、种植人群的复杂齿科问题专用版本。上述版本均为1年期健康险，可不间断连续投保。泰康通过齿科保险探索建立"健康险+医疗"支付闭环模式，降低客户齿科治疗费用，助力保险更普惠。通过"E齿康齿科保险"，泰康集团探索建立"健康险+医疗支付"闭环模式，以打造中国的"凯撒模式"。泰康的创新之处在于，将虚拟保险产品与实体医养相结合，让客户通过购买泰康的健康保险，在泰康的医疗健康体系里得到服务和治疗，为客户降低治疗成本。此外，"E齿康齿科保险"所采用的"保险+医疗"模式，使医生主动参与客户的健康管理，帮助保险公司达成医疗控费和提供高品质医疗服务的双重目的。

- 趋势二：医疗健康大数据广泛应用

现阶段，保险科技在健康险领域最具代表性的应用就是医疗健康大数据的广泛应用。在医疗大数据布局方面，保险公司主要从三个层面发力。第一，建设以大数据、人工智能、区块链技术为基础的管理系统，实现健康险经营流程的优化，如通过线上购买、线上保单管理、线上核保理赔提高管理效率，降低管理成本。第二，通过掌握的医疗健康的数据，对参保人进行生活行为的干预和监测，降低发病率和赔付支出，从而提高盈利水平。第三，企业基于大数据生成的用户画像，进行精准营销，提升购买者转化率，进而增加销量（见图1-23）。

图1-23　大数据在健康医疗行业中的应用价值

数据来源：艾瑞咨询、中国保险与养老金研究中心

大数据技术的应用，将从体系搭建、机构运作、临床研发、诊断治疗、生活方式五个方面带来变革。由于我国医疗体系的强监管性，大数据若要在行业内实现其价值，需由国家建立一套自上而下的战略方针，从而引导医院、药企、民办资本、保险等机构企业构建项目，相互合作，实现从"治疗"到"预防"就医习惯的改变，降低从个人到国家的医疗费用。麦肯锡在2013年预测，在美国，医疗大数据的应用有望每年减少3 000亿~4 500亿美元的医疗费用。

■ 大数据助力保障设计和精算定价

目前健康险定价机制存在两大痛点：

第一，无法避免逆向选择风险。根据投保时保费的确定机制，不同的套餐（即保障类型、范围）其保费不同。而同样的套餐，保险公司仅通过被保人年龄和性别两个因素予以定价，并没有考虑被保人的健康状况、就医记录甚至信用状况。在信息极度不完备的情况下承保，面临的逆向选择风险是巨大的。健康状况不佳、就医需求更大、信用记录不良的人可能有更强的购买动机，最终导致被保群体的整体发病风险提升。

第二，健康险经验数据非常有限且滞后，与真实发病率存在偏差。目前，健康险行业的定价数据只能依据原中国保监会于2013年发布的发病率数据，列出已经过期的2006~2010年的信息。随着疾病谱的改变，过时信息可能造成保险公司定价偏差（预期发病率偏差）。

目前，险企多通过自建、投资、参股、并购、战略合作等方式，渗透医疗健康上游领域，具体涉及互联网医院、线下医院诊所、智能硬件、养老等领域。如阳光保险投资成立医院，平安集团自建"平安好医生"和"万家诊所"，众安保险与微医集团合作推出互联网医院门诊险等。通过深入上游医疗健康服务供应商，实现打通医疗健康数据路径，获取更为优质的定价数据并设计新型产品。

■ "大数据+互联网"提升健康险营销效率

新型健康险产品以及互联网渠道的兴起是健康险行业发展的重要趋势。传统的健康险产品多具有寿险产品的形态，存在高保费低保额的问题，且主要依托代理人渠道销售。以众安推出的尊享e生为代表的百万医疗险产品主打1年期报销型产品，面向年轻用户，借助互联网渠道迅速传播，给健康险行业的产品格局带来了巨大冲击。在互联网人身险行业，健康险业务2018年保费收入增长108%，成为互联网保险领域发展的最大亮点。

借助"大数据+互联网"可以较低成本获取互联网保险用户的信息，勾画出活跃互联网保险用户的画像，进而实现精准营销。据蚂蚁金服《2016互联网保险消费行为分析》统计，2015年互联网保险保费达到2 234亿元，同比增长160%，互联网渗透率达到9.2%，同比上升4.9个百分点。蚂蚁金服的大数据分析得出了多个有启发性的结果，例如：最为活跃的30%互联网保民的画像，如活跃互联网保民有60%年购物金额在5 000元以上，有50%有房，有47%是"80后"等。家庭是保险消费的重要场景，有孩子的家庭在购买保险意愿方面要远高于无孩家庭。有孩家庭购买健康险、意外险、车险的意愿分别是无孩家庭购买意愿的2.4倍、2.6倍和6.7倍。根据这些分析结果，保险公司可以结合不同的场景进行精准营销。

- **医疗大数据助力提升健康险理赔效率**

传统理赔作业模式环节多，工作量大，多依靠人工操作，导致业务管理成本高，理赔效率低，客户体验差。保险公司理赔部门需要配备工作人员，且误差率高。

在医疗保险理赔运营管理中，准确、高效发现浪费、滥用等隐秘性较高的费用风险尤其重要。运用大数据分析辅助理赔审核，可以迅速、准确、高效地找出理赔费用风险问题，如分解住院、不合理医疗检查项目或者不合理高值医用耗材、诊断和处方药品指征不匹配、药品剂量超标等。对于系统无法审核的理赔案件，再由人工进行理赔审核，从而大大降低人力，提高理赔审核的速度。

在提升健康险业务的理赔效率方面，一项突出应用为各险企通过连接医疗机构打造直赔网络。例如，太平人寿推出的秒赔平台，通过建立理赔规则库简化流程。对于事实清晰、材料完备、一定金额范围内的简单案件，通过规则库，将案件的事故经过进行审核及理算，确保客户的理赔金"秒"速到账。对于身故、重疾等复杂案件，"秒赔"也同样可以实现理赔提速。申请提交后，系统会在后台标记，确保客户的申请能够被优先核准、快速赔付。此外，通过人脸识别、银联校验、公安校验、OCR、电子签名等技术的使用优化操作。如在一例重疾理赔案例中，某客户不幸患神经鞘瘤，在医院接受手术治疗。其原本打算等治疗结束自己出院后再考虑申请理赔的事，但在医院用手机登录移动理赔系统申请提交后仅1个小时就收到了理赔结案短信，30万元重疾赔付金到账。

- 趋势三：慢病管理，拓宽保障范围

保险科技的发展大大拓宽了健康险业务的保障范围，其重要意义在于，通过使用数据分析技术，并辅以健康管理手段可以有效提高客户的健康水平，或延缓慢性病患者病情的发展，提升客户的健康水平，降低医疗费用。大数据技术的发展让保险机构拥有了更强的数据分析能力和风险控制能力。这使得高龄群体、慢病群体等以往被划分为"次标体"而不予承保的人群，如今也被纳入承保范围，拥有了更全面、更丰富的保险保障。在科技的发展下，健康险的承保边界不断外延，覆盖人群持续拓展，保障程度不断提升。

- **糖尿病慢病管理：数据服务和医生服务整合业务闭环**

随着人口老龄化的发展及慢性病发病率不断攀升，慢病人群数量持续增长，将带来巨大的医疗支付缺口（见图1-24）。以糖尿病数据为例，由于中国人口基数大、人口老龄化加剧以及饮食结构等因素，导致我国糖尿病患者人数位居世界第一，糖尿病消费群体量大。由于慢性病患者罹患重疾的概率高于普通人群，所以健康险总是将慢性病患者拒之门外，或提高其投保的门槛。但是慢性病患者群体是有着极强保险需求的庞大客户群体，一些保险公司看到其中的市场空间，专门开发供慢性病患者购买的健康险产品。例如，糖尿病并发症保险，主要保障脑中风后遗症、终末期肾病、截肢和失明。不仅给患者提供了一份保障，同时保险公司也深度挖掘了市场空间。

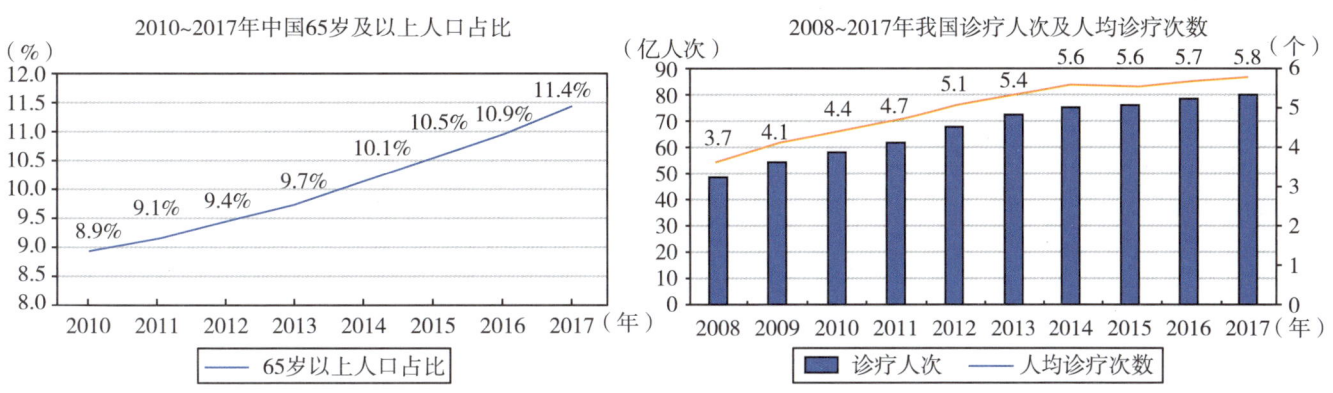

图1-24 中国老年人群及慢病人群数量迅速增加

数据来源：艾瑞咨询、中国保险与养老金研究中心

将慢性病患者纳入保险范围的同时，保险公司还在健康管理服务领域发力。慢性疾病患者对于健康管理有很大的需求，目前市面上的不少健康险都伴随着一些健康管理服务。其中对接移动医疗是慢病管理的一大特色。慢病难在管理，由于病情延续时间长，需要患者自身进行日常管理，并保持频繁的医患交流，移动医疗健康恰恰满足了这一点。通过大数据实时监测，从源头主动控制风险，既降低了客户患病的风险，也降低了保险公司的赔付。例如，众安保险为消费者提供腾讯糖大夫血糖仪，提供智能血糖监测管理服务，通过微信实时连接，让消费者清晰地了解血糖指数。如果被保险人的血糖指数控制在规定范围内，众安保险还会浮动增加保额（0~5万元），即保额达标奖励制度，激励患者进行日常血糖监测和主动管理，达到降糖效果。

各险企开发糖尿病慢病产品的核心逻辑为：通过提供数据服务和医生服务打造慢病管理的健康险业务闭环。通过利用数据和医生服务，培养患者的自我管理习惯，达到获取长期用户黏性的目的。数据服务包括数据采集、反馈和存储三个流程，其中医生服务也会参与数据反馈的过程。在掌握用户的基础上，通过糖尿病APP进一步整合产业链资源，形成一个糖尿病管理闭环。除此之外，与慢病管理相关的器械、健康数据及医生服务领域正在吸引技术巨头的加入。如腾讯深耕血糖监测器械，旨在通过硬件同时推动C端和B端服务。腾讯自建糖大夫智能血糖仪及微信服务公众号，提供智能血糖仪及血糖移动管理服务，并与二级市场药企贵州百灵合作，销售硬件并合作构建百灵糖尿病医院医患管理平台。国外互联网巨头还尝试无创血糖监测硬件，积累数据的同时布局B端云计算市场。一部分巨头已切入无创血糖监测设备，获得流量和用户数据优势。其中，苹果、谷歌、微软都争相自主或与二级市场器械和药品巨头合作研发无创智能血糖监测设备，如智能手表、智能眼镜等，积累数据的同时通过硬件销售、技术授权的方式进行盈利；另一部分巨头选择与血糖管理公司合作，为其提供存储、数据、运营等技术服务。例如IBM、微软和国内一级市场血糖管理公司合作，为其提供云计算等服务，拓展医疗领域B端技术服务。

- **人口结构变化：老年医疗险亟待破局**

在人口老龄化的背景下，老年医疗险在我国拥有巨大的市场空间。一方面，我国老龄人口数量正在迅速增加，老年人自身需要健康保障。《中国老龄化与健康国家评估报告》预测，2025年，全国60岁以上人口将达到3亿，成为超老年型国家；到2040年，中国60岁及以上老年人口将达4.02亿人，在总人口中占比达28%。另一方面，伴随着老龄化浪潮的袭来，父母的养老问题已成为"80后""90后"必须考虑的现实问题，出于孝顺父母的心理和担忧大病压垮家庭经济的风险意识，他们有为父母购买老年医疗险的强烈需求。

然而，虽然老年医疗险市场需求强烈，但市场上针对老年人的全面健康保障产品仍处于相对空白状态。除了防癌险等保障范围极其有限的单病种保险外，老年人可选的健康保险产品较少，老年全面医疗保障产品一直是行业难以突破的困局。这一困局产生的核心原因在于，保险公司缺乏60岁以上老年人的精准健康数据和对老年群体患病风险预测能力不足。由于老年群体的风控难度较大，为了避免过度赔付，保险公司只能一刀切地将老年群体归为"次标准体"，在保险产品设计时往往选择绕开老年群体。

以蚂蚁保险平台推出的"孝顺保"产品为例，"孝顺保·中老年医疗险"将高龄人群纳入承保范围，构建精准风控模型化解老年人健康险承保难题，为老年人提供高额、全面的保险保障。作为一款针对中老年人群体的百万保额、保障全面的医疗险产品，"孝顺保"具有四大特点。一是降低投保门槛，高龄与慢病人群均可保，"孝顺保"将首次投保年龄放宽至80岁，可续保至100岁，允许"三高"人群投保，且不因被保人健康状况或历史理赔情况而拒绝续保。二是采取"两段式+后体检"承保模式，投保前不强制被保人体检，通过健康告知即可享受"恶性肿瘤+意外事故"的基础保障。投保后，保险公司赠送一份体检套餐，通过被保人体检产生的结果，保险公司判断是否为被保人进行不限病种以及保额400万元的保障升级。三是保障杠杆高，因为使用了专为中老年人开发的善诊Alpha精准风控引擎，"孝顺保"实现了"精准风控+灵活承保"，具有该年龄段少见的高保障杠杆。四是保障全面，不同于单病种保险，"孝顺保"保障范围涵盖一般疾病住院与门诊费用和特殊门诊及医疗项目。

1.4 保险科技赋能保险生态链

1.4.1 数字化保险产品创新

在挖掘新场景新趋势下的保险产品市场需求过程中,保险科技的应用为保险公司提供了新的思路和解决方案。互联网时代随着用户行为数据体量的爆发式增长,保险公司拥有更多可利用和可分析的数据维度,以此来丰富和完善传统保险定价模型以及产品开发模式。云计算、大数据分析处理技术的日趋成熟,使得保险公司可以利用技术解决传统保险产品开发方式中所无法解决的难题,从丰富产品种类、开发新保险场景、拓展保险可保范围、精准化定价等角度打造技术赋能的多层次保险产品保障体系。

数字化保险产品开发创新支持主要体现在如下三个方面:

(1)保险产品定价日趋精细化

这主要得益于保险公司定价数据获取渠道的丰富和对数据处理能力的增强。在数据获取渠道上,越来越多的保险公司以及保险科技公司,通过跨平台合作的方式全方位获取用户信息,对客户进行分群并区别需求特征,最终通过不断优化保险行业定价模型实现保险产品精准定价。目前,保险公司主要的数据收集维度为用户的财富能力、购物记录、出行记录、其他消费记录、家庭和健康数据记录以及信用水平以及风险偏好等。此外,各类技术的创新也极大扩充了保险公司可用的数据资源,为保险产品的精准化定价和开发提供数据资源的支持。在数据处理能力上,技术赋能的全量数据分析有效提升了保险公司定价的精准度和对风险的把控能力。在当前数据类型复杂、数据维度众多以及数据样本间差异巨大的环境下,传统上简单的数据抽样处理往往无法满足对于精准化产品定价的需求。保险公司借助云计算和大数据等技术实现了对于全量数据的分析能力,从而可以根据完整的数据表现进行更加全面的风险评估,开发更为全面的保险产品。

(2)数字化保险产品敏捷快速上线

以互联网保险产品为代表的技术赋能型保险产品有着迭代速度快、迭代周期短、上线速度快的特点。新型保险产品迭代周期快速缩短主要得益于数据支持的不断完善和保险科技对保险公司业务核心系统建设的支持。在数据支持方面,随着互联网用户数量的增加,以及人们在使用互联网过程中产生的数据量的激增,在互联网时代用户行为习惯进行着快速迭代。越来越多的保险公司通过运用大数据技术,通过多种渠道全面获取用户行为数据,并透过科技对重点趋势数据进行识别和分析,从而进行快速应对。在核心系统建设上,各家保险公司进行了巨大的基础设施投入来不断夯实其核心业务系统的运行能力,改变产品上线的速度。

（3）产品设计理念的转变

在财险领域中，保险产品逐渐体现出了场景化、小额化、定制化以及规模化的趋势。车险费率的精准厘定借助大数据、人工智能和区块链等技术，通过对风险进行更加精准的预测和估算，进行更加精准的产品定价。车险精准定价帮助企业优化产品定价模型和成本结构，并降低整体运营成本。在非车险上，随着大数据技术的迅速发展，非车险产品设计得到了更加充分的数据支持。其中，最具有代表性的是互联网场景化保险产品的快速发展，如退货运费险、骑手意外险等。在寿险和健康险领域，产品设计理念的转变主要体现在对于次标准体的关注和对于疾病保障范围的拓展。过去，由于缺乏准确评估带病体健康风险和管控承保后风险恶化的能力，保险公司往往被迫对次标准体作简单拒保处理。在技术的加持下，通过大数据分析，险企能够准确量化评估相关人群的健康风险，而一些便捷的新型健康管理工具也使承保后风险管控成为可能。随着技术的不断成熟，险企陆续在创新型健康保险产品上尝试，推出了糖尿病、高血压并发症保险，二次心梗保险，甲状腺术后保险等新型保障险种。近期推出的某些医疗险甚至直接将高血压、糖尿病患者纳入保障范围，充分体现"保险姓保"理念，提升了行业形象。

1.4.2 智能营销

在诸多保险科技应用、数据资源和技术产品的支持下，保险公司已经极大地提升了原有保险业务流程的效率。保险营销作为保险业务流程的首要流程，保险科技的应用使其更精准有效，并且大幅提升在保险营销环节中的客户服务体验。保险科技在保险智能营销的应用主要体现在针对客户端体验的优化和对于保险营销人员的销售赋能两个维度上。

在客户体验优化上，大数据精准画像以及智能保险顾问机器人等智能化营销工具的开发和应用是各家保险公司保险科技应用的一大亮点。而营销渠道线上化的兴起以及保险公司据此建立的数字化生态系统也从根本上改变了传统保险销售模式，更加贴近用户的购买习惯。在保险营销团队的销售赋能上，各家保险公司均推出了集成保险营销员增员、培训、团队建设以及展业工具于一体的多功能智能营销赋能工具。

（1）智能营销工具：大数据精准用户画像，人工智能保险顾问机器人

智能保险顾问的问世是各家保险公司为提升用户体验、增加用户信任的一个重要举措。据统计，全球保险市场中高达七成的用户对保险公司的服务不满意，一方面是缺乏信任，另一方面则是对保险公司复杂、冗余的服务流程无法满足互联网消费者接受服务的习惯而产生不满。智能保险顾问则凭借其公正客观、全面了解用户需求以及不受时间空间限制的便捷性服务成为保险公司解决用户在服务需求上的方案之一。

当前的智能保险顾问主要依托大数据和人工智能技术,通过虚拟机器人和相关算法对用户的生活环境、家庭情况以及财务状况而产生的保险需求进行分险评估,并据此提供相应保险产品及服务的个性化推荐。智能保险顾问在一定程度上可以快速完成以往保险代理人提供的保险顾问服务,使得用户可以得到个性化的保险产品推荐,以此来优化客户体验。2017年以来,智能保险顾问在我国保险行业掀起了一波热潮,大型保险公司以及保险科技的初创企业纷纷推出智能保险顾问机器人。其中,太保推出的"阿尔法保险"作为大型保险公司在智能保险顾问的首次探索,推出后快速成为行业现象级产品。"阿尔法保险"以家庭保险需求为导向,利用自然语言理解技术和智能推荐算法,解答用户保险相关的咨询问题。基于微信H5小程序,用户可以通过语音或文字聊天方式咨询"阿尔法保险"机器人,了解保险常识并获取针对个人及家庭需求的保险规划建议。"阿尔法保险"通过用户的基本信息、家庭结构、收入支出、资产负债、社保福利、生活习惯六组数据,利用机器学习算法,对家庭风险防御能力的五个维度进行建模,测算不同家庭的风险防御能力指数,并与全国用户进行比对,构建个性化的家庭保险保障组合规划。一方面,"阿尔法保险"为营销队伍提供了保险营销辅助工具;另一方面,也为后续进一步将大数据和人工智能技术运用于保险经营而积累了经验(见图1-25)。

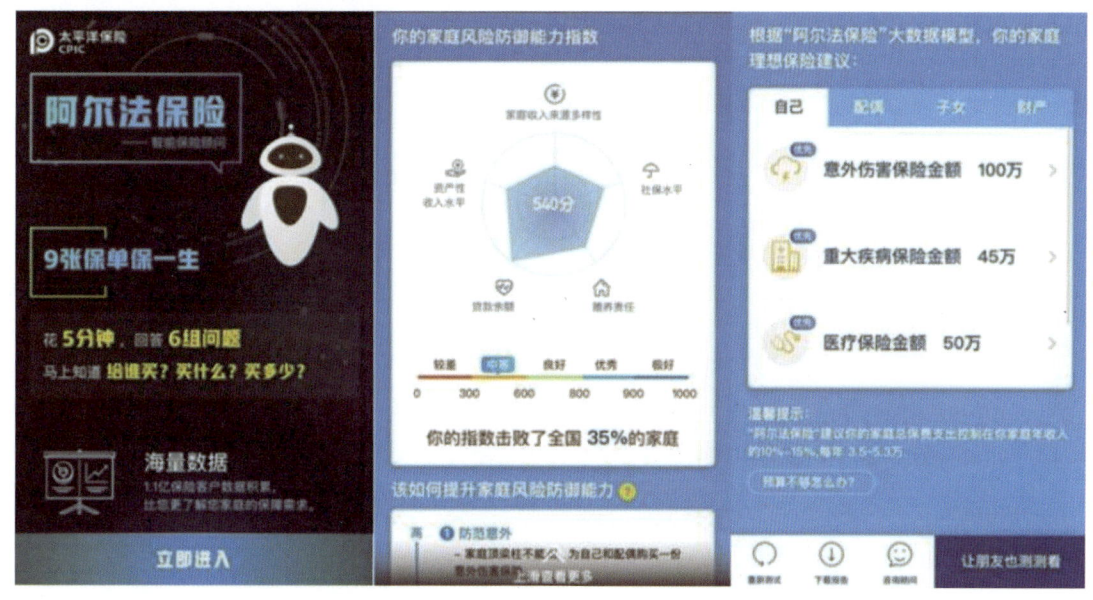

图1-25 阿尔法保险使用界面

智能保顾模式的日益发展,使得保险公司可以用科技树立公正、专业形象,同时也将为保险业的数字转型带来机会与创新。对于用户的保险需求,传统代理人很难站在客观、公正的角度为用户提供服务,因为大部分代理人是销售利益驱动,为了销售而销售,而用户真正需要的是能够从用户利益出发的保险顾问。保险经纪人由于可以同时代理多家保险公司的产品,因此通常可以较好地匹配用户的需求。但传统的保险顾问服务也面临很大挑战：一方面，保险的专业性很强，保险产品的种类、数量很多，一个保险顾问很难全面了解市场上大部分产品；另一方面，随着移动互联网的发展，用户对服务的预期也越来越高，用户希望获得的是无时不在的智能保险顾问服务，这就为智能保顾模式提供了较大的发展空间。

（2）营销渠道线上化，建立数字生态

技术的应用帮助保险公司销售代理人更加了解客户，助力传统线下营销向线上化、互动式和社交化营销模式的转变，提升销售成功率，并通过增强与保险客户之间的互动频次和互动质量降低退保率。互联网保险销售渠道主要分为官方自营渠道和第三方渠道。从渠道侧市场份额来看，第三方渠道是互联网保险的主要保费收入来源。得益于互联网保险产品结构的不断优化，在互联网保险整体保费增长疲软的背景下，通过第三方渠道产生的保费在互联网财产险领域依然保持快速增长。而互联网人身险领域中第三方渠道占比虽有所下降，但依然占绝对主导地位。相比于官方自营渠道，第三方网络平台拥有更多的用户场景，而专业保险中介能够为用户提供更高质量的服务（见图1-26）。两者都不仅仅是销售方式的转变，而是赋予了更多互联网保险的核心意义。

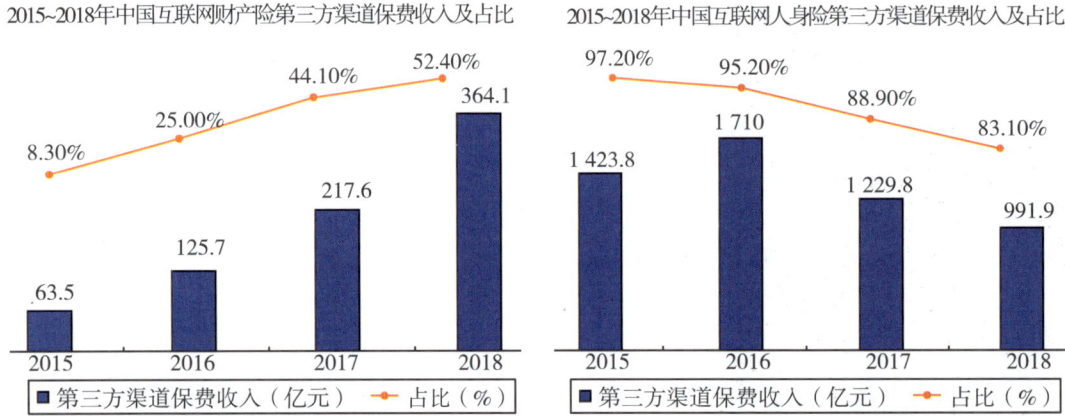

图1-26　中国互联网保险第三方渠道保费收入及占比（2015~2018年）

数据来源：中国保险与养老金研究中心

（3）保险科技赋能营销队伍：用科技武装队伍，重构营销模式

一直以来，在传统保险行业尤其是寿险行业中，代理人团队都发挥着保险营销的核心作用，不仅是保险公司保费收入的主要保障，更是保险公司客户口碑的主要营造者。因此，进入保险科技时代以来，各家保险公司都将挖掘科技赋能保险核心销售队伍作为创新的焦点，不断探索用科技的力量来赋能销售队伍，重构营销场景与模式。针对营销团队的数字化销售赋能主要体现在保险代理人增员和培训、保险营销团队建设、智能保险展业工具这三个方面。

在保险营销员的增员和培训方面，保险公司重点应用互联网技术开展在线增员和培训，通过手机APP等移动工具，实现从招募到上岗全流程增员在线化，提高新人上岗效率，节省公司新人培训与手工操作成本。招募对象完成线下培训与考试后，在线填写上岗信息并上传证件资料，待公司审核通过后即可上岗展业，无须提交繁杂的纸质资料，实现线上上岗。针对代理人培训，保险公司通过建立在线学习平台、开设网络课程、上线智能客服等方式，提升代理人培训质量，节省公司管理成本。产品学习方面，部分保险公司建立游戏化的产品学习平台以提升代理人学习兴趣，代理人可在游戏中夯实产品基础并深入了解产品。此外，一些保险公司通过网盘等云端存储工具，建立在线营销资料下载平台。平台汇总所有在售产品的最新投核保规则、销售政策等详尽的学习资料，便于代理人快速、准确地掌握总公司的产品和政策情况。

在代理人队伍建设上，技术赋能的移动代理人管理工具代替了传统代理人，解决了业绩大多依靠保险公司内勤督导追踪，并无统一的代理人管理工具的问题。通过应用移动代理人管理工具，代理人具备了独立自主经营的工具和条件，可更便捷地进行销售培训、业绩分析、收入测算、客户服务。针对代理人团队建设，许多保险公司建立一站式数据查询平台，代理人可在数据查询平台上即时查看个人各类产能指标，测算月度收入，团队管理人可通过平台实时监控团队发展动态。同时，部分保险公司建立佣金自动追踪提醒系统，为代理人实时计算佣金目标达成情况，并推送佣金预警提醒、晋升贺报，实时激励代理人。此外，一些保险公司推出个性化会议系统，支持"一对多"语音会议与文字会议，便于团队管理人随时随地开展在线培训与团队会议。

在展业工具的革新上，针对个险营销，保险公司应用移动展业工具，通过大数据挖掘与分析客户需求，开展线上营销与批量获客，提升销售效率，并通过线上投保等方式，提升客户服务体验。获客方面，一些保险公司开发微信自媒体阅读追踪分析系统，应用互联网技术实时记录用户发布、阅读、转发分享微信文章等行为，帮助代理人洞察阅读者意向，挖掘产品需求。同时，保险公司应用人工智能技术，分析家庭保障缺口，帮助代理人快速定制个性化家庭保障计划，实现从个人销售向家庭销售的营销模式转变。客户管理方面，保险公司开发线上客户管理工具，代理人可分类查询名下所有客户信息，精准识别重点客户服务对象；同时，代理人可实时为客户提供在线理赔、服务预约、健康知识推送、就医绿通申请等客户服务，提升客户服务体验。在众多保险公司推出的多样化智能营销赋能工具中，太平人寿打造的个人IP平台"太平保宝"微销商城以及围绕营销队伍经营管理活动需求搭建的易行销智能化平台均取得了一定成效。"太平保宝"微销商城，可以让代理人通过网络媒介，同时服务更多的客户。通过这种新模式，代理人的展业效率得到了"质"的飞跃。而易行销智能平台通过"人工智能""大数据""混合

APP架构""微服务"等技术的应用,让销售人员从获客、需求分析、活动管理到培训、出单、收付等各个环节,都能够实现数字化,充分提升展业效率和使用体验。

1.4.3 智能承保

在整个保险行业的流程链条中,承保和理赔环节是保险公司投入最多的环节,也决定着整个流程效率的高低,是提质增效的关键环节。因此,在保险科技的浪潮下,各险企均希望通过科技手段来提升承保和理赔的效率,提升用户在这两个环节中的体验(见图1-27)。

图 1-27 智能承保环节主要保险科技应用

数据来源:中国保险与养老金研究中心

在智能承保的用户旅程中,保险用户往往要经历智能核保、智能双录、电子出单、保单管理、保全服务以及保单质检这几个环节。保险公司通过技术的应用不断提升核保、保全环节的运营效率,优化用户体验,主要方向包括提升电子化投保水平,通过自动化核保技术的应用提升核保效率、缩短核保时效等。对于提升保险代理人工作效能来说,各险企也均通过RPA流程机器人来简化代理人操作流程,将代理人从烦琐的纸质材料和频繁切换的公司系统程序中解脱出来,更加彻底地释放保险代理人的潜在效能。

(1)智能核保技术优化用户体验

智能核保技术主要应用在寿险领域,通过数据挖掘和人工智能技术辅助人工核保的模式,简化核保流程,提升核保效率,丰富风控手段,最终优化核保用户体验。

以健康险为例,众安旗下明星产品"尊享e生"的智能核保流程,可以通过智能问卷，在1~2分钟内完成核保评估，为客户提供个性化保障。20%以上过去无法投保的客户都成功获得了百万元的医疗保障，覆盖超过200种疾病，让客户可以针对自身已有病症直观了解承保条件。

智能核保主要从四个方面提升传统人工核保效能。其一，线上化智能交互自助核保。智能核保系统通过简单的人机对话和互动问答，可以完成对客户身体状况判断，并给出较为精确的核保结论，无须再如以往传统人工核保需要询问多达数页的医学专业问题。其二，理赔客户智能化核保。通过对理赔记录的结构化和疾病类型的归一处理，智能核保系统还可实现有理赔史用户的线上智能核保，有效降低因既往理赔史造成自核无法通过、不可承保的概率。其三，精准风控识别高风险用户，降低逆向选择风险。一些智能核保应用通过搭建"高风险用户识别模型"，基于高风险用户画像和特征，挖掘公司的海量客户及业务数据，实现对公司已有高风险用户的精准识别。其四，人工智能赋能精准识别。智能核保应用通过人工智能OCR图像识别和NLP语义识别技术可以自动识别体检报告中的异常检查结果，并输出核保结论，减少人工繁冗的文档查询与检索，有助于核保人员统一评估和作出结论，提升核保效率和品质，进一步释放核保人员生产力。

（2）RPA机器人提升各流程间运转效率

财务机器人RPA是一种软件机器人。与传统IT项目不同，它可以快速安装，并以"外挂"的形式部署在员工的计算机上，链接到公司现有的各种IT系统，而不会影响这些系统或平台的运行或更新。当公司现有IT系统需要更新时，RPA机器人也可在几天内轻松重新配置，实现与新系统的协同工作。它能模拟人类手动的操作习惯，无须编码，更快地执行多项保险业务流程（承保、索赔、客户服务等）的操作。机器人流程自动化适用于流程操作重复、规则性较强的场景，通过自动复制和复现用户的交互，实现所有可定义流程的操作，从而可以将员工从反复的流程工作中解放出来，进一步促进保险公司提质增效。因此，许多保险公司都对RPA机器人进行了部署和应用。如泰康在线财务机器人可替代原本由人工执行的重复性任务和工作流程，进行录入信息、合并数据、汇总统计等，并根据既定业务逻辑进行判断，识别财务流程中的优化点，管理和监控各自动化财务流程。其中，泰康人寿的RPA机器人可以将58万代理人的照片以每张1秒的速度进行智能分发、智能审核和智能上传，相较于人工每张1分钟的速度，将处理时效由243天减低到2.5天，提升效率高达97倍。

（3）智能双录及智能认证加强风控能力、提升风控效率

通过生物学识别技术，利用人体固有的生理特征（如指纹、面部特征、虹膜等）以及行为特征（如笔迹、声音、步态等）进行个人身份鉴定。当前，生物识别技术，尤其是人工智能赋能的人脸识别技术已经被各家保险公司广泛应用于线上线下的投保、核保理赔以及保全业务等多个业务场景中的身份合演，辨别操作人身份真伪，

提升处理效率,并降低"非本人操作"的风险。其中,在智能承保过程中,生物识别技术大大提升了智能双录的操作效率(见表1-6)。如平安"金融一账通"推出了基于生物识别的智能双录系统,已经广泛应用在保险投保过程中。该技术在对投保人进行录音录像过程中通过采集音视频信息,并在抽取的视频帧中提取人脸信息、声纹信息等与代理人、投保人进行身份对比匹配,实现实人认证。同时,该解决方案还运用了语音语义理解技术,可以对音频文件进行标准话术的检测,实现投保双录过程中的全智能化质量检测,大幅度节约人力成本。

表 1-6　　　　　　　　　　　各险企智能承保相关举措

中国人寿	■ 持续优化线上服务,个险业务无纸化投保率达96% ■ 优化差异化核保政策,强化人工智能应用,核保智能审核率同比提升7.8个百分点
中国平安	■ 应用AI技术大幅提升全流程服务时效,截至2018年末2 000万份投保申请中96%通过AI自动核保完成,最快可即时承保 ■ 利用智能机器人、OCR等技术在智能承保环节实现流程自动化和智能化,累计节约成本约1亿元 ■ 车险通过机器学习实现90%的自动报价,改善出单流体验,个人车险业务已实现95%出单全流程在1分钟之内完成,效率提升80%
新华保险	■ 提升服务效率,持续改善公司核心运营指标,承保时效达到0.56天,同比缩短12.7%;保全时效1.04天
太平洋保险	■ 推出"核动力"打造全天候秒级AI核保服务赋能模式,包括体检"直通车+移动护士"、智能保额计算器、智能交互式核保、VIP云核保热线、高精度AI核保模型等服务 ■ 推出保单质检"智多星"智能审核平台 ■ 推出智能双录工具"寿险神行太保"平台
中国太平	■ 开发智能核保系统,优化投保流程,运用在线问答模式,使核保更简单边界和人性化,贯彻投保全流程,实现智能互动和在线核保两大功能

数据来源:各公司年报、清华五道口中国保险与养老金研究中心

1.4.4 智能化理赔流程

(1)智能理赔技术,理赔自动化程度提升

人工智能、云计算、大数据等技术重塑理赔服务环节,实现了理赔信息数字化采集和理赔全流程无纸化,免客户往返,免纸质资料,全方位提升了客户体验。此外,运用新技术能够快速进行查勘、核损、定损和识别反欺诈,解决了传统理赔流程操作烦琐、效率低下等痛点,帮助保险公司核赔更加准确,使客户理赔更加方便迅速。其中,太保财险的"太好赔"以及太保寿险推出的"太慧赔"都是智能理赔技术的良好应用。"太好赔"实现了1分钟一键报案、8分钟自助定损、15分钟收付赔款的快速理赔,并基于人工智能技术,通过智能的报案、调度、定损、交单、核赔、查询,进一步用智能技术赋能理赔流程。与此同时,作为专属的人伤服务管家

和车辆维修专家,"太好赔"不仅打通了万元以下"实时赔付"平均30分钟、"当天赔付"平均90分钟的多条跑道,还在每年进行超过6万次的上门调解、10万次的探视慰问、2万次的费用担保、1万次的免除鉴定,为茫然无助的客户雪中送炭。"太慧赔"医疗数据交互项目通过与医疗机构或第三方平台对接,建立了数字化、自动化和智能化的智能医调平台。经客户授权许可,实现了理赔信息数字化采集和理赔全流程无纸化,免客户往返,免纸质资料,全方位提升了客户体验。后续,"太慧赔"将集医疗数据交互、智能理赔机器人驻场(医院、养老院、职场柜面等)、医疗垫付、医疗导服和健康管理为一体,打造寿险医疗健康智慧理赔服务体系,助力营造集健康、养老、生活和公益为一体的保险服务生态圈。

(2)智能核赔,实现风控和时效间的平衡

通过人工智能、图像识别等技术,智能核赔可以完成对案件的实时风险评估,实现理赔风险控制与处理时效间的良好平衡,降低人工成本,提升核赔效率。通过引入智能核赔新技术,保险公司可以同时实现三个目标:风险得到有效控制,理赔时效得到增强,内部人员配置得到优化。例如,太平人寿在2018年正式推出"秒赔"平台。"秒赔"的特点是在线完成理赔申请、影像资料收集、在线银联校验、OCR(字符识别)、人脸识别、电子签名等手段的辅助下为客户提供移动理赔服务。从材料提交完成到理赔结案,目前最快纪录可达2秒。该平台具有理赔受理、进度跟踪、结果分享三大核心功能。通过"秒赔"平台,太平人寿客户可通过手机在线申请所有业务的理赔,实时查询案件进度,并享受现场结案、实时支付的快速理赔服务。"秒赔"平台具有以下四大特点:

- 应用场景上,支持先赔、快赔、直赔、预赔四大理赔场景。
- 操作步骤上,操作便捷,客户仅需通过5步操作,便可在线完成理赔。
- 应用效果上,大幅提升理赔效率,"秒赔"从受理赔案到给付最快时效仅需2秒,平均处理赔案时效1.17天。
- 技术支撑上,使用五大创新技术,加强风控、优化操作。

(3)图像定损,提升理赔效率节约运营成本

通过照片确定财产损失并作为理赔依据的定损,是保险理赔中最为重要的操作环节,一直以来都是由人工完成。在传统的理赔流程中,保险公司收到事故照片后,需要核赔、核价,最快往往也需要半小时才能确定理赔金额。而图像定损技术能够有效提升理赔流程效率,降低理赔运营成本。保险公司经营成本得到改善后,有更多的资源投入用户服务中,改善用户体验。在车险领域,平安"金融壹账通"会研发了图片定损技术,打造智能闪赔解决方案,提供端到端专业车险理赔服务。通过对平安九大采集点、30年历史数据的整理,"金融壹账通"形成了包括5个车物定损数据库、12个人伤定损数据库、9类反渗漏模型/规则、10余个反欺诈模型/规则,以及黑名单数据库在内的千万级理赔标准数据与模型库。"金融壹账通"图片定损

技术通过对车辆受损图片的智能识别,自动判断损失的车辆型号(覆盖100%的车型),识别损坏的外观部件(机盖、叶子板等15个部件),以及23种不同损失程度。基于图像识别的结果,匹配后端大数据库,可帮助公司完成自动定价,实现"秒级"定损。其图片定损技术通过对千万级历史数据的机器学习,目前适用案件的定损准确率超过90%,对于简单案件的处理,可代替传统的现场查勘与人工审核,为客户带来极致的理赔体验。通过AI图片识别、"一车一件一厂一价"的大数据精准匹配,可以秒级完成车辆理赔案件定损,提升效率、降低渗漏及欺诈风险(见表1-7)。

表1-7　　　　　　　　　　各险企智能理赔相关举措

中国人寿	■ 实现理赔全流程自动化,通过率同比提升20%;申请直付时效同比提速46%,直付案件量同比增长10倍以上 ■ 直付网络覆盖5 000家医院,实现医疗费用保险金快速给付
中国平安	■ "闪赔"服务持续升级,全年理赔案件381万件中有60%的案件可在30分钟内完成赔付,最快26秒完成赔付
新华保险	■ 持续提升服务效率,承保时效达到0.56天,同比缩短12.7% ■ 理赔时效达到2.07天,同比缩短11.9%
太平洋保险	■ 推出行业首家全链路理赔服务体系"太慧赔",直连闪赔,前中后三端联动提供理赔申请及决策,实现90%自动理赔应用率和1 000家医疗交互覆盖医院
中国太平	■ 开通"秒赔"平台,客户可在线完成理赔申请、影像资料收集,通过在线银联校验、OCR识别、人脸识别、电子签名等手段为客户提供移动理赔服务;直赔网络覆盖500家医院

数据来源:各公司年报、清华五道口中国保险与养老金研究中心

1.4.5 数字化客户服务

当下,各大险企的数字化客户服务能力建设主要体现在两个方面:一是为进一步增加用户黏性,提升用户参与度和使用体验而纷纷投入开发的客户服务APP;二是各险企均加大投入进行充分的客服能力智慧化建设(见图1-28)。

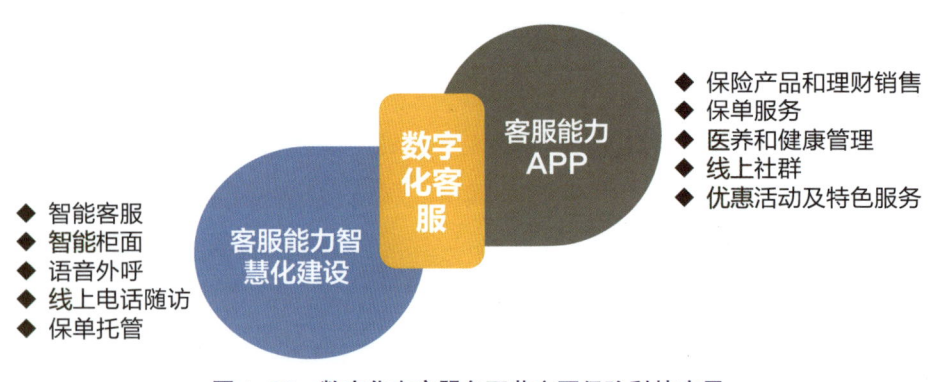

图1-28　数字化客户服务环节主要保险科技应用

数据来源:中国保险与养老金研究中心

（1）客服能力智慧化建设

客服能力智慧化建设不仅提升了保险公司对于客户管理和客户服务的效率，而且对提升用户体验、增强用户对于保险公司的黏性具有积极作用。目前，各险企在客服能力智慧化建设方面的举措主要包括智能客服、网点智慧化建设与智能柜面、智能语音外呼、线上化随访以及保单托管等（见表1-8）。

表 1-8　　　　　　　　　　　各险企智慧客服能力建设相关举措

中国人寿	■ 将物联网技术运用到线下场所的数字化建设中，为网点扩建互联网络、增配智能电子化设备、丰富信息服务 ■ 升级"智能客服机器人"，推出语音服务，智能客服服务总量达2 343万次 ■ 加速服务触点升级，大力推进智能柜面建设，推动柜面从传统服务窗口到新型智享门店转变 ■ 国寿财险：投放在线语音机器人，通过语音及文本对话的形式，由机器人为客户提供查询类、资讯类、办理类自助服务；同时，上线视频服务，实现一键视频，在线报案查勘以及触感服务快速理赔服务体验
中国平安	■ "智慧客服"累计提供约400万次在线保单服务，其中90%通过AI自动完成，日均空中业务受理约2.4万件，最快用时3分钟，并推出任务型机器人创新业务办理模式，由传统菜单层层点选升级为智能问答交互处理，日均访问量超10万次 ■ 平安智能诊疗助手AskBob的智能随访提高了工作效率，优化了客户体验 ■ 平安打造的智能语音机器人广泛应用于银行、保险等领域，累计服务量超过2亿次，节约成本约5 000万元 ■ 升级三代门店，窗口服务水平显著提升
新华保险	■ 在新技术应用上，微信投保、人工智能问答机器人、智能微信回访、人脸识别、语音识别等新技术上线后得到了迅速推广，客户服务效率和客户服务体验得到了较好改善 ■ 在柜面建设上，全年建设新一代客服中心305家，窗口服务水平显著提升
太平洋保险	■ 推出智能保险顾问"阿尔法保险"，运用大数据和人工智能技术为客户提供保险保障建议。用户可以通过语音或文字聊天方式咨询"阿尔法保险"机器人，了解保险常识，获取个性化保险建议。2018年访问量突破680万人次 ■ 打造ISC智享家柜面服务模式，包括云柜面服务、灵犀二号、啄木鸟工程等。深度定制的"灵犀"系列机器人可以实现多场景保险服务 ■ 在深圳分公司落地"融空间"无柜员服务赋能项目，将智能化营销职场打造成客户经营场所，创造营销员与客户互动的多维度触点，通过多个智能系统衔接实现职场活动管理、客户数据管理和应用、智能辅助营销员对产品和服务进行推介 ■ 除了"智享家ISC"外，客户服务中心、销服柜面和"融空间"以"机器人智能服务+服务管家贴心服务+云柜员远程服务"模式，共同构建起全新柜面服务体系
泰康	■ 泰康智能问答机器人，结合业务深度定制，全面应用于保险的客户端、代理人端以及服务端，部分环节人工替代率达40%
中国太平	■ 中国太平与科大讯飞联合研发的人工智能语音客服机器人"小慧"，基于保险客服应用场景和强大专业知识库，支持自然语言交互和智能语音回访

数据来源：各公司年报、中国保险与养老金研究中心

❖ **智能客服**。人工智能在保险行业较早也较为成熟的应用体现在智能客服上。智能客服面向客户端，运用聊天机器人和自然语言处理技术（NLP），可以快速回答问题，满足客户的保全服务需求，提高服务效率，节约客服团队的人力成本，带来更好的用户体验。智能客服的核心技术在于聊天机器人的应用。为进一步提升客服效率，许多保险公司已经利用语音交互技术，在线上使用智能机器人为用户提供风险教育、保险知识解答、投保推荐、智能保单分析和理赔服务。具体方式体现在：机器人与客户交流的过程中，通过语音交互技术进行对有效信息提取和筛选，然后对其进行分析，最后做出回应（如根据用户需求推销保险产品等）。如中国人寿将电话服务中心升级为多媒体联络中心，并升级"智能客服机器人"，运用智能语音技术，替代人工作业，极大地提高了服务效率。太平保险智能客服则具备咨询、业务办理、信息查询、产品及服务推荐等功能，大幅减少人力成本和运营成本。平安寿险升级"智慧客服"，推出任务型机器人，创新业务办理模式，由传统菜单层层点选升级为智能问答交互处理，日均访问量超10万次。泰康智能问答机器人，结合业务深度定制，全面应用于保险的客户端、代理人端以及服务端，部分环节人工替代率达40%。此外，新华保险、众安在线等均推出智能客服，客户服务效率和客户服务体验得到较好改善。

❖ **网点智慧化建设——智能柜面**。网点智慧化建设是对保险公司传统运营模式、服务流程的一次创新，可以使网点的服务效率、服务质量、营销能力、用户体验明显提升，对深耕客户关系、真正实现以客户为中心经营模式、提升网点竞争力具有重要意义。网点智慧化建设围绕柜面服务使用场景，运用人工智能等技术，将传统柜面和线上服务相结合，为客户提供自动身份识别、保单信息查询、业务进度查询、保全业务处理、自助打印等多项服务，打造柜面自助终端。截至目前，国内很多保险公司都对网点智能化进行了不同形式的探索。如中国人寿将物联网技术运用到线下场所的数字化建设中，为网点扩建互联网络、增配智能电子化设备、丰富信息服务，并推出智能机器人实现柜面自动问答与智能引导，推动柜面从传统服务窗口到新型智享门店转变。中国太保"智享家ISC"集智能、交互于一体，是高效的智能服务体验门店。其中，机器人灵犀、云柜员、跟进式服务管家、服务专家可为客户解决业务难题。此外，客户服务中心、销服柜面和"融空间"以"机器人智能服务+服务管家贴心服务+云柜员远程服务"模式，共同构建起全新柜面服务体系。

❖ **语音外呼、线上化随访**。智能外呼、线上化随访使用语音识别、语义理解、语音合成等技术，解决了传统人工外呼随访成本高、痛点多的弊病。相较于人工电销，智能外呼和随访一天的呼出量是人工拨打量的数倍，且不受环境、情绪、身体状况等因素的影响，随时保持稳定的标准化工作状态。因此，智能外呼、线上化随访从管理成本、工作效率、工作状态等方面化解了保险公司外呼困局。

❖ **保单托管**。电子保单托管以家庭为单位，跨公司、跨产品类别、跨保险合同，对整个家庭的保单进行了全面的风险管理，形成了标准化的责任聚合、风险检视与专业分析，并在所有保单的信息呈现、方案优化、续期提醒、理赔协助等方面提供全流程服务。保单托管的服务，一方面具备缴费提醒和保单到期提醒功能，可以提醒客户及时缴费续保，并可以对保险责任进行数字化、图形化的统计，方便客户理解；另一方面，保单托管可以对用户所有保单进行整合，并清晰列出每一项保险责任的保障额度，使客户了解风险保障水平，按实际需求及时购买相应保险，同时避免同类产品的重复投保。此外，保单托管还可以精准识别事故和保单的关联性，整体规划理赔流程。对于同样的保险事故，不同保险公司的理赔流程和资料不同，保单托管可以协助客户尽量一次交清多家保险公司各不相同的理赔材料，避免多次返工。

（2）客户服务APP，打通面向客户的服务通道

随着移动互联网的迅速普及，开发客户APP是各险企改变连结方式、增强客户黏性、提升经营绩效的重要举措。传统保险保存纸质保单，在购买保险后用户与保险公司如无理赔和保全服务则几乎没有联系，保险一直处于"低频"和"被动"的状态。在保险科技时代，低频弱连结的方式正在被改变。一方面，各公司均重点布局用户APP，并以此为交互入口连接用户，提供电子保单管理、在线理赔、问诊等综合服务，提升用户使用感；另一方面，可穿戴设备和其他联网设备数据的接入，使得保险服务进一步延伸，更加贴近用户生活。

当前各险企APP主要提供五大类功能，包括保险产品和理财销售、保单服务、医养和健康管理、线上社群、优惠活动及特色服务。其中，保险产品销售是各险企APP的首要功能。各险企在APP中多将保险产品按险种维度分类。众多险企在APP内还增加了理财功能，用户可以根据需求自行购买理财产品，实现资产合理配置。在涉及保单服务和投保流程各个环节的功能上，各险企APP提供的服务彼此差异较小，保单服务可以分为保单管理、投保服务、保全服务和理赔服务四类，线上操作方便用户在全生命周期内的保险管理。保单管理一般包括保单配送、保单概览、保单借款、保单还款、红利查询、红利领取等；投保服务则涉及订单支付、保险卡激活、发票查询、保单回执签收、保单回访等；保全服务主要针对续保和变更投保信息（如地址、电话、证件号码、交费账号）等操作；理赔服务包括理赔流程的各个方面，例如理赔报案、理赔申请、理赔照片拍摄及处理、理赔进度查询、定点医院查询等。

除了基本的保险相关功能外，医养及健康互动类服务已成为各险企重点开发的内容，在APP内普遍上线运行。目前，各险企在APP中提供的医养服务主要包括健

康自测、线上问诊、就诊绿色通道、免费体检等形式。另外，各险企APP还将健康互动类服务作为增加与客户交互频次的一个入口，主要包括健康社区、健康资讯、计步活动等形式。在提升用户黏性和归属性上，各险企也通过线上社群和线上活动来增强用户的使用感和参与度。各险企通过构建线上社群组织客户活动，向客户推送与保险相关的信息。目前，多数险企开发的APP都包含用户社区板块，便于与客户互动。各式各样的特色服务还可提高用户使用APP频率和兴趣，通过开展线上优惠活动吸引顾客参与。此外，在客户APP的基础上，一些保险公司还对移动客户服务端进行整合，形成了互联互通的多媒体联络中心，进一步整合资源，提升服务效率。如，中国人寿财险将国寿财险APP、公众号、空中服务小程序联合建设成多媒体联络中心，整合上线后每月用户数量达到125万，较整合前增长16.4%。

1.4.6 智能风控趋势

在人工智能、大数据、云计算和区块链等新兴技术的推动下，保险行业风险管控开始出现智能化、数字化、前置化和立体化的发展趋势，风控的效率效果得到了进一步提升。

（1）保险业风控方法手段逐渐丰富，风险管控更趋智能化

伴随着人工智能不断发展，图片识别、生物识别、情绪识别、机器学习等技术与区块链技术融合应用，保险业的风险预警和风险管理方法手段逐渐丰富，风险识别更精准、更高效，风险管控更加趋于智能化。图像识别、生物识别以及情绪识别等技术的应用极大地提升了保险风控的智能化水平。

例如，图像识别技术可以经过大量训练替代人工读取图像、辨别图像的真实性以及对比图像。目前，图像识别技术已经在车险定损环节广泛应用，可以有效识别车辆损失程度，判断故意制造交通事故、套用车辆牌照等多种欺诈方式，提升定损效率，降低欺诈风险。图像识别技术也正在逐步应用于农险、货运险等多个险种，可以快速有效地判别虚假照片，防范用户欺诈，减少保险公司损失，更好地适应电商业态下的理赔需求。生物识别通过利用人体固有的生理特性（如指纹、虹膜等）和行为特征（如笔迹、声音、步态等）进行个人身份鉴定。人脸识别技术目前已经在保险公司线上线下投保、理赔和保全等业务场景的身份核验中广泛应用，提升全流程效率，降低运营风险。情绪识别技术可以通过获取个体的生理或非生理信号，包括面部表情、语音、心率、行为等，对个体的情绪状态进行智能辨别。实施保险欺诈的客户可能产生瞬间的微表情，一般只有1/25秒至1/5秒，肉眼一般很难觉察，而通过机器人对微表情进行识别将有助于辨别保险欺诈行为。

区块链技术的应用也可以提升保险风控技术的智能化水平。数据共享一直是保险行业的巨大痛点，而基于区块链分布式思维，能够破解这一困境。区块链技术的应用可以在没有第三方的情况下实现数据记录保存、价值转移、智能合约等功能，并且无法篡改，有效推动保险行业数据共享。对于保险公司而言，除了提高服务效率、节省验证成本外，结合区块链技术的数字身份验证实际上可以降低保险欺诈行为发生的概率。比如一个具有欺诈风险的被保险人多次要求赔偿同样损失，那么其区块链数字身份就会加以记录，进而减少被保险人的欺诈行为。

（2）风控基础数据库与管控预警模型提升风控数字化水平

近年来，大数据深入应用到保险业务各个流程之中，引发前所未有的行业蜕变。大数据分析有助于化解风险点，使保险公司能够有效应对道德风险和逆向选择，支撑保险业健康可持续发展。保险风控的数字化主要包括两个方面，即建立标准风控基础数据库和优化风控规则与模型。

标准基础数据库的建立可以有效帮助保险公司实现自动化以及精准化的核保和理赔流程。通过整合与对接内外部数据，建立标准化的理赔流程，有效提升理赔环节的定损与核赔效率。例如，将车型库、配件库、维修工时库、药品库、医院库等数据标准化，并建立数据库以有效提升各险种理赔环节的效率。此外，对于客户数据以及案件数据的收集和管理也是风险管控的关键。通过网页、APP、微信小程序等，以客户自助填写、点选、线上授权采集等方式获取数据，代替传统的手工填录，可有效提升数据的标准化，便于数据分析。而物联网技术的突破，使得实时采集保险标的物状态也成为可能，进一步提升了数据采集的效率与质量。

在不断完善基础数据库建设及历史数据库清理的基础上，保险公司可以运用大数据分析、机器学习及深度学习等技术，建立风险管控与预警模型，以推动风险管理的自动化。通过人工经验输入与统计学算法解析相结合的方式，从数据中挖掘风险因子，并搭建风险评估与预警模型，再通过落地应用与反馈，持续推动模型的自我迭代与优化。随着人工智能技术的深入应用，保险公司可以更好地捕获风险特征不突出的因子或群体，提高风控工具的覆盖度和精准度。

（3）保险业从被动的风险补偿向主动风险管理模式转变的趋势非常明显

随着数据获取维度的拓展以及物联网、大数据等技术的应用，保险公司可以提前预知或防范相关风险，降低用户损失，从而降低赔付，将风险管理由被动向主动，由事后向事前发展。德勤发布的《2020年保险业发展四大趋势》认为，保险业从被动的风险补偿向主动风险管理模式转变的趋势非常明显。德勤在报告中指出，仅仅销售保险产品对于未来的保险公司而言是远远不够的。业务的成长将来源于基于服务的商业模式、创新型产品以及从被动的风险补偿向主动风险管理模式转变。保险行业正在从被动风险补偿向主动风险管理模式转变：从单纯的提供保险产品和支付理赔损失，转向更为积极主动的、预防性的态度。德勤的调研显示，保险公司对于增强风险防范这一领域非常关注，并将在未来持续投入。保险业从被动的风险补偿向主动风险管理模式转变的趋势非常明显。

【案例1-4】　　　　　　太睿保——营运车风控管理

在货车长途运输的驾驶过程中，货车司机因疲劳或走神可能会发生危险驾驶的情况，一旦出现车祸可能导致严重的人员伤亡和经济损失。"太睿保"平台是太平洋保险自建的车联网数据采集、车辆监控、车队管理的智能运营平台，通过接入各类车载人工智能设备，实现驾驶行为监测、危险驾驶预警、事故过程回放等多项风险干预及防控功能。平台以"科技减损"为核心，运用生物科技、图像识别、人工智能、大数据分析等技术，科技赋能：前端实时提醒司机，中端智能抓取危险驾驶行为，后端为企业提供管理平台和报表。

太睿保平台通过对接各类车联网设备并与车险核心系统的数据对接，支持UBI车险产品的研发和落地，同时打造风险评估模型，为下一代车险产品的研发提供全面支持。在技术层面，太睿保通过自建系统实现实时完整地掌握所有车联网数据，同时建立自主的硬件接入标准，支持多厂商的终端接入。在操作方面，太睿保支持主动安全设备，结合AI人工智能技术降低车险出险概率，降低理赔的概率。通过提供车载视频录像设备支持实时监控车辆状态及驾驶员状况，并且可在发生事故或理赔时调取事故发生前后的视频。在风控层面，搭建风险预警规则引擎，并提供数据分析仪表盘，让企业实时掌握车辆的风险动态。

截至2019年11月，太睿保累积接入车辆超过2万台，行驶总里程超过3亿公里，预警量达到2 000万次以上，对比同期未使用太睿保服务的其他营运车辆，出险率下降了32.15%，死亡率下降了15.38%，满期赔付率下降了14.79%。

在财产险领域，保险公司可基于物联网和大数据分析等技术进行大灾预警，降低财产险赔付，或规范和引导用户改善驾驶习惯降低车险赔付。随着车联网和无人驾驶技术的发展，出行数据将会成为风险管理的关键因子。另外，在人身险领域，保险公司往往是在用户治疗完成后才介入，并进行理赔和付费，处于十分被动的局面。大数据、可穿戴设备、基因检测等技术的应用能够促使投保人科学地进行健康管理，引导其养成良好的生活习惯，并且对可能发生的潜在疾病提前干预，降低投保人的出险概率，降低保险公司成本，实现双赢局面。

（4）风险管控体系更加多维、立体、开放

当前欺诈方式呈现多样化、专业化和复杂化的特点，单个保险公司的数据已无法有效管控，保险风险管控的立体化将是重要趋势。随着移动互联网等信息技术的发展，保险公司通过合法合规途径获得和分析个人健康、行为、信用等数据进行风险管控已成为可能。建立多维、立体、开放的风险分析与监测体系，形成监管机构、行业协会、保险公司、中介机构及非保险企业多方共同参与的风控机制，逐渐成为国内外业界的共识。保险科技的发展可以帮助险企立体多维度地识别风险，并且建立跨领域多方共建风控机制。

【案例1-5】　　　　平安鹰眼系统——大数据风险控制系统

鹰眼系统（Digital Risk System，DRS），是一个基于物理空间的数字化风险分析和智能风控系统，用于承保客户快速筛选和精准预警，防灾减灾和救援力量精准投放。基于鹰眼系统开发出的环境风险地图，可根据GPS坐标及相关信息导入进行风险预估。企业客户可以据此进行环境风险评估，选择新建工厂位置，降低风险概率；保险公司可以通过线下、线上评估相结合，判断客户风险等级，做出优惠费率或提高费率的决策等；政府主管部门可以通过该平台，掌握辖区内风险、投保、理赔情况等。

大数据和人工智能是鹰眼系统的底层技术支撑。鹰眼系统是一个基于物理空间的大数据系统，装载了新中国成立以来70余年的历史灾害评估数据（其中地震数据可追溯到公元前800年），内嵌近300万条包含工商、行业、地址、经营信息的中大型企业客户数据，融合了平安产险多年的承保及理赔数据。鹰眼系统可支持中国境内11.85亿个物理空间单元的灾害等级识别，即定位任一地点，可以得到9种自然灾害、强风降水、火灾和水灾黑点、环境污染敏感性等风险评级结果。

目前平安产险已开发建设了DRS3.0对外开放平台，主要提供四大核心功能模块：**风险评级、灾害预警、客户地图**和**风控云平台**。后续，鹰眼系统还将进一步融入物联网、人工智能、区块链等创新科技，打造平安鹰眼系统4.0，开启风险＋保险的新时代。

传统的保险反欺诈主要是针对已知的欺诈模式设置相应的规则与策略，对客户或案件信息通过这些规则进行筛选，并形成预警，在风控管理的初期有一定的效果。但是，随着欺诈手段的多样化和风险因子的隐蔽化，这种方式的效率和效果受到极大挑战，而保险公司利用多维度数据以及大数据分析技术，可以进一步识别风险因子，降低欺诈风险。同时，许多保险欺诈案件的发生都是利用了保险公司的信息不对称，如在各家保险公司之间重复索赔等。客户的信用情况与欺诈概率也被证实在不同情况下具有一定的延续性。因此，保险行业利用多来源数据，多方共建智能风控平台，可全面提升保险业务的风险管理能力。

2. 技术发展趋势

现阶段，人工智能、大数据、云计算和区块链是保险科技领域最重要且应用最为广泛的前沿技术。这四项技术不仅在保险行业引发了重要变革，在其他产业，乃至整个社会范围内，都有着深刻影响力。中国人民银行于2019年9月印发的《金融科技（FinTech）发展规划（2019~2021年）》中提出，要探索新型技术在金融领域安全应用，全面提升金融科技应用水平，将金融科技打造成金融高质量发展的"新引擎"。该规划明确提出，应稳步应用人工智能，科学规划运用大数据，合理布局云计算。此外，中共中央政治局于2019年10月就区块链技术发展现状和趋势进行第十八次集体学习，中共中央总书记习近平在主持学习时强调，要加快推动区块链技术和产业创新发展。

人工智能是保险科技领域最重要的底层技术之一，引领了新一轮的智能革命。人工智能技术的应用使保险业能够做到生产定制化、经验数据化、创新常态化及运营高效化。人工智能对保险业产生了深刻影响。在产品环节，人工智能可以赋能定制化产品和差异化定价；在营销环节，人工智能可以应用于智能客服、智能保顾、柜面机器人及AI智能增员；在核保环节，人工智能可以提高核保效率和准确度；在理赔环节，人工智能可以应用于智能定损、智能理赔；在风控反欺诈环节，人工智能可以识别欺诈行为，提升风险决策能力。在保险行业，目前人工智能技术的四大典型应用为销售辅助、OCR识别、车险图像智能定损和风险反欺诈。

大数据是保险科技领域其他前沿技术的数据支撑，是保险科技领域重要的数据基础设施。大数据技术的应用使得保险业可以依托全量数据，形成精准化产品与服务；深入挖掘场景数据，创新险种，拓宽可保边界；建立数据平台，提升海量数据高并发的处理能力。国内大数据的主要应用包括险种创新和精细化定价、基于"客户画像"的精准营销、健康长期的客户服务管理体系以及大数据智能风控。

云计算为保险业务提供了强大的计算能力支持，是保险科技领域重要的基础设施之一。云计算在保险业的主要应用是保险公司的核心业务系统。核心业务系统能够赋能保险业务价值链，在产品定价、承保理赔、数据基础设施建设等多个业务维度，实现运营效率的提升。云计算可以为保险公司解决IT技术投入问题，实现业务流程线上化以及移动展业、移动理赔，实现精准智能的业务运营。

区块链技术是保险科技领域重要的底层技术之一。区块链技术的价值在于它能够解决交易中信用的传递问题，通过多方一致认可、共同遵守的规则，在无中心机构的情况下，实现点对点之间的价值交换。区块链的分布式账本、数字加密技术及智能合约等的技术特性使其很好地解决了信用机制问题。区块链的去中心化特征及共识机制有助于保险业务实现降本增效。基于这些特征，区块链天然适合于赋能保险行业。

2.1 人工智能

人工智能是保险科技的发展进程中最重要的技术之一，已成为新一轮保险业产业变革的核心驱动力。在保险行业，目前人工智能技术的四大重要应用为销售辅助、OCR文本识别、车险图像智能定损和风险反欺诈。中国人民银行印发的《金融科技（FinTech）发展规划（2019~2021年）》明确提出，首先要稳步应用人工智能。该规划指出，应深入把握新一代人工智能发展的特点，统筹优化数据资源、算法模型、算力支持等人工智能核心资产，稳妥推动人工智能技术与金融业务深度融合；其次，应根据不同场景的业务特征创新智能金融产品与服务，探索相对成熟的人工智能技术在资产管理、授信融资、客户服务、精准营销、身份识别、风险防控等领域的应用路径和方法，构建全流程智能金融服务模式。

通过应用人工智能技术可以有效帮助企业降本增效，重人力的业务是人工智能技术的主要渗透场景之一。2019年，我国保险机构在人工智能方面的投入达42.9亿元，未来仍将保持快速增长。保守预计2022年人工智能可以为行业节省350亿左右的潜在人力成本。作为新一轮科技革命及产业变革的核心驱动力，人工智能正逐渐体现出巨大的商业价值。在保险行业，人工智能的应用将改变定价、分销、承保、理赔、投后服务等各个环节，从而达到提升业务效率、降低运营成本的目的。

2.1.1 人工智能技术概述

人工智能的四大核心技术包括计算机视觉、机器学习、自然语言处理（NLP）以及人机交互，它们是人工智能得以投入产业化应用的底层技术支撑。人工智能所包含的机器视觉、智能语音以及无人驾驶等三大技术应用方向将是未来保险业应用的热点领域。人工智能技术的应用使保险业能够做到生产定制化、经验数据化、创新常态化及运营高效化。

（1）人工智能技术概览——四大核心技术及三大应用方向

人工智能（Artificial Intelligence）的定义为："使计算机系统模拟人类的智能活动，完成人用智能才能完成的任务。"人工智能的发展可上溯至1956年。当时，以约翰·麦卡锡和马文·明斯基为代表的一批学者，正式提出了"人工智能"这一术语，标志着这一学科的正式诞生。在此之后，人工智能的发展经历起起落落。步入21世纪，随着互联网的快速发展以及云计算和大数据等技术的不断成熟，人工智能的发展再次进入快车道。2016年，由谷歌公司开发的人工智能程序AlphaGo成为第一个战胜人类围棋世界冠军的人工智能程序，昭示着人工智能的发展步入了全新的阶段。

第一，四大核心技术——人工智能的技术特点

人工智能的技术特点是其四大核心技术，包括计算机视觉（Computer Vision，CV）、机器学习（Machine Learning，ML）、自然语言处理（Natural Language Processing，NLP）和人机交互（Human-Computer Interation，HCI），这是人工智能发展至今并能够进行产业化应用的技术基石。

- 计算机视觉是使用计算机及相关设备对生物视觉进行模拟，通过各类摄影设备及图像处理生成更适于人眼观察或其他设备使用的信息的技术，可广泛应用于智能家居、虚拟现实技术、电商搜图购物等场景。
- 机器学习是用以往数据及经验，研究如何在经验学习中改善具体算法性能且广泛应用于人工智能各个方面的技术。机器学习的研究涉及概率论、统计学、逼近论等诸多学科领域，是人工智能的核心技术。
- 自然语言处理是实现人与计算机之间用自然语言进行有效通信的各种理论和方法的技术，将各种有助于实现目标的技术进行融合应用。现代自然语言处理算法主要是基于机器学习，特别是统计机器学习。
- 人机交互是指人与计算机之间使用某种对话语言，以一定的交互方式完成确定任务的信息交换过程，主要包括"人到计算机"和"计算机到人"的两类信息交换。人与计算机之间的信息交换主要依靠交互设备进行，如键盘、鼠标、打印机等。人机交互包含的交互技术有基本交互技术、图形交互技术、语音交互技术和体感交互技术等。

第二，三大应用方向——人工智能的技术趋势

人工智能的技术趋势涉及三大应用方向，包括机器视觉、智能语音以及无人驾驶。目前，这三大方向是人工智能应用前景最广阔的领域，也是众多巨头和创业公司深耕的领域。这些领域在未来将更加深入地影响和改变人们的生活方式，未来相关产业链的形成将引起商业模式的变化，值得保险业提前关注与布局。

- 机器视觉——让机器看懂世界

机器视觉是利用计算机或摄像机等设备来模拟人类视觉，对目标进行识别、感知和理解的技术，是人类视觉在机器上的延伸。按照技术的演进，机器视觉技术可以分为图像预处理、目标提取、目标识别、目标分析四个流程。该技术有几项关键技术，其中生物识别技术在安防领域应用广泛，包括语音、指纹、人脸、静脉、虹膜识别等；光学文本识别技术是现代智能物流的核心技术，在物流领域大量运用；物体与场景识别是机器人与自动驾驶的核心技术，未来发展前景广阔。

目前，机器视觉技术的产业应用集中在人脸识别、互联网图像内容审查、视频监控等方面。其中，人脸识别技术最为成熟，已经开始大规模商业化，未来将在金融、军事等领域进一步发展。

- 智能语音——未来交互的新方式

智能语音是人机使用人类自然语言的通信。自互联网诞生以来，人们的信息交互方式一直在不断演进和发展，从PC时代的鼠标和键盘到如今移动互联网时代的触控屏。未来，随着万物互联时代的到来，语音交互很有可能成为下一代人机交互的主要模式。智能语音行业关键性的技术涵盖前端处理、语音预处理、语音激活、语音识别、自然语言处理、语言合成六大部分。当前，自然语音处理还处于初级阶段，仅能分析浅层语义，自然度和准确度有待提高。语音合成的自然度和音质已经表现不俗，以后的研究重点在于提高表现力、增进情感等。

最近几年，随着深度学习技术、大数据技术以及自然语言理解技术的突破，带动了一波产业热潮，国内外各巨头纷纷布局智能语音平台，抢占新一代人机交互入口，出现了像亚马逊Echo音响这样的现象级产品。除了教育、客服、电信等传统行业之外，智能车载设备、智能家居、智能医疗以及可穿戴设备等的兴起也在加速智能语音技术的落地。

- 无人驾驶——未来出行的智能解决方案

无人驾驶是指利用车载的计算机系统及各类传感器来实时感知周围的环境，并通过实时预测及路径规划进行决策，以实现在没有人类驾驶员的情况下到达目的地的技术。无人驾驶不仅会改变人类的驾驶模式，而且对于交通出行模式、物流运输、城市规划等都将产生根本性的改变。早在20世纪20年代，无人驾驶技术就已出现，当时设计出了通过无线电接收设备控制车辆运动的"无人驾驶车"。至今，该技术已经经历了近百年的发展演进，取得了一定成果。然而，由于安装了摄像头、雷达、激光雷达和人工智能系统等，无人驾驶车的成本目前还很高，国内还没有出现大规模的商业应用。未来，无人驾驶车或将成为公共交通系统的重要选择，能够为出行的老年人和残疾人士等特殊群体提供服务。此外，在快递行业以及工业领域，无人驾驶车也可能得到较快应用。

（2）人工智能技术发展对保险业的意义

随着AI技术的不断升级与成熟，其对保险领域的影响也逐步从中后端延伸至保险服务的前端，即从中后端的数据分析和决策支撑，发展到与客户体验直接相关的营销及服务一线。语音交互、生物识别、图像识别等人工智能技术的进步不仅能促进保险业实现降本增效，也能推动保险业业务流程及服务的升级与扩展，为用户带来全新的保险体验。

人工智能技术的应用将推进保险业生产力的全面重构与升级，重塑保险业的服务体系及知识管理体系，并将对保险业产生四大意义。

- 第一是大众定制化生产，突破成本与个性化的界限。人工智能的进步、数据的持续积累及运算成本的大幅下滑使边际成本趋于零，工业时代定制化与规模化的矛盾将被打破，大规模定制有望实现。
- 第二是经验沉淀数据化，突破经验与知识的互换。随着相关技术的快速发展，数据来源更加多元化，许多行为经验（如语音经验）得以留存，有助于改善人员流动性太强导致经验知识难以沉淀的问题，并实现与知识体系的融合。
- 第三是用户创新常态化，突破企业创新制式。各类智能设备的连接及与用户互动渠道的增加使用户创新逐渐常态化，从而在需求角度助力企业对产品发展做出更清晰的判断。

- 第四是智能服务高效化，突破运营效率天花板。人工智能技术在投保、核保、核赔等保险业务环节的应用使保险业务全链条实现智能化和自动化，在企业运营效率、优化服务质量等方面均有所提升。

2.1.2 人工智能在保险行业的应用图谱

人工智能在保险业的应用涉及产品、营销、核保、理赔、风控反欺诈等保险业务流程上的几大关键环节，具体应用包括用户画像与精准定价、智能客服与智能保顾、OCR文本识别、车险图像智能定损、风险反欺诈等（见图2-1）。

图 2-1　人工智能赋能保险业务全流程

数据来源：中国保险与养老金研究中心

目前，人工智能应用的主要领域仍集中于人工智能带来的算法方面的提升，通过机器学习，建立更精准的模型体系，支撑业务运营过程中的风险控制、反欺诈、精准营销、客户关系管理等环节。此外，在新一轮的技术升级中，人工智能技术中的人机交互、生物识别及图像识别等应用将逐渐进入大规模商业化阶段，不仅会对用户体验的优化起到关键性作用，更将为保险业务的营销、承保、理赔和客户服务等环节带来新思路。

（1）产品：人工智能赋能定制化产品和差异化定价

人工智能在产品环节的应用主要包括定制化产品和差异化定价。定制化产品主要通过绘制用户画像、建立标签体系，为销售环节做出辅助；而差异化定价主要通过细分风险、细分定价因子，从更多维度识别风险，实现千人千面、精准定价。保险公司基于对用户的身份信息、社会关系信息及业务活动等已知信息通过大数据处理分析及AI算法建模生成用户画像，再进一步通过客户消费资料的积累和机器学习，深入分析和了解消费者偏好和需求，为每一位客户标注几十个甚至上百个标签，如购买力、消费信用、品牌偏好等。保险公司通过生成用户画像对用户进行分群，区分用户的需求特征，设计差异化保险产品与服务及推销方式，实现精准营销。用户画像基于用户需求与业务场景，通过大数据等技术，实现产品的个性化定制与灵活创新，为精准营销和大规模个性化推荐提供助力。

（2）营销：人工智能应用于智能客服、智能保顾、柜面机器人及AI智能增员

人工智能在营销及运营环节最重要的应用是智能机器人，具体体现为：一是电话渠道的智能客服，包括智能外呼和智能回访机器人；二是线上渠道的智能保险顾问，包括在微信、网页和APP客户端进行产品智能化推荐和咨询应答的线上虚拟机器人；三是线下门店的柜面智能机器人，包括为客户提供保险咨询、预约叫号、保全信息变更等保险服务的线下智能机器人；四是用于代理人渠道管理的AI智能增员，包括通过机器学习来训练智能机器人成为承担部分职能的代理人以降低代理人流动造成的损失，降低人力成本以及提升服务效率和准确度。其中，以智能外呼和智能回访为主要内容的智能客服机器人发展较为成熟、应用最为广泛。在客户交互环节，智能客服机器人通过人工智能实现与客户的互动，促进了保险公司于线上获客、营销推广、客户服务以及部分自动理赔等方面的发展。

人工智能的应用可以让保险营销环节更加精准有效。知识图谱和深度学习赋予机器进行知识获取的能力，而语音交互等技术的发展则能赋予机器与用户实现互动的能力。在营销场景中，保险公司可以在后端进行精准的用户筛选，通过大数据分析和机器学习技术，识别客户潜在需求，实现无人工干预的智能化保险推荐。同时，人工智能的应用也可帮助保险公司销售人员和代理人更多地了解客户，推进传统的线下营销向嵌入式、互动式、社交化营销转变，保险公司得以在前端借助语音机器人实现主动营销，降低保险推介成本，提升销售成功率，降低退保率。

（3）核保：人工智能提高核保效率和准确度

人工智能的语音识别、图像识别、活体检测等手段可以帮助保险公司实现更精准的智能核保，提高核保流程效率。例如：通过人脸、指纹、声纹等生物识别技术实现身份验证，降低用户欺诈风险；通过OCR文本识别实现投保材料的自动识别与结构化，提升信息采集效率；通过"AI+大数据"建模识别高风险客户与异常风险指标，为核保与定价提供辅助。

传统核保流程复杂、审核材料多，但仍难以对风险进行精准量化的评估。将人工智能、大数据等技术应用于核保全流程，可以实现更快速且有效的核保，帮助保险公司降低风险、提升绩效。

（4）理赔：人工智能应用于智能定损、智能理赔

人工智能在理赔环节的应用主要包括智能定损和智能理赔两个方面。智能定损的主要应用是车险的图像智能定损。智能理赔是指针对小额赔付的全自动处理、快速结案，主要应用包括车险闪赔和医疗险快赔。

现阶段智能理赔包括六大环节。以车险智能理赔为例，通过综合运用声纹识别、

图像识别、机器学习等核心技术，经过快速核身、精准识别、一键定损、自动定价、科学推荐、智能支付这六个主要环节实现车险理赔的快速处理，克服以往理赔过程中出现的欺诈骗保、理赔时间长、赔付纠纷多等问题。根据统计，智能理赔可以为整个车险行业带来40%以上的运营效能提升，减少50%的查勘定损人员工作量，将理赔时效从过去的3天缩短至30分钟，明显提升了用户满意度。

（5）风控反欺诈：人工智能识别欺诈行为，提升风险决策能力

人工智能的风险控制与反欺诈能力在保险业务流程中主要体现在核保、承保及理赔环节，主要包括利用图像识别等人工智能技术快速对客户提供的资料（如文档、录音及影像等文件）真实性进行高效识别和记录，防范潜在的保险诈骗行为，以及利用基于机器学习算法的智能风控模型，实现对多种欺诈行为的识别和对出险概率的预测，有效提升保险行业风险决策能力和反欺诈能力。

近年来，机器学习分析方法在理赔环节的应用，极大地提高了欺诈识别、监控以及决策的能力。随着理赔数据的积累，基于机器学习与大数据的量化决策模型，保险公司通常能够更有效地识别欺诈风险，优化理赔流程。与基于策略的审核相比，机器学习算法可以同时定位多种欺诈行为，减少不合理的赔付，降低行为成本。例如，在车险理赔中，利用维修项目及配件的内在关系，可以通过机器学习模型计算各项指标的出险概率，从而能够定位相应的理赔案件，并通过监控，提示保险公司关注相关联的服务商、查勘员、定损员。在健康险报销中，根据患者既往病史等相关信息，分析其报销记录是否存在欺诈及过度医疗倾向性，并进行预测评分。

2.1.3 销售辅助（智能外呼机器人、微信机器人、代理人渠道管理）

人工智能对保险业销售环节的辅助作用主要通过智能机器人实现。智能机器人的主要应用包括智能外呼机器人、微信机器人以及用于代理人渠道管理的AI智能增员。

目前在保险领域，得益于人机交互相关技术的进步，尤其是自然语言交互技术的进步，智能保险顾问和智能客服不仅能更智能地理解用户需求，实现多轮次语音交互，还能为用户提供更自然、更真实的交互体验。此外，语音交互还实现了将非结构化数据（语音数据）结构化，为后续服务提供更丰富的数据来源。未来，随着用户情绪感知与分析技术的进步，机器还能准确识别用户情绪，帮助人工智能客服改善用户服务质量，提高用户满意度。

机器人技术、流程自动化、远程音视频技术的成熟及应用，极大地颠覆了传统保险公司朝九晚五、线下和人工为主的运营和服务方式，打破了保险公司经营管理与客户服务的时空限制，使保险公司可以更快速、更全面地响应客户需求、改善用户体验，优化服务质量。

表2-1为各险企在销售辅助方面对人工智能技术的应用梳理。

2. 技术发展趋势

表 2-1　　各险企在销售辅助方面应用人工智能的相关举措

公司	举措
中国人寿	■ 升级"智能客服机器人",基于人工智能技术推出语音服务,智能客服服务总量达 2 343 万次 ■ 加速服务触点升级,通过人工智能技术大力推进智能柜面建设,推动柜面从传统服务窗口到新型智享门店转变
平安人寿	■ 推出"智慧客服",累计提供约 400 万次在线保单服务,其中 90% 通过 AI 自动完成,日均空中业务受理约 2.4 万件,最快用时 3 分钟,并推出任务型机器人创新业务办理模式,由传统菜单层层点选升级为智能问答交互处理,日均访问量超 10 万次
太平洋保险	■ 推出智能保险顾问"阿尔法保险",运用大数据和人工智能技术为客户提供保险保障建议。用户可以通过语音或文字聊天方式咨询"阿尔法保险"机器人,了解保险常识,获取个性化保险建议。2018 年访问量突破 680 万人次 ■ 打造基于人工智能的 ISC 智享家柜面服务模式,包括云柜面服务、灵犀二号、啄木鸟工程等,深度定制的"灵犀"系列机器人可以实现多场景保险服务 ■ 落地"融空间"无柜员服务赋能项目,基于人工智能将智能化营销职场打造成客户经营场所,创造营销员与客户互动的多维度触点,通过多个智能系统衔接实现职场活动管理、客户数据管理和应用,辅助营销员对产品和服务进行推介
新华保险	■ 推进人工智能技术应用,微信投保、人工智能问答机器人、智能微信回访、人脸识别、语音识别等新技术上线后得到迅速推广,客户服务效率和客户服务体验得到较好改善 ■ 应用人工智能技术加快柜面建设,全年建设新一代客服中心 305 家,窗口服务水平显著提升

数据来源:各公司年报、中国保险与养老金研究中心

(1) 智能外呼机器人

保险企业应用人工智能技术能够解决呼叫中心人力成本高、培训成本高、人员流动率高的问题。在人工智能的商业化落地中,为企业降低成本是其最核心的价值之一,而保险行业一定程度上属于人员密集型行业,中国保险企业的人力成本大约占总成本的 30%,直接影响了企业的盈利水平。艾瑞咨询《2020 年中国保险科技行业研究报告》估算,2019 年保险行业的人力成本在 5 000 亿元左右。但实际上,一些重人力的业务场景由于其高工作量、高重复率和经验导向的特性非常适合运用人工智能进行替代,例如呼叫中心。呼叫中心是保险行业应用人工智能的领域里目前渗透率最高的场景。未来随着人工智能应用加深,保险企业的成本将逐渐得到优化,从而改善盈利水平。

智能外呼机器人是基于语音识别、自然语言处理、语音合成等技术开发的一款人机交互的语音系统。智能外呼机器人是智能客服在电话通讯渠道的主要应用形式之一。智能客服是以自然语言处理和智能人机交互等多种人工智能技术为基础,通过即时通讯、网页、短信等形式,以拟人化方式与用户进行实时交互的软件系统,能够实现智能客服咨询和产品营销推广等功能。

智能外呼机器人主要用于对具有投保意向的用户进行初步筛选。智能外呼机器人通过将客户资料批量导入,完成自动式呼叫;主动引导销售过程,利用机器学习等人工智能技术提升针对客户提问的回答准确率;同时,自动识别客户意向,对购

买意向进行评级。此外，智能外呼机器人使用语音合成等技术来模仿真人声音并使用根据业务场景制定的话术模板，实现与客户对话时对真人声音的仿真效果。

智能客服相比传统人工座席在营销环节具有多种优势。在营销环节，人工客服存在培训成本高、服务效果难以统一以及流动性大的问题；而智能客服能够回答简单重复性问题，可以实现24小时在线服务，随时解答用户问题，提高了用户满意度，同时减少了保险机构对人工客服的使用，为企业节省了人力成本，提升了客服效率及效果。事实上，人工智能技术在保险续期回访、续保通知、电销意向筛选、产品推荐等业务场景中已展现出了其优秀性能。智能外呼机器人可以使用流畅清晰的普通话，对话场景真实，并能轻松完成原本由人工承担的大部分的重复外呼工作，极大地降低运营成本，提升了营销效率。

具体而言，智能外呼机器人主要具有以下优势：一是智能外呼系统可以导入待呼叫客户号码等信息，批量生成外呼任务，并在规定的时间内针对不同场景进行批量合规化处理，自动完成外呼，有效提升呼叫效率；二是外呼机器人能够使用标准话术，不会受情绪影响，通过机器学习和语音识别等技术准确理解用户的回答和意图，像人与人交流一样对话；三是系统可语音转写对话信息并存储，实现客服数据结构化，客服经验将得以留存并用于深度分析；四是基于人工智能的服务质量监控，可分析用户情绪，识别用户满意度，能做到实时监控、实时转接人工，为客户提供智能化的贴身服务。

根据部分人工智能服务商公布的数据显示，外呼应用中的回访成功率已接近真人水平，工作效率可达人工的1.2倍，为业务开展节省了80%的人力成本。目前，客服机器人已替代40%~50%的人工客服工作。预计到2020年，85%的客服工作将依靠人工智能完成。

（2）微信机器人

微信机器人是"智能保顾"在微信平台的服务形式。"智能保顾"，即智能保险顾问，指能自主为用户提供风险评测、保险知识问答、保险需求分析、保险产品对比和推荐、保单管理等服务的智能应用。智能保顾通常支持微信公众号、保险公司官网及APP等多平台服务。智能保顾利用自然语言处理和多轮交互能力，构建智能问答推荐，再结合离线和在线的行为、上下文信息，深入挖掘用户最深层次的需求，并以问答或机器人的形式给到用户，引导用户最终完成产品购买。

智能保顾能够为用户带来价值。不同于人类保险顾问的服务时限，人工智能可以提供24小时全天候服务支持，实现保险客服从延时服务到即时服务、从限时服务到全时待命、从被动服务到主动服务的转型。

从保险购买阶段来说，智能保顾的价值可以体现在初步筛选、深入理解及售后服务阶段。

- 初步筛选阶段——教育用户。鉴于国内用户普遍缺乏风险及保险概念的现实，智能保顾在初步筛选阶段应该被赋予教育用户的意义。首先，通过个人化的风险分析及预测，帮助用户具象化其潜在需求，建立对保险的基础认知；接下来，通过保单建议及优先排序，帮助用户了解最适合当前需要的保险方案以及筛选逻辑，增加用户的信心及判断力，等同于运用科技快速普及保险概念及相关知识。

- 深入理解阶段——消除用户与保险公司之间的不信任。鉴于国内用户对保险公司及销售顾问有一定程度的偏见，咨询相关建议时经常产生疑虑，而降低了投保意愿，智能保顾在此阶段作为辅助工具，可增加销售顾问提供建议时的专业度及可信度，消除用户与保险公司之间的不信任。

- 售后阶段——帮助用户完善人生保障。智能保顾延伸到售后阶段，可以针对已购保单的人群提供缺口分析。根据既有保单及基本信息的输入，为用户进行未来风险预测及保障完整度评估，分析结果包含缺乏以及多购的险种类型，用户可以进一步调整和完善保险保障。未来，智能保顾很可能演变为从保险教育到理赔再到完善用户长期保险保障的全链管理用户保险需求的服务。

（3）代理人渠道管理——AI智能增员

人工智能技术在代理人渠道管理上的重要应用是AI智能增员。AI智能增员，是指利用人工智能技术对个人保险代理人队伍进行管理和有质量的扩大，主要包括AI甄选（AI面试）、AI培训及AI辅助销售。其中，个人保险代理人是指与保险公司签订委托代理合同，从事保险代理业务的人员。它由个人代理人（即寿险营销员）与保险公司签订委托代理合同，保险公司授权给个人代理人为其代理销售保险业务，同时付给个人代理人相应的代理手续费（即佣金）。增员，是指不断寻找符合保险销售条件的人，使其加入到保险行销队伍中来。

因为寿险代理制非常适合寿险本身客户分散、标的众多、服务无形等特点，所以目前许多国家都以个人保险代理人作为主要的寿险营销渠道，因此增员对于保险公司尤其是寿险公司具有重要意义。增员的最终目的是增加业绩，在个人产能一定的情况下，业务规模的大小取决于营销队伍人员的多少。在过往保险公司快速发展的年份里，各家寿险公司也正是靠营销员的大兵团作战，才保证了保险业务大规模和高速度发展。

在中国，自2015年取消保险代理人资格考试之后，个人保险代理人准入门槛降低，保险代理人队伍增速强劲。中国保险营销员2017年第1季度达到697.45万人，2017年第1季度比2016年第1季度增长191万人，年增速达到40%。然而，保险代理人队伍虽然总量大，但代理人留存率很低。AI智能增员应用于代理人渠道管理可以提升代理人的留存率，因而能够相应提升代理人的生产力及保险行业服务质量。

AI智能增员技术的优势在于它可以解决代理人留存率低这一难题。AI智能增员技术可以筛选出真正适合保险营销工作的代理人，能够很好地缓解代理人留存率低的困局，而人工智能的机器学习等技术使AI机器可以掌握大量的专业知识，能够对代理人队伍进行管理和辅助销售，也在一定程度上提升了保险代理人的营销质量。随着人力成本上升、组织扩张和人才争夺的白热化，相信AI面试、人岗匹配等人才招募的智能化革新与升级也许在不久的未来会席卷全行业。

【案例2-1】　平安人寿自主研发AI业务员增员增效方案

针对传统管理模式下招聘环节面试效率低下、培训环节培训效果难以评估、展业环节难以进行精准推荐的问题，平安人寿自主研发并搭建一整套业务员增员增效方案，将前沿人工智能技术赋能于业务员甄选、面试、培训和展业场景，包括AI甄选和面谈、AI培训和AI助理，有效解决了传统管理模式下的诸多难点问题，为业务员提供全方位、多元化、智能化服务，在有效提升业务员销售能力的同时节约大量人力成本，全面提升销售转化和管理效率。

AI甄员，通过人工智能技术对代理人进行甄选，依据高脱落人群的关键特征设计筛选流程，通过对代理人留存、维持、脱落等形态分别构建动态代理人画像，实时对筛选流程进行动态调整，大幅降低增员的脱落率。"金融壹账通"的AI代理人甄员系统通过历史数据挖掘和专家经验，刻画出"易留存代理人"及"易脱落代理人"两类画像并形成关键特征，同时保险公司将实时在线搜集的代理人个人信息、从业意愿、行为习惯等信息数据与画像设计的甄选模型相结合，对代理人进行智能评分与筛选，做出代理人直接上岗、延迟上岗或淘汰的决定（见图2-2）。此外，AI甄员系统还可通过机器学习和深度学习，动态更新代理人画像，不断提升模型的准确率。AI代理人甄员系统在平安集团的应用已覆盖准增员近千万人，13个月留存代理人识别率达95.4%。

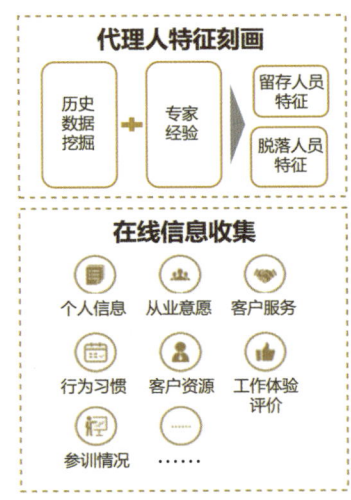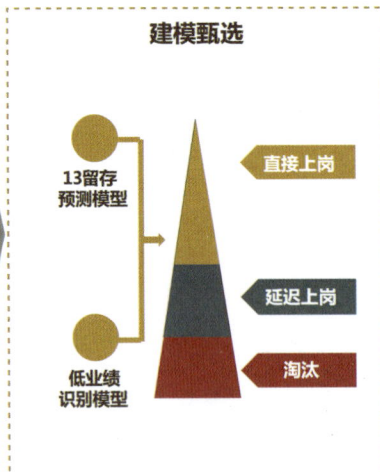

图2-2　平安-"金融壹账通"AI代理人甄员系统

数据来源：金融壹账通、中国保险学会、中国保险与养老金研究中心

HR-X AI面试官利用人工智能与候选人对话，实现更加全面、客观、准确的人

才招募。平安 HR-X 于 2018 年 4 月正式推出，是国内首款自主研发的、超大型一体化智慧人力资源管理平台。它应用声纹识别、语音识别、情绪识别、语音合成、文本机器人、语义情感分析六大 AI 技术，覆盖从初级到高级等上百个平安岗位，准确率超 90%。通过海量、多元数据模型训练，可以在前端与候选人进行提问、追问，甚至反问答疑等人机语音互动，在后端同步直播和实时评分，并通过声纹识别等技术防作弊，在面试结束后可立即生成面试报告，为部门主管提供录用建议，极大降低招聘的人工成本和主观评价偏差，提升选才效率与效果。

AI 培训系统基于针对性辅导难等痛点，通过收集过去众多员工的数据，在面板中千人千面地显示员工不同技能的"短板"。同时，对比公司绩优人员的模型实现代理人技能提升和绩优人群快速复制。未来，预期平安寿险代理人的绩优养成效率将得到大幅提升。通过采用 AI 培训系统，代理人平均绩优养成时间实现了从 2018 年 36 个月至 2019 年 15 个月的大幅下降，绩优人群规模预计将从 2018 年 38.3 万人扩大到 2019 年 45.9 万人。

AI 助理解决对代理人实时管理难的问题，可以在队伍管理方面实现智能任务配置和在线销售协助，构建任务管理、智能陪练和智慧问答等三大功能。截至 2018 年 12 月，该项目已实现寿险全国 45 家机构的 100% 推广。其中，AI 面试使用人数突破 100 万人，累计时长超过 20 万小时；AI 教练的话术场景已涵盖多个业务线和分中心；AI 助理用户数近 40 万人，累计访问量突破 500 万人次，全面覆盖业务员日常问题。该项目为公司节约超过 6 亿元财务成本，并为公司业绩增长带来新动力。

2.1.4 OCR 文本识别技术

文本识别技术（Optical Character Recognition，OCR），又称"光学字符识别"，指的是电子设备（例如扫描仪或数码相机）检查纸上打印的字符，通过检测暗、亮的模式确定其形状，然后用字符识别方法将形状翻译成计算机文字的过程，即针对印刷体字符，采用光学的方式将纸质文档中的文字转换成为黑白点阵的图像文件，并通过识别软件将图像中的文字转换成文本格式，供文字处理软件进一步编辑加工的技术。

OCR 识别在保险业的应用主要体现在车险领域和寿险领域的投保和理赔环节。传统保险业务在投保和理赔环节需要采集当事人身份信息，耗时巨大。最新的智能 OCR 识别技术可快速定位到票据、表单、表格、单证等信息并进行识别，形成的可编辑结构化信息可自动录入存档。OCR 识别技术在车险和寿险领域的应用大大缩短了投保流程，节约了宝贵时间，减少现场及后台工作人员大量的录入工作，大大提高了投保工作效率。

典型的OCR识别产品如平安的"平安票证识别通"，其基于文本识别技术，以基于深度学习的算法为智能引擎，可精准识别身份证、行驶证等多种卡证和票据的图像文字信息。目前"平安票证识别通"已接入平安产险、平安寿险、平安信托等企业中，广泛应用于移动开户、移动投保、银行票据录入、医疗单据录入等场景，调用量已超过3 000万次。在传统纸质票据处理方面，应用OCR电子光学别加众包的方式，使得99.9%的智能电子存档成为现实。

现阶段随着人工智能技术的应用，OCR技术在保险业中的应用主要体现在以下几方面：

一是现场信息采集，主要应用于车险。车险查勘过程中需要采集当事人身份证、车牌号、汽车VIN码等信息，而在查勘现场，向手机等移动终端手工录入信息速度慢，导致理赔效率低，降低了客户满意度。针对移动查勘实际需求，很多保险公司推出了基于移动终端的OCR拍照识别技术，在完成拍照取证的同时，直接识别出当事人、案件车辆的身份信息，其规范了查勘工作流程，使车险查勘员"一拍"即可采集到相关信息，解决了信息采集的效率瓶颈，缩短了赔付时间，提高了客户满意度。OCR识别在车险勘察过程中主要应用于证件识别、车牌识别、汽车VIN码识别等方面。以证件识别为例，OCR技术可以通过拍摄证件图像，自动提取证件信息；车牌识别能够识别各种规格的汽车号牌；汽车VIN码识别使得查勘员可以识别VIN码直接进入查勘系统，不再需要手工录入，提高效率。

二是手机移动投保，主要应用于车险。随着移动互联网的发展，车险销售渠道也由传统的营业厅或代理网点销售转向电话销售、网络销售，进而向手机等移动端APP销售快速发展。在现今移动互联时代，用户通过手机APP投保车险越来越普遍。然而手机APP投保车险为用户带来便利的同时，也给广大车主带来了困扰，例如投保过程中经常需要在手机上输入车辆信息（车架号、车辆品牌型号和发动机号等）及投保人信息（姓名及身份证号）。这些字母和数字内容繁杂，录起来耗时耗力，还非常容易出错。而手机APP等移动端证件识别系统，通过手机摄像头拍照证件图片，采用OCR识别核心，能够快速准确地提取各类证件信息并录入证件信息。

三是核实投保人信息及客户保费代扣，主要应用于车险及寿险。在核实投保人信息环节，保险业务员在核实投保人基本信息时，只需通过移动终端（手机、平板电脑等）拍摄投保人的身份证或户口本。利用OCR识别技术，相关证件信息将被自动识别并被自动录入终端保单业务系统。在客户保费代扣环节，申请人于投保申请通过后，根据保单提供银行卡号进行扣费，保费上缴成功后保单生效。进行保费代扣时，需要对投保人账户的银行卡信息进行核实，业务员可通过手机或平板拍摄自动识别客户的银行卡，省去手动录入的麻烦，提高业务效率。

2.1.5 车险图像智能定损

图像识别技术是指利用计算机对系统前端捕获的图片进行处理、分析和理解，以识别不同场景下目标和对象的技术。经过训练，图像识别技术可以替代人工进行图像阅读，辨别图像的真实性，以及找出关键点并进行自动比对。图像识别技术在保险业主要应用于车险的智能定损。

车险的图像智能定损，是指利用图像识别等人工智能技术，通过对案件现场照片风险点的分析、车损照片细节的处理与分析、与历史影像的比对排除等，有效识别车辆损失程度，判断故意制造交通事故、套用车辆牌照等多种欺诈方式。

基于人工智能技术的车险图像智能定损技术具有以下优势：

一是从成本角度，车险图像智能定损技术可以为险企实现降本增效。保险公司智能理赔系统利用图像识别技术结合人工智能后台算法，通过分析用户客户端上传的出险信息（包括以图片形式上传至保险公司的相关理赔系统的事故现场情况以及标的物的损害情况），即时给出定损建议，提高查勘定损的效率，降低过程操作风险和人力成本投入。

二是从客户角度，车险图像智能定损技术可以提升客户满意度。客户出险后希望得到及时、准确、公平的理赔服务。从公开的车险客户理赔服务调查中了解到，75.9%的客户希望第一时间提供事故处理指导，69.7%的客户希望理赔时效越快越好，45.6%的客户希望对于定损金额要求公平、标准，尽量不需要格外增加修理费用。如果采用自动定损系统，客户的体验会有大幅度的提升。

【案例2-2】　　　　　凯泰铭：车险图像智能定损

图像定损是指利用计算机人工智能技术自动识别事故照片的损伤部位和损伤程度，并自动生成定损单，替代现有车险定损环节中的人工定损作业，帮助保险公司实现简单高效的自动定损。

保险科技初创公司凯泰铭应用深度学习图像识别技术和理赔风控技术，成功研发图像智能定损平台"易定损"，通过对事故照片的细节处理和智能识别、车辆拆装维修工艺知识库的关联、事故照片的风险分析、与历史案件的关联分析等，准确快速地识别车辆损失部位和损失程度，再结合公司现有车险理赔风控云平台，精准判断虚假案件、人为故意制造事故、倒件、扩损等多种欺诈方式和渗漏手段，最终自动生成定损单。

易定损的技术实现，涉及多个计算机视觉技术问题。首先由于历史案件照片杂乱无章，需要对海量历史案件照片进行结构化整理、清洗、自动化标注，然后通过图片预处理、图片清晰效果增强、数据增强等一系列技术，解决图片倾斜、倒影、反射、污渍等众多干扰因素问题。

目标检测技术是易定损图像定损的关键技术点。目标检测需要能检测出多尺度的目标，为此引入了特征金字塔网络（Feature Pyramid Network），融合网络不同层的特征，高层特征主要检测大目标，低层特征主要检测小目标。同时，结合其他一些最先进的目标检测技术，让目标检测的速度变得更快和更加精准。

损伤程度的判定，也是图像定损的核心环节，因为刮擦、变形、撕裂、缺失等损伤程度的不同都对应不同的维修方案。结合不同车型的维修工艺，整理出各种损伤类型，利用大量历史定损数据，进行模型反复训练和迭代学习，最终能够精准识别出不同程度的损伤类型，再结合车辆配件工时、维修工艺等知识库，生成定损单。

图像定损是为了实现定损的自动化，减少人工作业，减少理赔成本。所有任何的图像定损产品都必须建立在能有效管控理赔成本的基础上，否则就是论技术而技术，对此，凯泰铭站在理赔风控的角度，将图像识别技术与理赔风控技术紧密融合，严格管控理赔风险和实现高效的自动化定损。图像定损技术可以支持识别市面所有车型，支持识别车辆所有外观部件的25种不同损失程度，模型的准确率已经超过95%，实现"秒级"定损。

2.1.6 风险反欺诈——智能风控

随着我国保险业务近年来的快速发展，各种潜在的欺诈风险也随之增加。根据国际保险监督官协会测算，全球每年有20%~30%的保险赔款涉嫌欺诈，损失金额约800亿美元。近年来，保险行业发生的高额保险欺诈频频升级，险企在风险管控方面正面临着日益严峻的挑战。保险业使用智能风控手段，深度应用人工智能、大数据、区块链和物联网等技术，实现智能预警和多维核验。人工智能技术使得机器替代人类进行高精度的自动化作业成为可能，其主要应用包括：基于图片识别、生物识别等人工智能技术的创新应用使得保险的风险管控更加智能化，风险预警和风险管理的方法手段逐步由"纯人工"向"智能规则"演变，深入应用机器学习和深度学习大幅提高风险识别的精准度和识别效率。智能风控改变了过去以合规、符合监管要求为导向的风险管理模式，强调用保险科技降低风险管理成本、提升客户体验、优化风控效能。

保险风控的智能化趋势主要涉及三方面关键技术。

一是通过图像识别技术实现智能定损。图像识别技术的发展，能够有效破解鉴伪难题，为保险业反欺诈应用开辟广阔的空间。除了应用于车辆定损外，图片识别技术也在探索应用于农险、货运险等。例如，保险公司承保网上生鲜产品，如到货时生鲜死亡或变质，通常以产品照片作为理赔的主要依据。而部分用户会通过搜索并上传网络或处理过的生鲜照片骗取赔款，靠肉眼很难识别。但是，在图像识别技术的作用下，可以快速有效地判别虚假照片，更好地适应电商业态下的理赔需求。

二是通过生物识别技术实现智能认证。生物识别技术主要包括指纹识别、人脸识别、虹膜识别以及声纹识别等类别。生物识别已被广泛应用于保险公司线上线下的投保、理赔和保全等业务场景的身份核验，可辨别操作人身份真伪，降低"非本人操作"的风险，提高业务的安全性和办理效率，提升风控水平。例如，保险公司在投保环节运用人脸识别技术对投保人进行智能双录，对其进行身份认证并存档；运用声纹技术在理赔报案环节对报案来电人进行身份识别，并结合声纹标签库对来电人员进行风险评估；基于活体识别技术，通过虹膜、眼纹等人体生物特征在寿险生存金领取环节识别真人与视频、照片等的区别，远程判断被保险人真实生存情况，有效解决生存金冒领问题。

三是通过智能风控模型实现保险反欺诈。尤其在车险反欺诈领域，智能风控模型的应用将大幅提升车险机构防范欺诈风险的管理水平。比如，目前在硬欺诈方面已有运用的关系网络模型，就是利用机器学习方法对车险历史欺诈案例中的人员、修理网点、报案地点、报案时间、案件类型等数据进行建模分析，找到欺诈案件涉案人员在社会关系方面的特征以用于高风险案件的识别。此外，AI反欺诈还可以在很大程度上杜绝客户骗赔、查勘员与修理厂内外勾结扩大损失等渗漏现象的发生。例如，定损员很难发现一个已在过往案件中提交过的车险损失图片，但AI查勘员可以快速识别相同图片、相似图片甚至同一次事故中不同角度的图片。目前，SAS和IBM有专门为保险行业提供的人工智能反欺诈框架工具。

【案例2-3】 太保开发智能风控"听风者"语音情绪识别系统

"听风者"语音情绪识别系统是太保产险利用语音情绪识别技术在车险反欺诈领域打造的一款人工智能产品。通过在车险报案环节嵌入语音情绪识别，将客户报案的"喜、怒、哀、沉、惊、恐、厌"七种情绪特征与"疑似酒驾顶包、疑似逃逸和先出险后投保"等车险欺诈场景进行匹配建模，测算欺诈指数，并将疑点类型、现场调查建议第一时间推送给理赔前端的查勘员，查勘员利用系统提示重点突破查实，有效遏制保险欺诈的产生，实现风控前置。

当前，各家保险公司的防渗漏策略主要是从易存在人为造假的属性出发设计规则，如事故时间、标的老旧等。然而，声纹因其唯一性、不易篡改性、获取便利性等特性可提供一个新的防渗漏视野。人工智能技术的日益发展使从声音中提炼说话者的"情绪"指标成为可能，车险接报案的大量真实录音文件为技术实现提供了基础的数据来源。该项目是对公司现有反欺诈策略的有利补充，通过在接报案环节升级反欺诈话术，增加欺诈份子无感知的、不易防备的防渗漏策略，精准锁定疑点案件，事前发现疑点及时阻截，以不变应万变，为保险反欺诈带来了全新的视角。

该项目的创新点在于，业内目前较多采用生物识别解决身份确认的问题，即确认报案人是否是我们的真实客户，但"听风者"产品运用语音情绪识别反欺诈，不拘泥于"冒名顶替"这一种欺诈场景，而是通过"智能风控"提升反欺诈能力，助力经营成本持续优化，具有更为宽广的应用场景。"AI+人脑"双引擎驱动，可综合判断真实报案动机，同时与接报案系统、车险理赔系统、话务平台、短信平台、天眼平台实时对接，对疑似案件自动锁定发起调查，实时传递风险信息给第一现场的查勘员，以静制动、防患未然。这些有助于筑牢公司风控防线，进一步降低综合成本；同时，先进技术的运用对社会不法分子也具有一定的震慑效果和挤出效应。

人类语音中包含的情绪及心理特征可由频率、音速、振幅、音高以及音准等物理特性展现。基于上述原理，"听风者"项目对车险案件中不同欺诈点的情绪测试分析得出结论，并对不同欺诈点的录音进行反复训练，建立反欺诈模型库，在生产环境中对实际车险报案录音进行不断训练和提升，研发了车险语音情绪识别反欺诈系统。该系统可以对报案数据进行预判。运营部门再安排语音专家对语音情绪识别系统识别后的信息进行审核并撰写具有指导性的指导意见；保险公司短信平台将指导意见实时推送给查勘和调查人员，实现第一时间现场调查减损。

"听风者"2018年1月开始陆续在太保产险分公司上线运行，截至2019年9月，已在16家机构推广，累计减损6 000余万元，挽回巨额保险损失，减少了保险消费者的分摊成本，降低了公司的赔付率，有效打击了保险欺诈行为，有力震慑了欺诈团伙。

2.2 大数据

大数据技术为保险科技领域的发展提供了强大的数据支撑。数据挖掘等大数据技术可以将非结构化数据转化为机器可识别的结构化数据，从而使生活中海量、复杂、多源的非结构化数据能够为保险科技领域的其他前沿技术提供可以分析研究的数据信息。在当前数字化时代，企业的数据资产是其重要的信息基础设施，由政府授权成立的中银保信是我国保险行业的各企业业务数据等金融基础设施的运营管理机构。大数据在我国保险业的主要应用包括险种创新和精细化定价、基于客户画像的精准营销、健康长期的客户服务管理体系以及大数据智能风控。

中国人民银行印发的《金融科技（FinTech）发展规划（2019~2021年）》明确提出，要科学规划运用大数据。该规划指出，应加强大数据战略规划和统筹部署，加快完善数据治理机制，推广数据管理能力的国家标准，明确内部数据管理职责，突破部门障碍，促进跨部门信息规范共享，形成统一数据字典，再造数据使用流程，建立健全企业级大数据平台，进一步提升数据洞察能力和基于场景的数据挖掘能力，充分释放大数据作为基础性战略资源的核心价值。打通金融业数据融合应用通道，破除不同金融业态的数据壁垒，化解信息孤岛，制定数据融合应用标准规范，发挥金融大数据的集聚和增值作用,推动形成金融业数据融合应用新格局,助推全国一体化大数据中心体系建设。在切实保障个人隐私、商业秘密与敏感数据前提下,强化金融与司法、社保、工商、税务、海关、电力、电信等行业的数据资源融合应用,加快推进服务系统互联互通,建立健全跨地区、跨部门、跨层级的数据融合应用机制,实现数据资源有机整合与深度利用。

2.2.1 大数据技术概述

大数据(Big Data),是指无法在一定时间一定范围内用常规软件工具进行捕捉、管理和处理的数据集合,是需要新处理模式才能释放更强的决策力、洞察发现力和流程优化能力的海量、高增长率和多样化的信息资产。大数据分析有别于传统的抽样分析,是对海量数据全部进行分析和处理,其特殊之处并非是庞大的数据量,而是如何对这些数据进行专业化处理,使得根据处理后的数据能够得到可以支撑决策的关键信息。

(1)大数据技术概览

"大数据"一词最早见于1980年美国著名未来学家阿尔文·托夫勒(Alvin Toffler)的《第三次浪潮》(The Third Wave)一书,其将大数据称为"第三次浪潮的华彩乐章"。20世纪90年代,科研领域首次应用"大数据"这一术语来描述超出了主存储器、本地磁盘以及甚至是远程磁盘承载能力的数据集。但直到2008年,《自然》杂志推出了名为"大数据"的封面专栏,此后,大数据才逐渐成为热门的技术名词。

大数据的特征主要有"4V":大量(Volume)、高速(Velocity)、多样(Variety)、高价值(Value)。大数据包括结构化、半结构化和非结构化数据。近年来,随着移动互联网的快速发展,非结构化数据越来越成为大数据的主要组成部分。从大数据处理的生命周期来看,大数据的技术体系大致分为采集与预处理、存储与管理、计算模式与系统、数据分析与数据挖掘、数据可视化分析以及数据隐私与安全等方面。

在大数据的技术体系中,数据分析与数据挖掘在保险业的应用较为广泛。由于现实生活中存在着大量无法直接被识别、理解的非结构化数据,人们往往需要结合数据分析与数据挖掘技术,将非结构化数据转化为可以被理解和认知的信息,再进一步做出有效预测与决策。事实上,要想从海量、杂乱、无法被直接识别和理解的数据中提取出一定规律,往往需要将数据分析和数据挖掘二者结合使用来完成。而二者的区别在于:数据分析是把数据变成信息的工具;而数据挖掘则是把信息变成认知的工具,在没有明确假设的前提下去挖掘信息、发现知识。大数据智能风控模型就是数据分析与数据挖掘在保险业的一个典型应用。

(2)大数据技术对保险业的意义

作为保险科技的重要组成部分,大数据技术是人工智能、云计算、区块链等保险科技前沿技术的数据来源和底层支撑，亦是推动保险行业发展的重要基础设施。若无大数据技术提供数据支持，其他各项技术的发展将如无源之水，陷入桎梏。因此，大数据技术对于整个保险科技领域具有重要意义。大数据技术对保险行业的意义主要包括以下两点：

第一，依托全量数据，形成精准化产品与服务。 大数据技术革新了人们对数据的使用认知，使人们直接使用全量数据进行精准化分析成为可能，而不再局限于以抽样数据推测整体规律。对全量数据而非抽样数据的分析，使大数据技术在保险公司的流程优化、产品设计、精算定价、客户服务和营销推广等诸多方面不仅可以提供更加精准的数据分析结果，而且提供了全新的视角和思路。如借助大数据丰富多维的数据特征，建立更全面清晰的客户画像。诸多保险公司已在交叉营销、客户服务等方面取得了良好效果。

第二，深入挖掘场景数据，创新险种，拓宽可保边界。 通过对更多丰富场景内数据的分析和挖掘，保险公司得以开发更多、更丰富的保险产品，如建立在对气象数据分析结果基础上的气象保险、基于可穿戴设备记录的运动数据开发的面向健康管理的医疗保险，以及建立在海量网络浏览和购物行为数据分析基础上的退货运费险等产品。

2.2.2 中银保信——行业级基础设施建设

数字经济时代，数字资产是第一资产，数字资源是第一资源，保险信息基础设施建设至关重要，其技术上的突破将会推动整个保险行业的生态升级。目前，各家险企都对数据库、数据平台等信息基础设施的建设给予了高度重视，并持续加大投入，以完成企业的科技战略转型升级。2013年，经国务院批准，保险行业专门成立了一家负责信息共享平台建设运营的公司——中国银行保险信息技术管理有限公司（简称"中银保信"），由中国银行保险监督管理委员会直接管理，注册资本20亿元，总部设在北京。目前，中银保信已经相继建成了全国新一代税延养老平台、保单登记平台、车险平台、农险平台、商业健康保险信息平台、电子化项目以及保险中介平台，搭建了车险反欺诈系统、保险公司服务评价系统和保险销售行为管理系统等，服务对象涵盖保险公司、监管机构、保险消费者和相关社会公共部门，构建了覆盖全险种、全业务流程数据的保险业信息共享格局。

车险平台：为建立车险信息共享与交互机制，支持我国交强险制度实施和车险市场科学发展而搭建的行业性公共平台。全国车险反欺诈信息系统，突破了保险公司信息壁垒，首次实现以行业共享信息为依托的反欺诈模型应用。系统上线2年来，全国经营车险的所有68家财产保险公司累计应用系统查询700余万次，有效止损2.82亿元。

农险平台：已对接所有经营政策性农险业务的保险公司，各保险公司按照基础数据规范以T+1机制上传各类农业保险的承保、理赔、收付数据。同时，农险平台与国家气象局等机构合作引进部分气象数据等，采集整理公开数据。截至2018年底，农险平台已入库有效保单共计928万件，承保农户14.8亿户次，赔案2 166万件，受益农户2.4亿户次。

保单登记平台：应用大数据思维与技术，为监管和行业提供风险监测预警等服务，同时服务国家精准扶贫、国家信用体系建设，发挥保险业参与社会治理的独特作用。目前，保单登记平台与全行业170多家保险公司实现系统对接，完成全行业个人保单业务数据的动态登记工作。截至2018年9月30日，共汇集保单超过141亿张，行业数据大集中初具规模。

健康险平台：以健康险数据为基础，实现保险、医疗、社保和税务等相关方互联互通，提供精算定价等方面的增值服务，并协助健康险在健康管理方面发挥作用以提升其在医疗保障体系中的地位。同时，平台承担个人税收优惠型健康保险业务的行业信息共享等功能建设任务，建成税优健康险统计分析系统。目前，保单登记全健康险数据已导入平台并逐步完善丰富。

税延养老平台：支持养老保险税收优惠政策落地实施，围绕"账户中心""作业平台""信息枢纽"三个核心定位开展工作，通过与税务机关、商业保险机构和商业银行等参与主体对接，为业务提供业务支撑、税收征管及稽核支持、数据统计等服务，并对消费者、保险公司及监管机构提供相关运营支持和客户服务。上线至今，该网站注册用户已超过2万人。

综上所述，中银保信建立了一种行业级数据共享的新格局，搭建了保险业与其他行业信息交互的新桥梁，改变了保险业"信息孤岛"的分散局面，汇集全险种、全业务流程数据，打造了内外联通的信息枢纽，掌握了前沿领先的技术应用能力，构建了稳定可靠的安全体系，支持保险监管工作的开展，实现了各类数据跨公司、跨地区、跨行业的共享及应用。

2.2.3 大数据在保险行业的应用图谱

目前，大数据技术在保险业的应用主要体现在保险业务全流程以及大数据生态建设（见图2-3）。

现阶段，保险公司已将大数据技术应用于保险业务全流程。保险经营的数理基础是大数法则。比如在产品设计环节，保险公司对可保风险的确定，需要以大量相似的、同质的风险标的数据作为基础；在

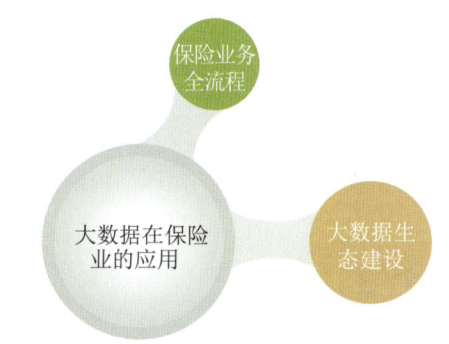

图2-3 大数据赋能保险业务全流程及大数据生态建设

数据来源：中国保险与养老金研究中心

产品定价环节，保险公司对风险的定价，依靠的是将同类风险标的以大数据技术进行测算、评估。从保险产品设计起始，到产品定价、营销、承保、理赔、风控、客户服务，乃至技术保障等各个环节都离不开大数据的支撑。因此，大数据的使用对保险业务流程产生的价值提升十分重要。

例如，泰康集团在其业务全流程应用大数据技术。泰康集团在精准定价、精准营销、差异化服务等场景下对大数据技术的应用快速落地；利用大数据赋能业务、控费、决策、风控，整合2.8亿个客户大数据，持续聚焦产品定价、健康控费、决策支持、风控合规等核心领域，助力精细化管理，降本增效。截至2019年6月30日，在各领域应用的具体数据如下：在医保支付控费方面，采集12个城市的医保数据，推广铜川控费模型；在寿险大数据方面，分析2 895万个老客户的保障缺口，促成107万个老客户加保；在智能两核方面，大数据核保286个标签，中端医疗大数据核保45万件；在大数据两核风控方面，包括全险种九大风控模型，核保风险评估86万次；在人力大数据方面，涵盖4万员工信息，八大人力数据分析模型，157万个数据报表；在财务大数据方面，涵盖6套价值地图、2 996个管理指标、515个报表以及29个分析主题；在信用大数据方面，信用系统全面推广，信用评分已在内外勤应用；在稽核大数据方面，181个风险监测模型、68个物控采购监控指标。

大数据在保险业的应用除了对保险业务价值链的赋能外，还体现在对大数据生态环境的建设。 其主要举措是搭建数据平台，与外部数据源在一定范围内形成联通，合力构建大数据生态环境。现阶段，保险业把数字资产作为最重要的资产、数据技术作为信息管理最重要的工具、数据库作为行业基础性战略资源储备。保险数据资源价值凸显并不断释放，保险业正持续夯实统一、安全的数据基础，用新技术创造新的商业价值。

例如，上海保交所在大数据生态建设方面推动建设健康险大数据平台，积极推动保险行业与医疗、健康、养老等数据信息中心互联互通。上海保交所于2017年底启动健康险大数据平台建设工作，经过两年多时间的探索，已取得阶段性建设成果，并得到市场认可。2018年10月，上海保交所与上海市卫健委正式签约合作协议，共同推进上海健康保险交易中心建设。上海保交所作为跨行业的资源整合中心，希望能够发挥其资源整合和链接作用，以打造一个健康险综合服务平台。平台将汇聚健康保险全生态链条，包括卫健部门、医保部门、医院和其他医疗机构在内的相关资源，涵盖保险、医疗健康等多个领域的数据，并以大数据应用为基础，从产品创新示范、保险产品交易、核保理赔服务、健康管理支撑等多个途径，打造大健康生态系统。

表2-2为各险企在业务全流程及大数据生态建设方面对大数据技术的应用梳理。

表 2-2　　　　　　　　　各险企在大数据生态建设方面的相关举措

中国人寿	■ 应用大数据技术搭建全面开放、线上线下一体的数字化平台，快速供给各类线上服务，通过平台连接合作伙伴共同构筑数字生态，已聚合各类服务3 000余个 ■ 积极融入外部生态，基于大数据数字化平台推出"商户宝"，由公司提供保险产品和平台，合作单位提供销售场景和客户，目前已有4 180家机构与公司开展合作，面向销售队伍智能推荐客户4 457万人次，推荐客户长险购买率达30% ■ 依托数字化支撑构建扁平化和可视化的实时交互平台，支持各级机构与一线网点之间开展全天候移动化的沟通交流、业绩追踪，将遍布全国的网点转化为公司服务前伸的数字化基地
中国平安 PINGAN	■ 基于大数据技术推出医疗健康数字化平台平安好医生，为超过2.89亿用户提供一站式健康服务平台，合作医院数超3 000家，合作药店超3.2万家，线下医疗健康服务合作网络累计覆盖中医诊所、体检中心、医疗诊所、牙科诊所和医美机构在内的医疗健康服务机构超5万家 ■ 打造覆盖诊前、诊中、诊后全流程的端到端大数据智能一体化平台，目前平安智慧城市业务中的智慧医疗团队已与20多个省市卫健委建立合作，落地中国和新加坡等国家或地区100多个城市的3 000多家医疗机构
PICC 中国人民保险	■ 推广"警保联动"，在全国342个城市设立服务点1 735个，以大数据、互联网为支撑，加强政企跨界合作，通过警保双方系统、流程连接，实现交通事故快处快赔、车驾管业务等交通管理和保险服务的一站式办理，进一步深化"放管服"改革，打造更加快捷、高效、安全的出行服务 ■ 应用大数据技术推出驾安配平台，在供应端和交付端提升车险业务的运营效率，在供应端建立探源、优选、配件认证、产品追溯等运营体系，在交付端对接数据厂商、建立数据标准，引入供应商数据、进行精准报价，开发及时报价系统和自动匹配系统，从而在理赔环节实现降赔、增效，平台应用于36个省级和362个地市级分公司，累积注册供应商2 300余家，覆盖修理厂2.6万家
太平洋保险 CPIC	■ 加快推进客户数据平台、数据分析平台、客户体验实时监测平台等统一平台建设，应用大数据技术，为洞察客户需求、挖掘客户痛点、开展精准营销和精准服务夯实基础
NCI 新华保险	■ 积极引入大数据新技术，在基于Cloudera体系的大数据基础平台上，配合业务管控实际所需，先后投入625万元左右，实现了多个大数据技术的应用项目落地，平台承载数据量已达百TB，具备亿级数据秒级响应的处理能力，应用于对营销、运营、监管等领域的支持 ■ 落实大数据在监管支持方面对保险的赋能，实现保单登记平台数据归集、融合和校验，落实监管工作要求

数据来源：各公司年报、中国保险与养老金研究中心

其中，在保险业务全流程方面，大数据的应用又具体体现在产品、营销、两核、客户服务、风控反欺诈五个维度（见图2-4）。

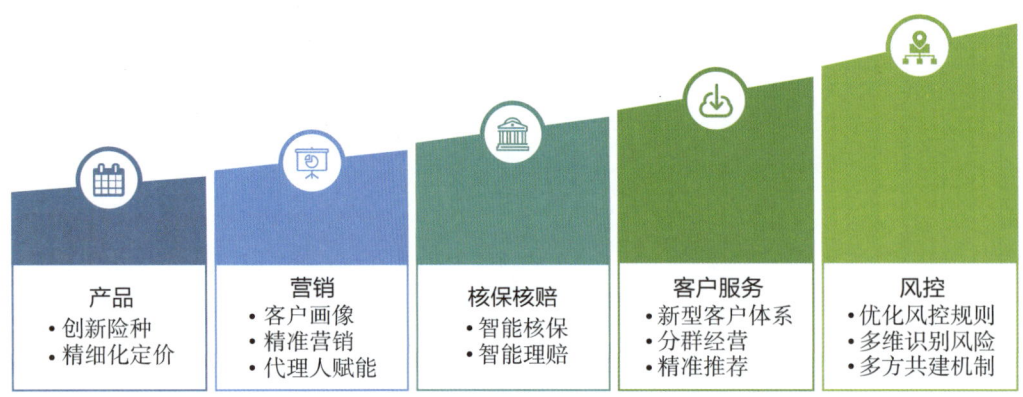

图 2-4 大数据赋能保险业务全流程

数据来源：中国保险与养老金研究中心

（1）产品——险种创新、精细化定价

大数据在产品环节的应用主要包括险种创新和精细化定价。

- **创新险种，拓宽可保边界——定制化产品开发**

大数据技术在产品设计环节的应用主要是指以互联网场景化保险为代表的创新型险种。由于大数据可以对风险进行精细化预测，更多基于不同业务场景的创新型险种得以被开发和应用，能够做到根据不同用户需求和用户情况的个体差异，实现产品的个性化定制与创新。场景化保险产品主要包括航延险、酒店退订险、退货运费险、宠物责任险等。

互联网场景化保险早期的一个典型应用是退货运费险。退货运费险是最早一款基于电商场景的保险，最初是解决买卖双方关于退货所产生的退货运费纠纷。退货运费险的购买方式是在淘宝购物的支付页面勾选"退货运费险"选项，之后如投保人发生退货行为，因退货而产生的运费中的一部分将由保险公司进行赔付。目前退货运费险产品分为针对个人C端的买家版和针对商家B端的卖家版。退货运费险属于动态个性化定价产品，需要在用户下单时，模型能实时根据用户及店铺的信息计算出保费并即时显示在用户商品的支付页面，因此它对数据维度、计算资源及算法都有着极高的要求。

退货运费险具有以下产品特征：一是交易量基数大。2017年全年，全行业退货运费险承保件数达68亿件。二是交易波动明显。2017年"双十一"期间，仅众安保险一家公司，承保就超过3亿件。三是个性化定价。退货运费险引入的建模参数多达数万，覆盖了包括用户、产品、交易记录、物流信息等诸多维度，最后匹配订单相关信息等，实现"一人一店一价"的个性化精准定价。四是动态定价，即动态实时的测算和报价。五是交易时效要求高，峰值承保能力超过3万单每秒，有效支持了"双十一"的交易承保需要。

经过近10年的发展，互联网场景下的保险产品已经从单一的退货运费险，切入至诸多碎片化的消费场景，发展为覆盖意外险、健康险、信用保证险、账户安全险、交易安全险等众多险种的产品形态。场景化的产品创新对诸多不同场景特征、不同时效要求、不同资源需求和不同运营模式产品的集中业务运营支撑，也为保险公司的业务运营带来了巨大挑战。

目前，保险公司已经开始把重心转向了多渠道获取数据上。随着外部数据的重要性与日俱增，保险公司也逐渐把它们视作一种信息反馈工具来帮助自己建立模型。公司会根据由用户外部行为数据构建立体模型探索现存的需求缺口，进而开发设计存在大量需求的创新型产品，如碎屏险。保险销售机构在获得大量用户信息后，推算出手机出现碎屏事件的概率极大，进而将信息反馈给具备产品生产能力的保险公司，用以定制"碎屏险"。

不少保险公司利用大数据技术在场景化保险产品的创新方面做出了一定成果。例如，阳光保险推出的多款互联网创新产品和基于大数据的定价产品都实现了场景突破，包括基于运动步数的健康险产品"悦动保"、基于外部医疗数据及其研发的住院风险预测模型的医疗险产品"万元保"以及基于行驶里程的车险产品"里程保"。

- 细分风险，优化定价模型——个性化产品定价

保险定价能力是保险公司的核心竞争力，大数据技术会不断强化保险定价科技能力，并将在保险定价法则中发挥着无可替代的作用。

在定价法则上，大数据技术能够通过分析全量数据实现更准确的产品定价。传统保险产品开发和定价，主要依赖于大数法则，受数据处理能力的限制，往往采用抽样的方式进行数据选取和测算。在数据类型庞杂、数据维度众多、数据样本差异巨大的环境下，往往无法满足保险产品精准定价和快速开发的需求。借助于云计算和大数据等技术，产品开发人员实现了对全量数据样本的数据分析，从而根据完整的数据表现，进行更全面的风险评估，开发出更符合市场需要的保险产品及更合适的保险费率。例如在UBI车险中，车联网保险公司能够实时采集车辆位置及车辆运行情况数据，以更全面的全量数据代替传统的抽样数据进行分析，可以更好地应用于车险定价。

在具体定价方法上，保险公司通过收集客户的个人行为数据并对其进行大数据建模分析，以实现对产品的精细化定价。保险公司通过收集不同投保主体的海量外部数据，包括客户个人的公共数据情况、信息体系、社交网络、健康数据、性格等信息，形成以客户为中心的"客户个人画像"，并对这些数据进行大数据建模分析，进而形成对不同投保主体风险的细分以及精细化预测，最终实现对产品的精细化定价。例如在寿险和健康险定价中，保险公司利用可穿戴设备实时监控人体健康情况（运动量、睡眠、心跳等），以不同投保主体差异化的个人健康数据，弥补生命表对于洞察细分群体的人体健康及生死概率的能力的不足。通过分析这些数据，对投保者按照生活习惯进行分类，进行区别定价与动态定价。

保险公司在利用大数据技术对产品进行精细化定价方面，已经形成了一些应用成果。例如太平保险应用大数据技术大幅提高了保险行业的数据分析能力，基于对个体风险的精细化评估而采取的对产品的差异化定价方式已逐步成为行业发展的新方向。太平人寿计划推出一款优选定期寿险产品，能够根据客户健康状况细分四个费率等级，真正实现产品费率与保障风险的精准匹配。泰康集团基于大数据技术获取的健康数据，推进智能定价模型的研发，综合海量数据，结合机器学习算法，搭建精准的定价模型，实现团险大数据自动化报价。智能定价模型基于泰康养老业务数据，运用机器学习方法，为泰康的企业客户制定个性化团险生命表，涉及五大类18个险种。截至目前，为9 783个企业客户提供智能定价，真正实现了"千企千价"。

（2）营销——精准营销

大数据营销环节的应用主要包括客户画像、精准营销，以及代理人团队管理和代理人营销的科技赋能。

- **立体化客户画像**

客户画像对精准营销具有很强的辅助作用。运用大数据对客户的行为数据进行分析，建立用户精准画像，进而通过"定向推销"与"定向服务"实现精准营销。

第一步，基于行为数据构建"立体化客户画像"。基于客户的海量行为数据，通过对其进行大数据建模分析，以区别客户的需求特征，对客户进行分群，进而针对不同需求特征的客户群体设计差异化的保险产品与服务，实现精准营销。客户的行为数据包括客户的身份信息、生理自然信息、社会关系信息、特征偏好信息、业务活动信息等。保险公司通过利用大数据技术对其进行处理分析与大数据建模，可以建立客户标签，从而构成覆盖客户衣食住行的"立体化客户画像"，帮助保险公司更快速、深入地了解客户真实的具体需求。

第二步，基于客户画像进行"定向推销"与"定向服务"。传统保险营销模式以市场为导向、以产品为核心的单一营销方式，往往会忽视客户的实际需求。由于代理人业绩直接与保费收入挂钩，代理人通常只重视保费数额，影响客户对保险产品的满意度。而大数据时代的保险营销模式可以基于客户画像建立大数据模型，通过应用数据挖掘技术对不同年龄、性别、购买力、教育背景和财务状况背景下的人群进行细分，针对不同投保群体进行"定向推销"与"定向服务"，进而实现对保险产品有针对性的宣传和推广，避免无目的营销，提升产品营销效率。

保险公司通过利用大数据技术建立"立体化客户画像"，能够实现对保险产品的精准营销。基于"立体化客户画像"的大数据营销模式将推动保险行业销售模式的变革，是保险营销的未来发展趋势。目前行业内已经对此有所应用。例如，大地保险通过上线客户画像平台，360度刻画用户特征，包含三大类维度、200多项标签，形成个人客户的精准数字画像，为保险公司实现个性化推荐、精准营销、精准服务保驾护航（见图2-5）。

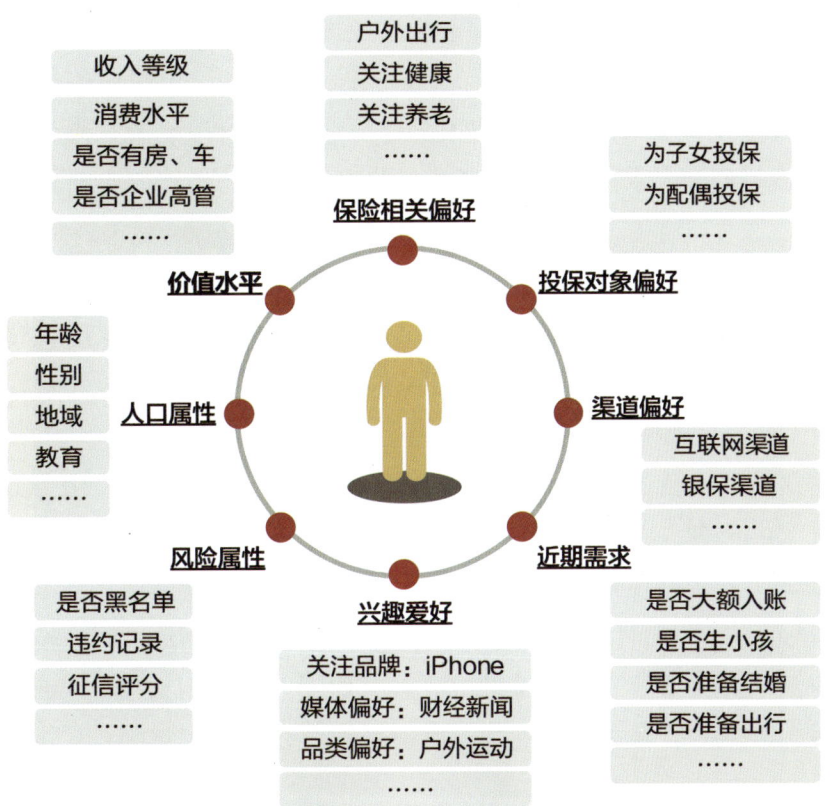

图 2-5 大数据在保险营销中的应用——客户画像

数据来源：中国银行保险报、中关村互联网金融研究院、中国保险与养老金研究中心

- **精准营销**

通过收集用户行为数据而建立的用户标签以及对其他用户海量数据信息的收集，可以取代低效的传统地推营销模式，实现对用户高效率的精准营销。精准营销包括对客户的精准触达以及多险种交叉销售。

在客户精准触达方面，根据客户的消费习惯及各渠道的特点配置相应的销售渠道，精准地选择营销渠道来触达这些客户。基于外部数据建立预测模型，推出个性化营销手段，把让客户"最可能动心"的产品展现在客户面前。根据客户健康、财务、信用等状况作出更合理的分析，从而提升营销效率和效益。

例如，"微保"通过基于海量数据分析的产品严选模式实现精准营销，做到每个险种只严选出2~3个产品，选择的标准则是基于海量用户调研数据，以精准匹配用户需求、简化条款、加大保障范围、增强理赔跟进服务。如"药神保"癌症特药保障，以1元加入的低门槛，打通了险企、药企，直接保障用户抗癌用药的需求。在健康险上，向特别有风险意识的用户精准推荐产品，既减少了保险公司的成本，同时也减少了对用户的骚扰信息。

在多险种交叉销售方面，与客户接触频率低发、关系薄弱是保险公司面临的一大挑战。保险产品低频交易的属性导致传统保险公司与客户的接触次数平均每年仅有

1~2次。比如人身险等长期性保单往往在到期或理赔时才会和客户打交道，而车险等短期险产品在不出险的情况下也很难有与客户接触的机会。对不同险种的交叉销售能够很好地缓解这一问题，助力保险销售人员提升与客户的触达频次，增强客户黏性。

例如，大地保险针对车险用户进行非车险交叉销售。大地保险通过大数据建模，精准洞察客户需求。对于存量车险客户，在不清楚其非车保险需求的情况下，通过交叉销售模型精准识别客户需求，进而由业务员向识别出的健康险高需求客户重点推荐相关健康险产品，向个贷险的高需求客户就个贷险进行短信营销。模型应用后，大地保险的销售成功率提升60%，短信回复率提升20%。

- 代理人营销赋能——代理人团队管理、智能营销辅助

大数据在代理人营销领域的一个主要应用是代理人团队管理。长久以来，传统险企在其庞大的代理人团队管理方面一直面临着团队管理难、人员流失率高的经营困境。数据表明，寿险代理人1年留存率不足50%，个别险企首年流失率甚至高达80%。代理人的高流动特性，大大增加了保险公司的管理和招聘成本，还直接影响长期性保险产品的客户体验和关系维护。此外，代理人团队的高流动特性还容易导致代理人素质参差不齐，带来销售误导、内部欺诈等代理人道德风险，对保险公司业务的持续性也带来了很大的潜在危害。

大数据技术的应用可以很好地解决代理人团队高流动、低留存的问题。通过大数据对海量代理人相关数据的获取，对代理人进行基于个体数据的针对性管理。基于代理人的个人信息及销售数据等代理人海量数据，对代理人进行甄选、面试、培训，并对代理人团队进行线上化团队管理，提高代理人队伍的素质以及留存率，降低重新增员的成本，对保险公司的营销效能提升有很大助力。

此外，大数据在代理人营销领域的应用还包括智能营销辅助。保险公司通过为代理人提供基于大数据技术的手机APP等代理人销售工具，为代理人的营销行为进行赋能，提升代理人移动展业能力以及营销效率。

表2-3为各险企在代理人营销赋能方面对大数据的具体应用。

表2-3　　各险企在代理人营销赋能方面应用大数据的相关举措

中国人寿	■ 运用大数据等技术，推出帮助销售队伍优化升级、实现高效自主展业及团队实时管理的数字化应用，助力销售模式转型升级 ■ 推出基于大数据的自主展业APP，帮助销售人员分析客户数据，面向销售队伍智能推荐客户4 457万人次，推荐客户长险购买率达30% ■ 推出职场线上运作等基于大数据技术的数字化队伍管理工具，应用于百万销售人员，建立线上职场3.8万个，线上团队9.4万个 ■ 通过营销员大数据社交名片，结合活动主题清晰展示营销员的服务年限、服务记录、累计保障额度、服务品质等，以便客户全方位了解营销员，强化信任与互动

续表

公司	内容
PICC 中国人民保险	■ 推广基于大数据的代理人销售工具"人保e通"销售APP，帮助用户移动出单，上半年新增用户20万人，出单保费66.7亿元
太平洋保险 CPIC	■ 赋能营销员队伍，通过基于大数据的智能移动终端"科技个险"APP，可以实现客户经营支持、客户理赔协助、线上专业培训、实时业绩查询、团队活动管控等多项功能，平均月活跃用户数量已达到64万
中国太平 CHINA TAIPING	■ 围绕营销队伍的增员、销售、管理等经营管理活动方面，太平人寿的"易行销"APP通过对大数据、混合APP架构等技术的应用，让销售人员从获客、需求分析、活动管理，到培训、出单、收付等各个环节，都能够实现数字化、移动化、工具化、智能化，优化展业效率和客户体验
中国大地保险	■ 应用大数据技术提供智能化销售支持，推进客户深入挖潜和全方位保险服务，进而提升销售队伍的客户服务能力和销售能力 ■ 通过8类能力维度对销售人员开展测评和定位，利用大数据实现线上化精细管理，对销售人员进行针对性培训和能力培育，结合客户画像和分群，打造1+N产品精准推送体系，实现差异化精准营销

数据来源：各公司年报、中国保险与养老金研究中心

（3）客户服务环节

客户服务质量是保险公司的立身之本。对客户而言，购买保险不仅是风险投资，更是为自己和家人购买一份关怀与保障。如何将保险从产品升级为服务，帮助客户抵御风险、在风险来临时提供及时安心的保障，继而将保险公司与客户的联系变得更加高频、紧密，将直接影响公司核心竞争力。良好的客户关系能创造更多价值和利润，如多险种交叉销售、增值服务销售、续保率提升等；而薄弱的客户关系不仅会影响客户价值贡献，还可能引发客户满意度低、产生投诉等负面影响。

过去，保险公司客户服务的传统形态是立足于公司自身资源的一种共性服务，不同客户之间享受到的客户服务基本相同。现阶段，保险服务的"个人定制"已是大势所趋。借助于大数据技术对客户精准分类，保险公司能够为客户提供差异化、个性化的客户管理服务，从而提升客户体验和满意度。

大数据在客户服务方面的具体应用主要体现为对客户的分群经营及基于移动APP的新型客户体系的构建。保险公司通过对客户的分群经营，实现对不同群体客户千人千面的精准推荐，高效触达具有不同需求特征的客户。此外，通过手机APP等新型客户体系，增加客户的使用时长，使保险公司有充足的数据支持对客户的知识图谱构建、健康状况管理分析等，从短期售前咨询向长期客户管理转变，形成一种高效健康的发展模式。例如，中国平安在客户经营方面推出了"金管家"APP。"金管家"APP全新改版后，可以实现千人千面推荐和分群经营。截至2018年12月末，累计注册用户数达1.84亿，月均活跃用户数超2600万。大地保险推出了星级权益体系及VIP管家体系。大地保险基于大数据分析建立了新型客户体系，对个人客户和团

体客户分别采用星级权益体系及VIP管家体系，覆盖七大类增值服务类型，包含直升机救援、高铁贵宾厅权益、重疾绿色通道等30多项增值服务，有效加强了客户互动，提升了客户黏性。大地保险的新型客户体系建立以来，实现超过72%的核心优质享权客户占比，230多项线上化服务，100多次月均线上化活动/推文，以及29%以上的月均活跃率。

（4）风控反欺诈——大数据风险解决方案

- 核保及核赔环节

核保包含于保险承保环节，是保险风控中最重要的环节之一。传统核保流程复杂、审核材料多，但仍难以对风险进行精准量化的评估。而将大数据技术应用于核保全流程，可以实现更快速且有效的核保，帮助保险公司降低风险、提升绩效。如通过数据挖掘技术对投保材料等非结构化信息转化为机器可识别的、具有明确语义的信息，提升信息采集效率；通过大数据建模，自动识别高风险客户与异常指标，为核保提供辅助。

大数据风控在核保环节的应用主要包括在健康险领域通过医疗险数据平台中的海量医疗数据进行疾病预测，以及在非车险领域利用大数据及遥感技术进行农险灾害定损。

大数据在核保环节的应用主要包括以下几个举措：**一是建立预测模型**。结合保险公司内外部数据信息，对客户进行早期异常值检验，通过及时发现并采取措施，降低索赔率。**二是建立信息共享平台**。将保险公司、银行、公安、医院等部门或机构的信息对接，建立诸如"高风险客户""高风险从业人员""特殊名单"等数据库，及时发现和识别高风险，提高信息的传递效率。我国于2016年1月建立了首个信息共享平台——人身险核保理赔风险筛查平台。**三是将保险公司的各个部门、第三方平台、网络和通讯运营商等平台整合起来，构建一个基于大数据的反欺诈网络**。保险公司可以通过反欺诈网络对客户的信用水平进行划分，拒绝承保那些可能做出欺诈行为的客户。排除重复保险，避免高额投保所导致的故意造成保险标损失的情形。

核赔包含于保险理赔环节之内，也是保险风控中最重要的环节之一。大数据风控在核赔环节的应用包括加强行业合作、建立反欺诈数据库。例如，构建汽车修理机构的车后生态圈，加强与修理行业的合作，获取关于每辆汽车的维修、保养情况的数据，以避免客户从保险中不当得利，防止保险欺诈。

大数据技术在保险核赔环节的应用包括"金融壹账通"推出的车险理赔平台"智能闪赔"。"智能闪赔"，通过全国九大采集点，对平安30年历史数据的采集与整理，形成了包括5个车物定损数据库、12个人伤定损数据库，9类反渗漏模型/规则，14+个反欺诈模型/规则，以及黑名单数据库在内的千万级车理赔标准数据与模型库（见图2-6）。以车物定损数据库为例，包括涵盖品牌、厂家、车系、车组、车型的车型库，涵盖标准配件编码、配件属性、配件价格的配件库，以及涵盖不同维修厂、

4S店的工时方案与价格库，可实现一厂一价，使定损环节风险管控更加精准。在底层标准数据库搭建的基础上，"金融壹账通"通过进一步加工并提炼属性逻辑数据及因子数据，并通过业务规则输入与自动机器学习，搭建了车型配置、配件价格、工时价格、维修逻辑、损失逻辑五大风险管控引擎，配合理赔系统实现了对于车损赔付的智能化审核与管控。

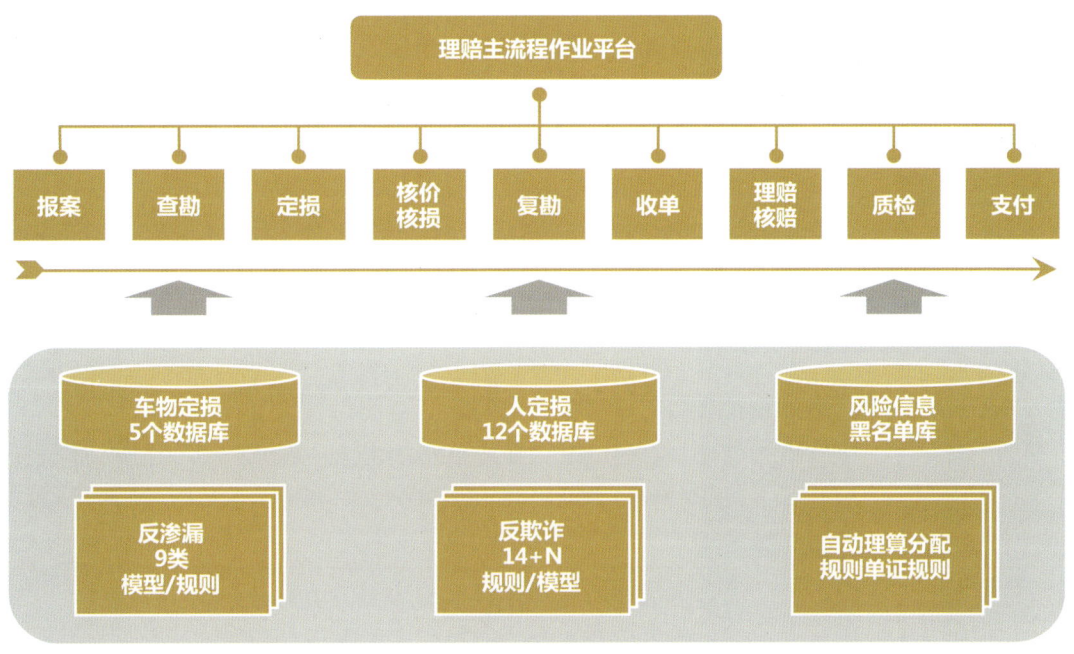

图 2-6 "金融壹账通"车理赔全平台

数据来源："金融壹账通"、中国保险学会、中国保险与养老金研究中心

表 2-4 为各险企在核保核赔环节对大数据技术的具体应用。

表 2-4	各险企在核保核赔环节应用大数据技术的相关举措
中国平安 PINGAN	■ 车险"信任赔"针对安全驾驶行为良好的车主推出，运用自主研发的基于大数据的精准客户画像技术，开创性地实现后台零人工作业模式，案均赔付完成时间缩短至168秒
PICC 中国人民保险	■ 车险"芯定损"工具依托人保积累的逾十亿事故照片的大数据资源、亿万级理赔案件以及亿万级定损清单，应用大数据挖掘、深度学习等技术，通过图像外观定损、OBD系统诊断、历史数据验证、维修精准定价四个步骤，实现乘用车全车型各种事故类型的定损，至今处理赔案已超过50万件
太平洋保险 CPIC	■ "太慧赔"医疗数据交互项目以大数据为驱动，搭建智能医疗平台，通过与医院、社保、第三方等平台的对接，实现对客户诊疗数据的实时获取和结构化采集，打造理赔免实物资料、免拍扫、免等待的快赔服务新模式，目前已覆盖925家医院
NCI 新华保险	■ 新华保险基于大数据技术建立医疗险理赔反欺诈评分模型，有效拦截高风险案件，节省人力投入；建立核保前的客户风险模型，提前识别风险客户，降低承保风险；搭建知识图谱图数据库，精准打击团伙理赔欺诈

续表

泰康	■ 智能核保系统应用大数据技术，在行业内率先实现体检报告全量结构化、核保结论可解释性预测，实现了96种重大疾病的健康风险预测和核保结论预测
中国太平	■ 太平人寿基于大数据技术在理赔上开通直赔服务，目前已经开通500家以上的医院，通过与医院数据直连或通过第三方对接医疗数据、财务数据、风险欺诈数据、行为数据等，实现从报案、材料递交、调查、审核等多个环节提升时效、提高准确性，以及降低费用成本
中国大地保险	■ 大地保险基于大数据技术在理赔环节构建数据模型，实现反欺诈效果，主要包括： （1）神经网络反欺诈系统，能够做到查勘、定损、理算节点交互，对高风险规则及模型高评分案件进行风险提醒，触发率9.85%，注销/拒赔/零结命中率5.84%； （2）社交网络反欺诈模型，通过SNA社交网络技术，绘制车、人、案件关系网络，识别团伙欺诈风险
wesure微保	■ 微保推出直赔、闪赔、快赔三种理赔方式，打通了电子社保卡、医院系统和微信支付的三方大数据，在出现频率相对较高的门诊险两个产品中实现实时自动理赔，全程无需用户提供任何材料，无需任何申请动作，赔款实时到账 ■ 微保提供智能核保服务，依据保险业及医疗疾病累积近十年大数据，构建知识图谱，用户最多只需要回答3个问题就能得到核保结果，在后台大数据的支持下，可在1分钟之内完成核保流程，已协助120万用户进行核保

数据来源：各公司年报、中国保险与养老金研究中心

- **大数据智能风控**

2018年以来，随着保险科技与保险行业的深度融合，保险行业开始进入"智能风控阶段"，深度应用人工智能、大数据、区块链和物联网等技术，实现智能预警和多维核验。大数据智能风控的核心是基于智能算法，运用合适技术，以"电脑"协助"人脑"自动进行一系列风险管控操作，从而准确快速、全面有效地实施各业务环节的风险识别、风险评估、风险预警和风险处理等。

大数据风控具有数据来源广、类型多样化、时效性强、算法多样化的特征。数据来源广，指的是所采用的数据来源于社会行为、人际交往等各个方面。类型多样化，指的是数据信息有文字、数字、图片与视频等各种类型。时效性强，指的是所搜集的信息是用户的最新信息，应用价值强。算法多样化，指的是分析角度多样，分析方法多种。

客户行为数据成为大数据风控的数据来源，客户行为数据丰富了大数据建模的维度。大数据风控技术能够实现实时输入和实时计算，打破了传统风险模型评估滞后性的局限，引入大数据风险管理更为及时、有效，能够更好地应对互联网背景下日益复杂的金融风险，提高风险识别能力，有效控制风险。大数据风控重视多维度数据的采集能力，丰富不同颗粒度的小微数据，通过整合和打通各类型数据之间的关联性，使模型更加接近客户真实的风险水平。

从业务流程上看，大数据风控的应用主要体现在投保前的风险排查、承保中的风险管控以及理赔时的风险识别和反欺诈。在投保环节，可以利用大数据搭建风险评估模型，筛查高风险客户，对保险公司产生负价值的客户，采用拒保或者提高保费的方式区别对待。在承保运营环节，相比传统风控，大数据风控更加注重对保险客户的动态跟踪反馈，定期对承保中客户信息进行维护，更新客户风险指数。此外，在加强客户信息安全管理、保护消费者隐私方面，保险公司需要借助大数据和人工智能等先进技术的支持，例如通过设备指纹、IP画像、机器行为识别等专业工具加以防范。在理赔环节，大数据风控首先通过构建模型的方式筛查出疑似欺诈的高风险案件，然后再人工介入进行重点审核和调查，减少人工现场查勘误差，提高查勘效率。

从险种上看，大数据风控的典型应用包括互联网场景下的健康险、意外险的风控反欺诈，以及车险的风险定价及反欺诈。近年来，互联网场景下的健康险、意外险热销，这些险种不仅保费少，保障范围全面，而且投保手续也较为简单，很多产品是免体检的，只需要填写投保人基本信息即可完成投保。在这些业务中，很容易出现投保人因不诚实隐瞒病情，或者造假家庭收入的情况，发生逆向选择风险及欺诈风险。保险公司利用大数据分析技术，从多维度筛查客户不良信息，及时发现高风险投保客户，避免欺诈行为的发生。车险方面，主要应用于车险定价和车险反欺诈两方面。大数据风控在车险定价上增加从车、从人、从驾驶行为、从位置轨迹的定价因子，进行更加精准的定价。为避免车险欺诈行为，保险公司在理赔端利用复杂的网络技术进行理赔反作弊分析，以减少欺诈案件的发生。此外，在非车险方面，借助于遥感技术，对自然灾害及农作物的情况进行灾害风险识别及预警，也是大数据风控在保险业的一大应用。

表2-5为各险企在风控反欺诈领域对大数据技术的具体应用。

表 2-5	各险企在大数据智能风控方面的相关举措
中国平安 PINGAN	■ 智能车定损产品应用大数据技术，帮助客户实现赔付成本下降，配件价格覆盖率及工时数据覆盖率从不足40%到大于80%；同时，建立风控手段，引入平安"15+"类模型，实现减损率提升38%，欺诈触发率降低22% ■ 智能保险涵盖个人和车辆欺诈风险、企业及高管风险查询，基于大数据技术，通过输出分数+标签模式，帮助保险公司进行风险核查 ■ 平安产险基于大数据打造KYR企业风险管家项目，通过"风控+保险"的创新模式为客户提供多元化风险管理服务，已为10 519家企业客户和重点工程项目提供防灾防损服务，发送灾害预警短信37万条
PICC 中国人民保险	■ 智能风控系统通过大数据分析，找寻现有风险数据规律，实现风险精准识别与防范，风险定期排查与整改，目前系统已集成车险、农险、理赔、普惠金融等九大重点领域44个风险点，推动风险防控常态化、规范化

续表

公司	内容
新华保险 NCI	■ 大数据助力牢筑"风险防火墙",主要通过风险模型、风险评分、反欺诈模型来实现 ■ 大数据防范逆选择风险,在核保、理赔环节采用与客户的人机交互,与内外部信息进行获取,对既往病史、生存、信用、行为等风险因素判定,降低逆选择、恶意投保风险控制 ■ 大数据防范反欺诈风险,运用大数据构建反欺诈模型,有效评估业务欺诈过程中的风险;同时,结合第三方数据及服务,搭建用户分层分级体系,降低骗保率 ■ 大数据监测可疑业务,通过风控模型的建立、各类业务数据深层特征加工的提取,提高公司在内部经营管理过程中对业务、财务风险的防范与审计能力
泰康在线 TK.CN	■ 构建反欺诈平台,针对大数据甄别欺诈骗保行为,并基于欺诈风险判断结果进行核查资源的配置
国华人寿 GUOHUA LIFE	■ 大数据智能风控系统将大数据应用到互联网风险管理和反欺诈领域,精准识别欺诈风险,阻挡"羊毛党"占有真实客户的资源和利益
阳光保险集团 Sunshine Insurance Group	■ 寿险天网计划建立基于大数据的事前核保、事后理赔、续期缴费等风险监控,建设14类风险监控预警,有效识别高风险客户 ■ 信保利用大数据社交关系图谱实现贷前、贷中、贷后的欺诈团伙侦测,对挽回经济损失发挥了重要作用 ■ 产险理赔应用大数据技术推出智能车险反欺诈风控体系,覆盖个案风险、关联风险和全局风险,红色案件反欺诈准确率提升2倍以上
中国银保信 CBIT	■ 中银保信利用大数据技术推进在线化监测,例如基于车险平台实时交易数据建立关键费率监测指标,在线监控每一家支公司的车险费率执行情况 ■ 中银保信应用大数据开展高风险筛查预警,通过定期的数据监测与分析,筛查出高风险业务,并向监管部门发出预警,例如开展人身险满期给付与退保风险监测和预警,开展车险费率、手续费监测,辅助监管部门防范和预警风险 ■ 中银保信提供风险识别与反欺诈服务,利用大数据构建风险模型和反欺诈模型,结合内外部数据,识别风险并向行业共享,提供意健险精准评价服务,推动提升自主定价能力,深化车险高风险信息推送服务;同时,推广自动化地块信息采集工具,实现标的信息"前端一次采集、行业共享应用",有效解决农险标的管理难的行业痛点,防范虚假投保风险
上海保交所 SNIE	■ 应用大数据技术建立保险交易反欺诈平台,与权威数据源"总对总"对接,为行业提高5项行业外信息查询服务,提升行业风险防控水平

数据来源:各公司年报、中国保险与养老金研究中心

2.3 云计算

云计算是保险公司的重要基础设施,为保险公司的科技变革提供了重要的基础资源支撑。云计算能够帮助保险公司及时应对灵活部署需求,以解决传统IT技术方案投入成本高、运维工作量大的问题,可以提供强大的算力支持以应对海量、高并发的峰值处理需求和算力需求,还能够实现精准智能的业务运营。通过云计算海量、高并发的数据处理能力,

保险机构可以在产品定价、承保理赔、数据基础设施建设等多个业务维度实现运营效率的提升，赋能保险业务价值链。近年来，为促进企业的科技变革和实现信息服务的全面云化，我国大型险企大力投入资金自主建设私有云平台，目前已初见成效。

中国人民银行印发的《金融科技（FinTech）发展规划（2019~2021年）》明确提出，要合理布局云计算。应统筹规划云计算在金融领域的应用，引导金融机构探索与互联网交易特征相适应、与金融信息安全要求相匹配的云计算解决方案，搭建安全可控的金融行业云服务平台，构建集中式与分布式协调发展的信息基础设施架构，力争云计算服务能力达到国际先进水平。加快云计算金融应用规范落地实施，充分发挥云计算在资源整合、弹性伸缩等方面的优势，探索利用分布式计算、分布式存储等技术实现根据业务需求自动配置资源、快速部署应用，更好地适应互联网渠道交易瞬时高并发、多频次、大流量的新型金融业务特征，提升金融服务质量。强化云计算安全技术研究与应用，加强服务外包风险管控，防范云计算环境下的金融风险，确保金融领域云服务安全可控。

2.3.1 云计算在保险业的技术概述

云计算是一种能够通过网络以便捷的、按需付费的方式获取计算资源（包括网络、服务器、存储、应用和服务等）并提高其可用性的模式。这些资源来自一个共享的、可配置的资源池，并能够以最省力和无人干预的方式获取和释放。在当前金融科技"重构"保险业态的阶段，云计算对保险行业具有重要意义。云计算是保险机构的重要基础设施，为保险机构的科技变革提供了重要的基础资源支撑。当前，全球云计算市场仍处于发展初期，关键技术不断完善成熟，产品不断创新，服务能力持续升级，产业生态逐渐成形。未来，随着云计算技术的进一步发展，并与诸多新技术、新应用和新场景融合，将进一步推动全球经济结构调整和产业革新，创造更多价值。

（1）云计算技术概述

- 云计算的三种服务模式分别是软件即服务、平台即服务、基础设施即服务（见图2-7）。

  ❖ 软件即服务（Software-as-a-Service，SaaS）。SaaS提供给客户的服务是服务供应商运行在云计算基础设施上的应用程序，用户可以在各种设备上通过客户端界面（如浏览器等）访问。消费者不需要管理或控制任何云计算基础设施，包括网络、服务器、操作系统、存储等。SaaS能够直接获取具体的业务应用，例如保险理赔系统、展业出单系统等，是保险科技公司在云计算领域的主要切入点，也是目前更容易向行业内进行技术输出的部分。

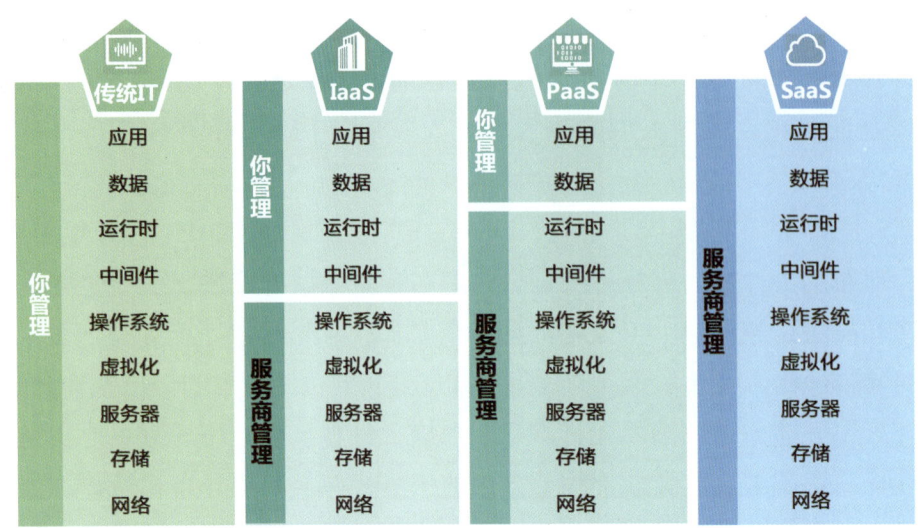

图 2-7　云计算的三种服务模式 SaaS、PaaS、IaaS 与传统 IT 的区别

数据来源：毕马威、众安保险、中国保险与养老金研究中心

❖ 平台即服务（Platform-as-a-Service，PaaS）。PaaS 提供给客户的服务是把客户所采用的开发语言和工具（例如 Java、Python、.Net 等）所开发的或收购的应用程序部署到服务供应商的云计算基础设施上去。客户不需要管理或控制底层的云计算基础设施，包括网络、服务器、操作系统、存储等，但客户能控制部署的应用程序，也可能控制运行应用程序的托管环节配置等。PaaS 是在基础设施之上提供平台级的服务，能够使得保险企业开发人员更加专注于业务逻辑，无须关注底层资源和系统的维护。

❖ 基础设施即服务（Infrastructure-as-a-Service，IaaS）。IaaS 提供给客户的服务是对所有计算基础设施的利用，包括处理 CPU、内存、存储、网络和其他基本的计算资源，用户能够部署和运行任意软件，包括操作系统和应用程序。消费者不管理或控制任何云计算基础设施，但能控制操作系统的选择、存储空间、部署的应用，也有可能获得有限制的网络组件（例如路由器、防火墙、负载均衡器等）的控制权限等。IaaS 能够对硬件资源进行快速且动态的调配，以满足业务扩展需求。根据 IDC 的数据，保险业 2018 年 IT 硬件投入为 161.4 亿元。整体而言，当前中国保险业的信息化水平仍处于低位，随着保险信息化进程的加快，公有云 IaaS 的价值会逐步体现。

• 云计算的四种部署方式分别是公有云、私有云、社区云、混合云。

❖ 公有云通常是由第三方提供商提供，成本低，扩展性非常好，但存在保密数据的安全性、网络性能和匹配性问题。

❖ 私有云一般仅面向特选用户，所有者拥有完整的基础设施，并可以控制在此基础设施上部署应用的方式，因而能获得对数据、安全性和服务质量的最有效控制，但投入和运营成本较高。

❖ 社区云是介于公有云、私有云之间的一种形式，具有区域型和行业性，具有资源的高效共享以及社区内成员的高度参与性等特征。社区云通常比公有云贵，但隐私性、安全性及政策遵从度都比公有云高。

❖ 混合云融合了公有云和私有云，二者相互独立，但在混合云的内部又相互结合，可以发挥出所混合的多种云计算模型各自的优势，达到既省钱又安全的目的，是近年来云计算的主要模式和发展方向。

- **云计算的五大关键特征分别为动态池化资源、按需自助服务、泛在网络访问、快速可伸缩性、服务可计量性。**供应商的计算资源被整合为一个动态资源池，以共享资源池方式统一管理，通过租户模式服务所有客户，利用虚拟化技术，将资源分享给不同用户。资源的放置、管理与分配策略对用户透明，不同的物理和虚拟资源可根据客户需求动态分配。客户可以按需方便地获取获得计算资源，借助于各类不同客户端随时随地通过标准应用获取服务。可租用的资源是无限的，可在任何时间以任何可量化方式购买。系统以针对不同服务需求来计量资源使用和定价，并以此为基础实现资源的管控能力提升和资源使用优化。资源的使用可被监测、控制，以及通过报表等形式实现对服务供应商和客户的透明化。

（2）云计算赋能保险业务价值链

- **云计算技术对保险业的意义**

近年来，保险行业与云计算的结合正在逐步加深，众多保险机构积极部署企业上云实践。在当前金融科技"重构"保险业态的阶段，发展云计算是保险公司实现数字化转型及科技驱动的第一步，云计算对保险行业具有重要意义。

第一，云计算是保险公司的重要基础设施，它使得保险公司对IT基础设施的共享成为可能。不同于传统的机房等IT基础设施自建、自用的模式，云计算的SaaS等按需付费使用的模式可以实现对保险公司IT基础设施的共享，进而使得计算资源像供水和电力一样开始向公共服务产品形态发展。

第二，云计算能够帮助险企及时应对灵活部署需求，解决传统IT技术方案投入成本高、运维工作量大的问题。保险业正走在创新化的道路上，面对越来越灵活多变的市场需求，云计算能够帮助险企实现业务快速上下线以及产品的更新迭代。保险公司利用云计算技术能够科学、高效地整合险企内部的IT资源，提升内部IT资源的利用率和管理水平，以降低IT系统的建设成本和运维成本，有效解决传统IT技术方案面临的投入成本高、运维工作量大、资源配置不灵活以及数据安全无法保障等问题。

第三，云计算可以提供强大的算力支持，以应对海量、高并发的峰值处理需求和算力需求。互联网渠道带来了高并发、高峰值流量。互联网保险的兴起导致保单数量激增，2019年中国互联网保险新增保单数量约400亿单，给保险行业带来了高并发的流量。同时，险企接入互联网渠道开展营销活动也对其峰值处理能力提出了更高要求。在此情况下，传统保险IT系统已经难以招架，保险公司需要借助于云计算提供的强大算力支持突发性、高运算量的业务场景。

第四，云计算能够实现精准智能的业务运营。保险公司需要依托云计算以更好地实现对资源的动态分布和调配，通过云计算对散落在各个数据终端的各类数据资源进行整合，从而在产品开发、风险定价、客户营销、承保理赔等多个环节实现更加精准智能的业务运营。

- **云计算赋能保险业务流程**

云计算在保险行业的主要应用是保险核心业务系统，因此，云计算对保险业务环节的赋能，即是保险核心业务系统等云平台对保险公司业务流程的赋能。通过云计算海量、高并发的数据处理能力，保险机构可以在产品定价、承保理赔、数据基础设施建设等多个业务维度实现运营效率的提升，赋能保险业务价值链。

在产品设计与定价上，云计算可以缩短产品上线周期，提高生产效率，实现产品快速发布、快速迭代。基于大数据和云计算，实现保险产品定价的动态化、差异化与精确化。通过云计算技术的强大计算能力和大数据技术提供的海量数据支持，按需提取和分析用户与交易数据，实时计算，提供更精准的风险管控方案和定价模型，评估和防控风险，打破传统保险产品定价模式，推动保险精算水平和精算效率的提升。

在承保理赔上，云计算具有高并发的海量数据处理能力。依托大数据和云计算，保险机构能够建立具备数据挖掘、处理、存储的核心业务系统，以提高运营效率和服务针对性。云计算具有弹性计算性能，其弹性扩展的资源用量能够在高峰期为客户的业务保驾护航。同时，依托云平台和云计算能力，在保险公司内部能有效提高信息的实时交互性，可以构建标准化工作流程，加快保险的审核、理赔环节的速度。

在基础设施建设上，云计算的应用能承载快速增长的海量产品及用户数据，实现业务流程的线上化承载。云计算能够帮助保险公司解决IT技术投入问题。云计算以其灵活的基础架构，降低自建底层设施的成本，并提供快速部署支持，以低成本快速实现系统及应用平台的优化升级。云计算正加速成为一种新的IT资源提供方式，企业将更加专注于自身核心竞争力的提升，不再为底层信息基础设施的运维工作而烦恼。

在未来，弹性云计算将会是云计算的一个发展趋势，按需所取、弹性分配的云计算方式将会更加符合大多数企业的利益要求。尤其是对于传统中小型企业，其技术人员和常规运营成本都极其有限，如果一直租用大量的服务器既会造成运维负担过重，还会产生不必要的浪费。若是租用少量的服务器，其面对业务高峰期暴涨的数据流量又无能为力。所以，弹性云计算对于中小型企业来说是性价比更高的一种选择方式。

2.3.2 我国大型保险企业云平台建设情况

云平台建设是我国保险公司发展保险科技的重要内容。目前，各家险企都对数据库、数据平台等信息基础设施的建设给予了高度重视，并持续加大投入，以完成企业的科技战略转型升级。当前，我国保险行业的云平台主要分为公有云和私有云。

大型险企通常选择自主构建统一、共享的云基础平台，这种模式的特点是投入体量大，但可以为业务提供自用的基础设施支撑，消除业务数据上云的安全隐患。中小型险企通常选择付费使用商用性质的公有云平台，这种模式的优点是资源投入少，缺点是由于使用商用性质的公有云平台存在一定数据安全隐患，保险机构的核心业务数据不敢上云。

（1）中国人寿建成一体化混合云"国寿云"

中国人寿于2017年起正式开始搭建金融PaaS云平台"稻客云"，用时半年完成了两朵云环境的搭建：一朵是开发测试的云环境，一朵是生产的云环境。中国人寿在开发测试云环境里做了持续集成，两朵云之间通过持续交付进行打通。如今，中国人寿北京研发中心建立起了微服务框架，搭建了持续集成和持续交付流水线，促进了整个开发流程的优化和可管控，软件的迭代周期大大缩短；并且以容器部署的方式承载了应用，实现弹性伸缩，应用快速构建。

国寿云平台围绕科技国寿战略，采用混合云模式，把所有数据均放在公司内部私有云，符合各类监管审计要求，确保安全可靠，而公有云可根据业务需求动态伸缩资源池，费用更低。中国人寿在北京科技园机房正式投产后，在一体化混合云的构建上，实现了北京、上海"两地三中心"的异地多活，实现了信息服务全面云化，为客户、销售人员和员工提供了就近、移动、便捷的服务。国寿云平台建设完成后，成功实现了IT转型，从集中走向分布式架构，从硬件定义到软件定义，从闭源到开源，实现了一个中心、一个网络。目前，资源平均利用率从63%提升到81%。据悉，国寿卡园二期机房将采用传统技术与模块化技术相结合的方式。

（2）平安建成集团核心业务系统"平安云"

平安云承载了万亿级资产规模的集团核心业务，并为金融服务、医疗健康、汽车服务、房产服务、智慧城市等领域的行业用户提供高效、安全的云服务。平安云拥有12项权威云认证，超过400项云技术科技专利申请，并致力于打造覆盖各行业的平安云生态。2018年，平安云成为GitHub在大中华地区的首个云服务托管提供商（MSP）；同时，平安云在国内建设9个数据中心的基础上推进全球布局，在新加坡等地区建设了3个海外数据中心。

平安云在具体保险业务中的应用场景包括：在支付端，平安医保科技以"智慧医保云平台"为业务核心，为医保、商保、医疗服务提供方提供一揽子智能化解决方案及技术服务，为个人用户提供专业化、个性化、动态化和集成化的智能医保服务，依托人工智能、区块链和云等核心技术及强大的医学知识库，全面拓展医疗健康生态圈，致力于成为科技驱动管理式医疗服务平台；在机构端，平安通过经销商云平台、二手车交易云平台、汽车零配件云平台覆盖全国90%以上的主要相关服务提供商，与90多家整车厂、2万多家4S店、3万多家二手车商户和7万多家修理厂深度合作，共促成158亿金融贷款和保险交易。

（3）太保建成"两地三中心"的太保云

太保整体的云化发展规划提出，要建成一个"两地三中心"的云化管理系统，即上海田林、罗泾数据中心作为"同城双活"数据中心，四川成都数据中心作为异地数据中心。"两地三中心"的协同运行为业务访问提供了并行服务，可保障业务不会因数据中心故障而发生间断。2007年至今，太保集团先后通过实施ITSP、ITAP、ITMP等建设规划方案，构建了面向内部作业用户的业务财务核心系统、面向内部管理用户的管理信息系统以及面向渠道用户的移动化应用系统，用户数量从万、十万发展至百万级（见图2-8）。

图2-8 中国太平洋保险的核心业务系统——太保云

数据来源：公开资料、中国保险与养老金研究中心

（4）太平保险推出互联网保险核心业务系统"太平云保"

太平云保是互联网保险核心业务系统。与传统保险核心业务系统不同之处在于，它可以对接互联网流量，而传统保险业务系统无法经受互联网流量的高并发、大规模的冲击。太平云保将业务建立在私有云的基础上，不仅可以对接第三方渠道，也可以对接公司自身的销售渠道，其主要流量来自于客户和业务员。例如，太平保险公司的代理人在开门红这天进行录单、业务销售，其并发产生的流量巨大，这就需要太平云保高并发的数据处理能力和海量的数据存储能力。

（5）泰康集团建成核心基础技术平台——泰康云

泰康云采用混合云架构，在保障传统核心业务高可用性的同时支持互联网业务快速发展。在数据安全上，泰康对标国际最佳实践，构建完善的IT治理体系。先后通过CSA-Star（云安全体系）、ISO20000（运维体系）、Uptime M&O（数据中心运维体系）等国际标准认证。泰康云由传统体系起步，到构建虚拟化资源池，再到建设云管理平台和云服务平台，已经成为泰康科技建设的核心基础技术平台。泰康云1.0是虚拟化资源池，特征包括服务器虚拟化及存储虚拟化；效率以天为单位；架构为集中式高冗余，能够负载传统业务。泰康云2.0是云管理平台，特征包括组件化、自动化、标准化、可监控、可计量；效率以小时为单位；架构为分布式高冗余，能够负载互联网业务。泰康云3.0是云服务平台,特征包括DevOps、容器化、API、微服务、混合云;效率以分钟为单位;架构为分布式高冗余,负载互联网业务。

在云平台的外部生态构建方面,泰康不仅为中小微企业提供保险销售和服务的开放平台,还聚焦大健康产业生态体系,赋能保险、医养、资管机构。泰康在线为中小微企业提供的保险销售和服务的开放平台"T平台"面向平台经济新业态,通过"保险+科技"战略,运用现代互联网科技创新"TBC"模式。平台功能包括保险分销、服务接入、业务管理、展业辅助、人员管理、财务管理、组织管理、报表分析等。平台优势包括品牌优势、服务创新、科技应用、生态体系等方面。此外,泰康还聚焦大健康产业生态体系,建设涉及保险、资管、医养等领域的开放云平台,赋能中小保险、医疗、养老、健康机构超7 000家。一是泰康养老云应用,赋能社会中小养老机构,助力溢彩计划,已覆盖内部4城高端养老社区(北京、上海、广州、成都)。二是泰康医疗云应用,赋能中小医疗机构,已覆盖超过100个齿科品牌,4 000家门店。三是泰康体检云应用,赋能中小体检机构、医院体检科,已连接超过50家体检机构、700家体检网点。四是泰康健保通云应用,连接医院,实现商保一站式理赔,已连接医院超过1 000家,支持寿险、在线90多个医疗险产品。

(6)大地保险推出业务核心系统"筋斗云"

"筋斗云"系统是中国大地保险联合第三方科技公司打造保险核心业务系统,用以全面实施企业的IT平台转型。筋斗云系统是"微服务+私有云"架构的保险核心系统,以产品工厂的形式,实现了平台式的对接、友好的用户体验、核心系统与周边系统的无缝对接,以及前端数据的迁移(见图2-9)。

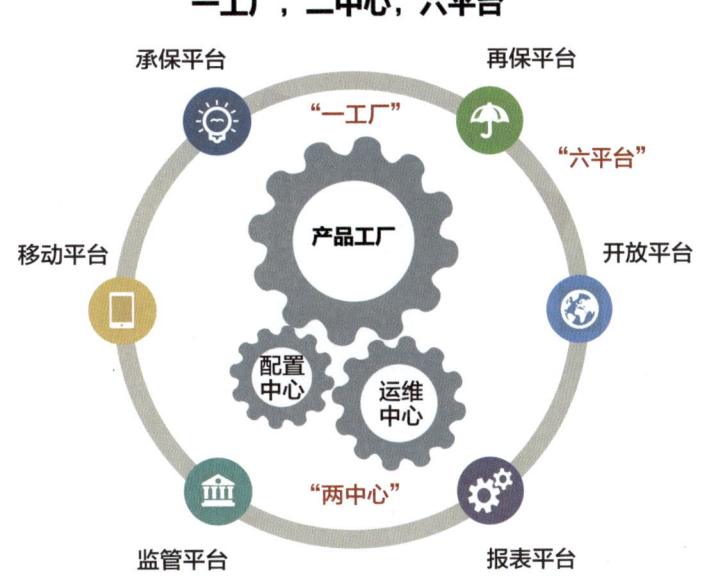

图2-9 中国大地保险的核心业务系统"筋斗云"

数据来源:内部资料、中国保险与养老金研究中心

筋斗云具有以下特征：一是以产品工厂的理念，实现快速灵活的新产品应对，显著提升产品上线速度；快速应对市场需求，实现产品上线周期从1个月以上到以天计数。二是以"微服务＋云架构"的形式，完成扩展性、安全性、可靠性三大能力突破，实现系统高可靠性及高性能保障，支撑更多业务模式的创新可扩展。三是筋斗云作为完整的综合渠道开放平台，可提供强大快速的新渠道对接，实现渠道对接从3个月到3天的速度提升，提升公司整体竞争力，构建信息共享的生态圈，实现多元裂变的新业态。四是打造友好的用户体验设计，以用户为中心，大幅提升操作便捷性，适用合理的管理控制，提升内外部运营效率。

（7）众安推出分布式核心系统"无界山"，面向下一代的保险核心系统"Graphene"

"无界山"于2014年上线，是基于云端的分布式核心系统，能够支撑海量碎片化的保单处理。Graphene于2018年发布，是众安推出的面向下一代的保险核心系统，可以帮助保险公司降本增效，使之在一周内完成新渠道对接，1~3天内完成新产品上线，1周内处理逾20亿张保单。Graphene作为基于云端的保险核心系统可以实现随着业务量波峰波谷的变动而弹性调整算力，从而体现出极大的延展性，而且采取类似乐高的模块化结构，支持产品的创新及快速上线。Graphene本质是将"无界山"系统的核心能力全部外部化，毫无保留地对外输出，让每一家保险企业都拥有自己的"无界山"，大幅降低IT成本，以更好地适配互联网时代保险业的高速发展。

此外，众安还在医院和商保公司之间搭建商保智能开放SaaS平台，在获取用户充分授权的前提下，实现医疗数据在线直连。该商保平台能够帮助商保公司获得医疗数据查询、直连理赔、商保调查等服务，实现快速理赔操作，提升理赔效率，节约运营成本。同时，该平台也使用户能够享受到快速理赔服务，为用户提供了便捷的理赔体验。截至2019年上半年，商保智能开放SaaS平台已连接全国1 068家医院（二级及以上医院为主）以及19家商保公司（总部）和11家商保公司分支机构。

2.4 区块链

区块链技术是保险行业的重要基础设施和信任工具。区块链技术的应用对保险业具有重要意义，其分布式账本、非对称加密和授权技术、智能合约等技术解决了保险的信用机制问题，为保险风控反欺诈提供价值，而其去中心化特征及共识机制则有助于保险业务实现降本增效。目前，区块链技术在保险行业的应用主要集中在产品、营销、承保、理赔以及风控等领域。区块链在保险行业的已实现的应用场景包括解决养殖保险标的唯一性问题，成立保险反欺诈联盟平台，以及将个人健康数据上链等。

2019年，区块链首次被中央提至国家战略高度，网信办、工信部也积极推进区块链信息服务备案以及区块链行业标准制定。2019年10月，中共中央政治局就区块链技术发展现状和趋势进行第十八次集体学习，中共中央总书记习近平在主持学习时强调，区块链技术的集成应用在新的技术革新和产业变革中起着重要作用，要把区块链作为核心技术自主创新的重要突破口，明确主攻方向，加大投入力度，着力攻克一批关键核心技术，加快推动区块链技术和产业创新发展。2019年1月，国家网信办发布《区块链信息服务管理规定》。自2019年2月实施以来，国家网信办依法依规组织开展备案审核工作，发布了第一批及第二批境内区块链信息服务备案清单。2019年11月，工信部印发《2019年第三批行业标准制修订项目计划》，其中包含五项区块链标准的制定修订项目计划。该五项区块链项目的主要起草单位除中国信息通信研究院以外，主要包括移动、联通、电信等通信巨头，中兴、华为等科技巨头，以及腾讯、百度、阿里巴巴、京东等互联网巨头。

2.4.1 区块链技术概述

区块链的定义有广义和狭义之分。就广义而言，区块链，是指以区块结构存储数据、多方维护、使用密码学技术保证传输和访问、实现数据存储的整个技术体系，是分布式数据存储、点对点传输、共识机制、加密算法等计算机技术在互联网时代的创新应用模式，代表了目前火热的比特币、以太坊背后的一种去中心化的记录技术。就狭义而言，结合具体产品来谈，区块链是指以区块连接而成的链式数据存储方式，本质上是一个去中心化的分布式账本数据库，整个数据库由一串使用密码学关联产生的数据块组合而成，每个区块在生成时都会自动加盖时间戳并被附上唯一的数值。

区块链技术是近年来创新技术的代表，被认为是自互联网诞生以来最具颠覆性的创新之一。区块链技术的核心优势在于其基于分布式网络形成的共识机制，分布式数据存储、点对点传输、共识机制、加密算法等计算机技术，具有去中心化、数据不可篡改性、公开透明、可溯源性等特征。

区块链技术的发展最早可追溯到20世纪70至80年代。伴随密码学、分布式计算等诸多领域的研究和成熟，区块链得以成为现实。近年来，以"以太坊"为首的大批机构不断丰富和完善着区块链的技术架构体系，更吸引了诸多行业在区块链技术领域的探索，有力地推动着区块链技术的发展成熟和进步。区块链的发展大致分为区块链1.0时代、2.0时代、3.0时代三个阶段。

- **区块链1.0时代是以比特币为代表的数字货币阶段**。2008年，中本聪发布比特币白皮书《比特币：点对点的电子现金系统》，描述了一个全新的数字货币系统"比特币"。比特币解决了在完全没有中心机构的情况下，总量恒定的货币发行与流通问题。通过比特币系统进行转账具有公开透明性，可以放心地将比特币转给地球另一端的人，因为每一笔的转账信息都会被全网记录。比特币白皮书的问世标志着比特币底层技术"区块链"的诞生。

- **区块链2.0时代是以以太坊为代表的智能合约阶段。** 2013年底,以太坊创始人Vitalik Buterin发布了以太坊(Ethereum)初版白皮书《以太坊:下一代智能合约和去中心化应用平台》。随后在2014年,以太坊的算法及协议正式落地,并募集到了1.5亿美元。2015年,以太坊的创建正式启动。以太坊的系统于2015年7月30日最终完成并上线。以太坊和比特币最大的差别在于以太坊搭建了一个可以共享的开源区块链底层技术的平台,引入了智能合约的支持,使人们可以几乎将任何业务逻辑以合约的形式写入区块链。

- **区块链3.0时代是为社会全行业提供去中心化的解决方案阶段。** 2018年区块链开始进入3.0阶段。区块链3.0时代的目标是在社会领域实现区块链的大规模商用,通过区块链技术为各行各业提出去中心化的解决方法。区块链3.0时代力图实现"可编程的商业经济",即由区块链构造一个全球性的分布式记账系统,通过区块链对每一个互联网中代表价值的信息和字节进行产权确认、计量和存储,从而实现资产在区块链上可被追踪、控制和交易。在区块链3.0里,人们能够真正实现资产上链,在一个大的底层框架内构筑各式各样的应用,打造一个无信任成本、具备超强交易能力、风险极低的平台。

(1)区块链的技术概览

- **区块链的技术特征包括去中心化、不可篡改性、公开透明与可溯源性**

    ❖ 去中心化:由于核算和存储均采用分布式的结构,不存在中心化的硬件或管理机构,任意节点的权利和义务都是均等的,节点与节点之间可以自由连接进行数据、资产、信息等的交换,而无须通过第三方中心机构(见图2-10)。例如市场上目前常规的转账需要通过银行这个中心机构,但在区块链网络中,人们将能够实现直接点对点的转账。

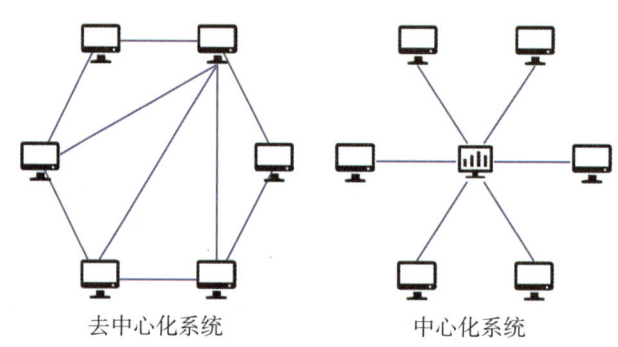

图2-10 去中心化系统和中心化系统对比

数据来源:鲸准数据、中国保险与养老金研究中心

    ❖ 不可篡改性:因为区块链去中心化的特征,同时每条信息都通过密码学的方式进行了加密,攻破区块链中的节点非常困难,因此区块链的数据稳定性和可靠性极高。区块链使用了密码学技术来保证区块链上的信息不被篡改,主要用到的是密码学中的哈希函数(Hash)及非对称加密技术。

    ❖ 公开透明与可溯源性:区块链除了交易各方私有信息被加密外,其数据对所有人公开,因此区块链整个系统高度透明。区块链具有可溯源性。"区块+

链"的形式保存了从第一个区块开始的所有历史数据，连接的形式是后一个区块拥有前一个区块的Hash值，这样的设计使得每个区块都能找到其前后节点，区块链上任意一条记录都可通过链式结构追溯本源（见图2-11）。

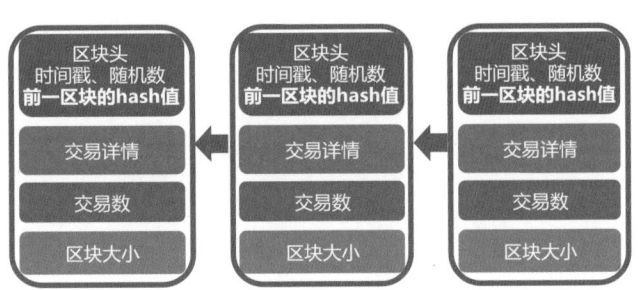

图2-11 区块链的"区块+链"形式

数据来源：鲸准数据、中国保险与养老金研究中心

- **区块链的分类包括私有链、公有链、联盟链**

  ❖ 私有链：私有链的读写权限仅由某个组织或机构控制，只有被允许的节点才可以参与并查看所有数据，其特点包括完全中心化、系统不公开、链中的所有访问节点需要经过审核。私有链的代表包括蚂蚁金服。

  ❖ 公有链：公有链的读写权限公开透明，在全网范围内的任何节点都可以读取、发送交易且能获得有效确认，其特点包括完全去中心化、系统完全公开透明、链中的任何访问节点均无限制且平等。比特币、以太坊都是公有链的代表。

  ❖ 联盟链：联盟链仅对联盟内成员机构开放读写权限，每个机构都运行着一个或多个节点，联盟链只允许不同的机构进行读写和发送交易，并且需共同记录交易数据，其特点包括有限去中心化、系统半透明。联盟链的代表包括超级账本。

（2）区块链技术对保险业的意义

区块链技术对保险业有两大价值：一是区块链技术从本质上解决了互信问题，在保护数据隐私的前提下打破信息壁垒；二是区块链能够帮助保险实现降本增效。

- **区块链基于分布式账本、非对称加密和授权技术、智能合约等技术解决保险中的信任机制问题**

保险是以信任为基础的行业，一直以来，控制保险欺诈行为都是保险公司的业务重点。区块链解决了保险长期存在的信任问题，是一种集合了分布式数据存储、点对点传输、共识机制、加密算法等计算机技术的新型应用模式。从技术特性上来看，区块链具有去中心化、数据防篡改、可追溯、一致性等特点。简单来说，区块链能够建立一套公开透明的可信体系，使得链上的参与方以极低的成本达成互信共识。区块链解决保险信用机制问题主要是基于分布式账本、非对称加密和授权技术以及智能合约等技术。

❖ **分布式账本**：区块链分布式账本有别于中心式记账方案，是由分布在链上不同地方的多个节点共同完成交易记录，每一个节点上都记录着完整的账本和账目信息，因此每一个节点都可以参与监督交易合法性，同时也可以为其他节点提供佐证。当节点足够多时，链上的信息就更加安全，从而保证了整个账本数据的安全性。例如基于区块链的分布式账本特征，不再依赖某一个中心化节点，而是通过多个节点基于真实数据分别进行计算，实现多维度交叉验证，快速实现投保人的身份及信息校验。这使得投保人的身份信息公开可查且不可篡改，杜绝虚假信息，有效防止伪造身份的欺诈风险。

❖ **非对称加密和授权技术**：区块链上的交易信息都是公开的，但账户身份信息则是高度加密的，只有在获得授权的情况下才能访问，解决了身份唯一性困境，确保了隐私及数据的安全。此外，区块链非对称加密和授权技术可以实现保险数据和保险公司的分离，即使在投保人更换投保公司的情况下，获得信息使用授权的第三方仍然能够就区块链上的数据进行梳理和分析，有效追溯和标记投保标的信息，有助于精准评估风险，防止恶意欺诈行为。区块链的加密技术使得所有加密过程不可逆且无法随意改动信息，这样一个安全的体系就可以避免数据泄露、数据被篡改的可能，建立一个更可信的机制，帮助杜绝恶意欺诈行为。

❖ **智能合约**：保险合约的执行需要耗费大量社会资源，而智能合约技术提供了一种高效便捷的合约执行方案。基于区块链上不可篡改的数据，智能合约会定期检查是否存在相关事件和触发条件。当合约条件被触发，系统就可以自动执行一些预先定义好的规则和条款，规避了人工操作可能存在的失误和欺诈因素，大大节省了交易执行成本，如基于智能合约实现保险快速理赔。

- **区块链基于去中心化特征及共识机制实现保险业务降本增效**

区块链的深度运用将使保险公司的运营成本降低。例如，传统保险公司以保单为单位开展产品销售和管理，客户信息较为分散，而保险公司通过打造面对行业的区块链BaaS云服务，能整合多渠道的客户信息，实现客户账户的统一管理和行业数据共享，为险企节省大量运营成本，缩短业务时间，提高业务效率。区块链可以帮助保险公司实现降本增效，主要基于区块链的去中心化特征和共识机制。

❖ **去中心化特征**：链上任意节点的权利和义务都是均等的，节点与节点之间可以自由连接进行数据、资产、信息等的交换，而无需通过第三方中心机构。区块链的去中心化特质能够安全、独特、唯一地记录有关交易数据的历史信息，解决双重花费问题，做到交易即结算，从而提升了合约执行效率，降低了合约执行成本、运营成本和管理服务成本。

❖ **共识机制**：区块链技术提供了多种共识机制，来保障对记录有效性的认定。常见的共识机制包括工作量证明机制、股权证明机制、授权股权证明机制、实用拜占庭容错算法等。共识机制的独立存在使合约的执行成本降到最低，执行效率大大提升，计算服务的范围也大大提升。

2.4.2 区块链在保险行业的应用图谱

区块链技术可以防范信息不对称和信任风险，有效降低合约执行成本，提升保险行业整体服务质量。正确应用区块链技术在一定程度上会为保险公司面临的保险诈骗等痛点和难点提供解决方案，对于防止保险欺诈具有重要的现实意义。目前，区块链技术在保险行业的应用主要集中在产品、营销、理赔、风控以及基础设施建设等领域，推动着保险行业价值链和全流程的改造。

（1）区块链赋能产品环节，助力产品费率降低和设计创新

在产品定价上，区块链可以实现产品费率的降低。通过降低行政费用、理赔成本等多余费用区块链技术可以做到降低产品费率。例如，区块链技术能够自动验证投保人身份和合同有效性，并通过第三方机构提出可用于审核注册的索赔数据，最后通过基础支付设施或智能合约来完成声明。在这一过程中，省去了多个渠道以及随之产生的多余费用。

在产品设计上，区块链可以有效助力保险产品的设计创新。区块链技术本质是一个去中心化数据库，同时还拥有良好的安全性和数据不可篡改性，是天然的信任工具。这一特性与保险产品结合后就可以解决现阶段保险产品开发同质化背后的最主要难题，即缺乏充足的客户数据的问题。

一是利用区块链技术可以消除客户对于数据安全问题的担忧，使客户愿意将个人数据授权给保险公司使用，进而解决险企缺乏足够的客户数据用于产品开发的问题。客户数据是保险公司的重要资源，也是保险公司用于风险管理的基本依据。但是在很多情况下，由于担心个人数据安全问题，客户不愿意将数据完全交给保险公司。通过基于区块链技术的区块链身份验证系统，个人在授权保险公司对个人数据进行使用时，不再需要将个人数据存储在保险公司。这些数据依然在客户的个人设备中，只有在金融或其他相关交易的验证过程中，这些数据才会被调出，从而消除客户对数据安全问题的担忧，提升客户的配合度，解决保险公司掌握的客户数据不充足的问题。

二是利用区块链技术可以消除不同险企对于数据共享的安全性担忧，进而解决行业间数据不流通而造成的数据积累缺乏、产品开发同质化严重的问题。传统保险业中，保险公司出于保护客户隐私及数据保密的商业原则，不愿意将数据资源与其他服务提供商和代理机构共享，不同保险公司之间的数据资源相互独立，因此保险公司缺乏足够的数据积累用于产品设计方面的创新，极大地降低了数据资源的开发空间。区块链的应用可以有效解决这个问题。利用区块链技术的开放性，将适当的数据通过加密算法授权开放给第三方，数据使用情况也记录在区块链上，可实现数

据使用的监控，避免数据滥用，解决数据共享可能产生的数据安全问题，使得行业之间在合规的前提下可以实现数据共享，使保险公司可以做到更完整、更清晰地加强客户认知（KYC）管理，依据买方需求开发出更多有效性产品，实现产品的快速迭代和演进。

三是利用区块链技术可以存储并挖掘客户信息的数据价值，服务于产品开发，实现个性化、定制化的保险模式。 长久以来，保险产品的形态设计一直停留在卖方层面，然而，区块链技术可以将买方层面的用户信息、保单信息以及理赔信息记录储存起来，并依靠区块链的安全多方计算技术挖掘其中的数据价值，服务于保险产品的开发。通过区块链技术对客户信息数据价值的挖掘，保险公司可以针对特定的风险场景为用户提供对应的保险产品，甚至是临时投保的产品，为被保险人提供更多主动风险管理的机会。如被保险人在自驾游期间突然遇到恶劣天气，可以通过临时提高保障程度应对风险，当天气好转之后即可降低保险条件。再如被保险人将汽车租赁给他人期间，或者在被保险人接受他人"拼车"期间，也可临时安排相关保险条款，覆盖相应风险。在人身险中，可利用区块链技术允许被保险人根据自身的风险状况，调整保险方案。如被保险人从事风险较大的体育运动时，可临时扩大保险合同保障范围。

综上，将区块链与保险产品环节相结合可以解决一些以往无法很好解决的痛点，有助于催生新的保险产品。但目前区块链在国内的落地还处于萌芽状态，因此在实际应用层面的具体情况还有待观察。

（2）区块链赋能营销环节，实现以销售终端和销售人员为核心的新型营销管理模式

目前传统保险公司应用以总公司为本位的管理模式，由总公司、分公司、基层机构以及具体的团队和营销员从上至下组成。各分支机构开展业务要依据总公司的政策指导，从而进行具体的销售费用配置、保费清分以及财务核算等。这种以总公司为本位、多层级自上而下的传统管理模式管理效率相对低下，已成为传统保险公司所面临的迫切问题与挑战。

未来保险业以区块链为技术驱动力，实现以销售终端和销售人员为核心的新型营销管理模式。 保险公司在开展业务时，将利用区块链弱中心化的特性，从营销员到各级分支机构再到总公司，由内而外逐渐扩散营销状况，极大程度地提升营销员的积极能动性，并大大提升企业的管理效率。在新型的营销生态中，智能合约能够强化保险合同执行的效率与精准度，依照保险合同内容的约定，安全高效地完成保费清分和销售费用结算，极大地解决传统营销人员面临的痛点，提升营销管理效率。

（3）区块链赋能承保环节，通过投保数据上链构建可信任的高效承保机制

保险公司通过构建基于区块链技术的信息共享平台使车辆信息、医疗健康信息等投保人相关数据上链，实现投保人信息可追溯和不可篡改，从而构建安全可靠的

信任体系和高效承保机制。承保是保险经营的重要环节，是保险人对投保人所提出投保申请的审核及选择的过程。而核保过程在承保环节的重要性不言而喻。传统核保过程中，保险公司不能保证所有投保人都遵从最大诚信原则进行投保，险企在核保过程中往往极易陷入"信息孤岛"，面临信息不对称甚至保险欺诈的风险，因此，保险公司每年都需要投入大量的资源用于保险反欺诈工作，成本高，效率低，收效相对较差。然而，区块链技术的应用可以在承保环节精准、公平地做出承保决策，并降低调查成本。区块链技术通过结合物联网、大数据和生物科技等新兴技术，能够有效帮助保险公司实现对投保人信用的重构，构建一个安全可靠的信任体系，进而建立一个更加公平、透明、安全和高效的承保机制。

例如，在车险的承保过程中，保险公司可以运用大数据和车联网技术构建一个以区块链技术为基础的车辆信息管理和共享平台。基于区块链的车辆信息共享平台能够确保信息记录真实客观，不可篡改，有效实现车险相关信息的准确查询与真实验证，让整车厂、车主、维修厂、交通管理部门和保险公司等多方参与主体实现自主信息共享，有效打破"信息孤岛"，实现信息对称化，降低核保调查成本，实现一次承保、长期跟踪。又如，在健康险的承保过程中，保险公司可以构建基于区块链技术的健康档案和电子病历系统。客户医疗信息分布碎片化，并且相对独立，共享程度较低，导致承保人在投保人医疗信息方面存在严重的信息不对称，进而导致承保风险的上升。若按传统的管理模式，由国家构建统一的医疗信息管理平台，实现统一的医疗数据信息集合与共享，则面临成本高和安全性差的挑战。在医疗大数据的背景下，区块链为健康管理领域和医疗领域带来了全新的创新空间，为人身保险承保领域带来跨时代的变革。构筑基于区块链技术的健康档案和电子病历系统，能够有效实现医院、药店、投保人等多个参与方自主信息的分享与利用，有利于所有参与方之间建立起有效的信任，降低核保调查成本及承保风险。

（4）区块链赋能理赔环节，通过理赔信息上链和保单代码化实现理赔业务降本增效

在理赔环节应用区块链技术，将投保人、行业外部数据源如各类数据中心等多方信息上链进行共享，实现理赔数据的互联互通，可以有效确保理赔案件的真实性与合法性，降低核赔和理赔成本。

区块链的智能合约技术可以实现保单代码化，使得所有保单合同条款公开透明，保单一旦满足约定的理赔条件，将会自动触发理赔流程，实现理赔自动执行。智能合约技术避免了保险公司和投保人双方对理赔条件和免责条款等理赔规则的认定纠纷以致产生核赔矛盾，可以实现理赔的自动执行，提升理赔效率。

（5）区块链赋能风控领域，在保护数据安全的前提下实现行业内数据的互联互通

目前保险行业存在着严重的"数据孤岛"现象，风险数据呈现分散化、碎片化分布，且风险数据在各险企之间相对独立、共建共享程度低，导致保险合同双方在被保险人风险信息方面存在严重信息不对称的情况,影响了保险机构的风险识别及风险管理能力。因此,保险机构都希望实现行业内保险信息的互联互通,有效规避重复投保、重复理赔、保险风险保额累计问题。但是传统的集中数据采集方式无法支撑这一愿景,因为客户信息的数据安全和数据所有权得不到保障,个人隐私安全得不到保护。

区块链可以在保护数据安全的前提下打破数据壁垒,实现行业内数据的互联互通(见图2-12)。区块链的分布式账本和加密存储的特点使多方参与者可以在保护数据隐私的前提下实现信息共享。区块链分布式账本特性使各节点都存有全量的数据副本,加之区块链的加密存储技术,使得数据不会丢失、毁损和被篡改,可以让数据流转更加透明,使得数据安全问题得以解决。基于区块链技术,各家保险机构可以公平参与风险信息数据上链,由此实现对重复投保、重复理赔、风险保额累计等风控风险信息的数据共享,降低投保人道德风险,提高风险管控能力,为投保客户提供更好的保险服务。

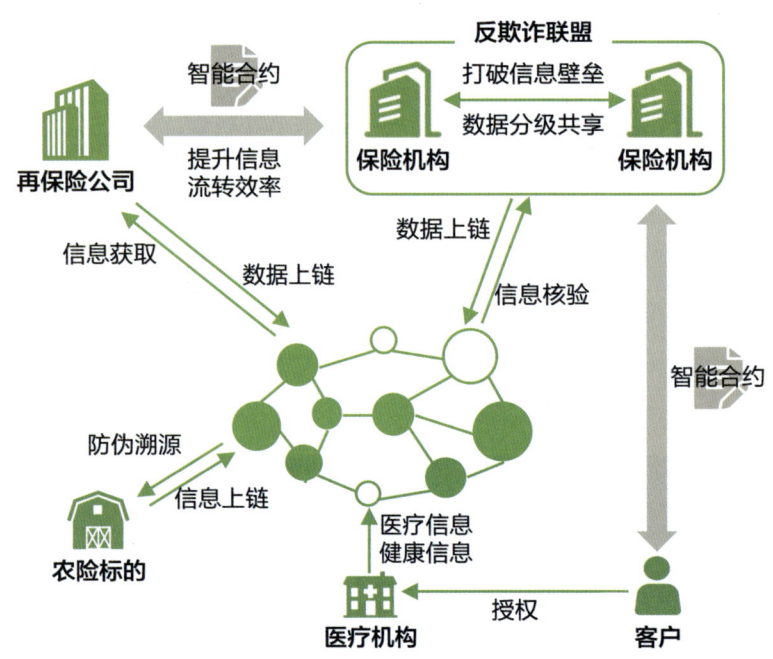

图 2-12 区块链在保险领域的应用实际落地

数据来源:艾瑞咨询、中国保险与养老金研究中心

基于区块链的诸多技术特性,目前行业内已经在个险、再保险、农业保险等领域有了实际落地的应用。例如,各保险公司可以建立区块链反欺诈联盟,打破过去机构间的数据壁垒,提升欺诈识别和核保风控能力。同时,用户健康信息及医疗机构的信息上链能够极大地缩短理赔流程,在引入智能合约后实现赔付条款的自动执行,无须人工参与。另外,在再保险领域区块链能够解决交易双方信息流转效率低下和信息不对称的痛点,促进行业发展。

2.4.3 区块链技术在保险业务中的应用实例

目前，各家险企对区块链技术的应用集中在保险反欺诈领域（见表2-6）。基于区块链可溯源性和智能合约等技术特性，保险公司通过应用区块链可以实现欺诈风险管控，具体应用场景包括解决养殖保险标的唯一性问题，成立保险反欺诈联盟平台，以及将个人健康数据上链等。

表 2-6　　　　　　　　　　　各险企应用区块链技术的相关举措

名称	时间	成果领域
中国人民保险	2017年3月	推出区块链养牛保险以及基于区块链的养殖保险服务平台，探索养牛保险的"标的唯一性"，构建基于区块链的养殖业溯源体系和产业链服务平台
	2017年3月	基于区块链的营销管理平台，从营销人员和客户出发，构建围绕保险营销的数字资产管理平台
泰康	2017年2月	打造积分管理平台（这是国内保险业首次将企业级区块链应用于实际生产），于2017年2月16日上线运行，通过邀请制对用户开放，并即将与第三方京东商城实现积分兑换
	2017年8月	推出"反飞蛾"反欺诈联盟平台，将区块链应用于保险反欺诈，在数据共享的基础上，根据智能合约，界定用户在投保时是否具有投保资格和可购买保单金额，既保护了用户隐私，又能在源头上杜绝一系列欺诈行为的发生。目前，泰康在线"反飞蛾"联盟系统已经投入使用，并和大特保、泛华等多个渠道进行数据同步和数据共享等一系列操作
阳光保险集团	2016年3月	推出"阳光贝"积分，链上的用户能使用积分，同时也能将积分进行转赠，与其他公司发行的区块链积分互换，让用户手中的积分转变为了一份可流动、有价值的数字资产
	2016年7月	利用区块链的证明和安全特性做二次认证，用户登录时手机一扫就可实现区块链认证，比短信二次认证更安全、快速和方便
	2016年7月	推出微信保险卡"飞常惠"航空意外险，是国内首个将主流金融资产放在区块链上流通的尝试，可以追溯卡单从源头到客户流转的全过程，确保卡单的真实性和唯一性
	2018年5月	推出志愿者保险"志愿保PLUS"，其结合区块链技术，具有易激活、可分享的特性，为志愿者提供保险保障
	2018年8月	上线国内首款基于区块链技术的女性特定疾病保险产品，实现个性化差异定价。该产品可通过健康介绍信授权保险公司去相关医院或体检机构查看个人的体检报告数据
安华农业保险	2016年11月	与数贝荷包签署合作协议，围绕保险业务模式创新，推出航空延误险
	2018年7月	推出基于区块链的分布式记账功能和智能合约技术的农业保险，破解肉鸭养殖业保险数据失真难题

续表

名称	时间	成果领域
众安保险	2016年11月	牵头成立上海区块链企业发展促进联盟和公益保障平台"互相邦",众安科技融合以太坊技术,输出区块链、云平台,坚持对人工智能、区块链、云计算、大数据四个领域的探索。在"相互邦"平台上,保险生态伙伴通过区块链技术确认数据属主,为用户定制个性化的互助社群
	2016年11月	联合复旦大学计算机科学院成立"区块链与信息安全联合实验室",致力于区块链技术及相关底层理论的研究,帮助众安科技提高区块链技术实力
	2017年5月	发布基于区块链和人工智能等技术的云服务平台"安链云"
	2017年5月	推出区块链系统"安链云"的区块链基础协议"众安链",并成为首批通过国内首个区块链标准《信息技术区块链与分布式账本技术参考构架》测试的公司之一
	2018年6月	应用区块链技术改善理赔流程,现已与100多家医院合作
上海保交所	2017年3月	联合9家保险机构成功通过区块链数据交易技术验证,从功能、性能、安全、运维四个维度验证区块链在保险征信方面运用的可行性。这一技术的成功奠定了保险数据共享、数据交换、数据安全的技术基础,探索出智能化、自动化、便捷化保险交易的新路子,有利于大幅降低保险交易成本,大幅提高保险交易效率
	2017年9月	正式发布区块链底层技术平台"保交链",打造互联互通新格局,横向打通保险行业内部,实现交易资源的信息共享,纵向打通保险行业上下游产业链,发挥保交所基础设施定位作用,减少保险交易摩擦,提高交易效率,降低交易风险

数据来源:Lighthouse互联网实验室、中国保险与养老金研究中心

在区块链技术的应用上,各家险企都进行了相应布局。阳光保险的女性特定疾病保险以及人保集团的养牛保险是区块链业务在保险业务中的创新应用实例。

【案例2-4】 基于区块链去中心化特性的阳光女性特定疾病保险

该产品是阳光保险上线的国内首款基于"健康介绍信"模式下实现差异化定价的女性特定疾病保险产品,也是国内首款基于区块链技术的女性特定疾病保险产品,为女性提供短期健康保障。

长期以来,保险机构、医疗服务机构和客户之间的信息不对称现象普遍存在,导致保险公司作为信息薄弱方,经常出现产品高度同质化、产品细分与个性化不足、风险管理成本与收益不匹配等诸多弊病,造成保险公司交易成本的提高。随着生活水平的提升,健康体检逐渐成为一项重要的医疗项目。我国目前每年有近亿人次参加体检,但传统的体检机构在获取和存放数据上存在着成本高、开销大等问题。而且在传统的健康数据存储和使用方式条件下,客户在使用个人健康证明时也存在不

便，重复体检、来回跑腿、不受信任等情况时有发生。

阳光保险这款产品有以下两个创新点：一是颠覆传统定价模式。该产品在获取用户体检数据后根据用户不同健康状况评估给出七折至九折差异化的定价优惠，越健康，保费越低。在利用区块链获取有用数据的基础上，突破常规思维，为客户提供差异化服务，改变以往传统寿险"千人一面"，这种差异化定价的思维值得参考借鉴。

二是多方参与，互惠互利。该产品引入客户、保险公司、医疗机构、区块链，在解决和满足客户需求基础上，构建起互利互惠新模式。保险机构可以利用客户授权的"健康介绍信"得到可信的客户数据，精准匹配客户需求，评估商业机会与风险，从而制定差异化定价与定制化的产品，形成对客户的个性化服务。体检机构存放的数据可以被多次使用，实现数据价值多样化，合作模式公平开放透明，数据源具备走向市场的条件，减轻维护数据的负担。客户自身将拥有健康数据的使用权，可以通过提供自身数据信息，获取更加个性化的服务和优惠（见图2-13）。

- 保证数据安全，获取数据授权。与传统健康险不同的是，客户在买保险时，首先通过"健康介绍信"授权保险公司去相关医院或体检机构查验个人的体检报告数据，体检机构读取并验证授权信息，验证通过后，根据本地健康识别程序给出数据结果。

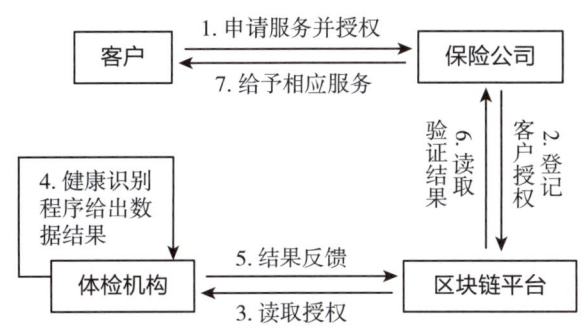

图 2-13 区块链解决方案及效果

数据来源：Lighthouse 互联网实验室、中国保险与养老金研究中心

- 保证数据真实性，实现差异定价。保险公司根据体检机构给出的数据结果，为客户提供相应的定制化服务。只要成功授权保险公司查验到有效体检报告，则可获得9折的参与优惠；如数据在正常范围内，可获得低至7折的量体优惠，实现了个性化差异定价。

- 登记数据上链。阳光保险帮助客户将个人健康数据使用权登记在区块链上，确权后这个数据使用权将永久归客户本人拥有，在经个人授权下可以在不同需求场景下自由使用，达到数据通畅流通的作用。

阳光推出的女性特定疾病保险是区块链技术在健康险领域的应用。阳光女性特定疾病保险以"健康介绍信"的形式构建了由客户授权数据使用权进而以互信互利的服务连接多方主体参与的保险业务新模式。

在农险领域，基于区块链可溯源特性对保险产品设计环节进行创新的中国人保养牛保险是区块链技术在保险业的另一创新应用。

【案例2-5】 基于区块链公开透明、可追溯特性的中国人保养牛保险

养牛保险是中国人保于2017年3月推出的一个基于区块链的养殖保险服务平台。该应用将养殖保险、农业金融、食品溯源贯穿起来，构建起基于区块链的养殖业溯源体系和产业链服务平台。

- 传统农业险主要存在两个问题：

一是农业保险信息不对称。长期以来，农业保险都是保险市场上的短板，其原因在于信息不对称，保险公司没有办法掌握投保牛羊的具体信息。而保险公司推出养殖保险的同时也给自身带来风险，养殖户凭借一头牲畜实体重复理赔的现象使保险公司面临欺诈风险。

二是耳标技术难以刚性绑定。随着科技的发展，出现了耳标等管理模式，为解决养殖保险的"标的唯一性"提供了新途径。但仍存在耳标佩戴率不高，无法解决耳标与对象的"刚性"绑定等问题，同时这种识别体系的维护成本相对较高，且面临信息共享和流转问题。

- 人保集团利用区块链技术推出人保养牛保险解决方案。

❖ 构建养殖业溯源体系：通过生物识别技术，提取每一头独一无二的识别信息，通过加密并分别储存在农户、保险公司、贷款银行、检疫部门等，各方能够动态地掌握牛的基本情况，即构建了基于区块链的养殖业溯源体系。这一体系以区块链技术为核心，以生物特征、DNA和耳标等多种生物识别手段为基础，以移动互联网为平台，实现了肉牛个体识别与验证。

❖ 真实记录数据：通过区块链技术，真实记录个体识别信息，以及进口、饲养、防疫、养殖、产仔、屠宰、物流等养殖和食品供应等全方位和全流程信息，实现了肉牛乃至肉制品的有效溯源，以及全生命周期的"验明正身"和连续记录，最终实现保险行业风险管理效率的提升。

- 人保养牛保险创新点：

一是融合多方技术获取数据。保险公司规避理赔欺诈风险的关键在于掌握相关数据并提升所获取数据的真实性和可靠性，因此该应用融合了多方技术以得到更多、更有价值的数据。

二是实现区块链可溯源管理。在该应用中，中国人保利用的正是区块链的"可溯源"特性，将其在"全生命周期"管理中的作用放大，对牛进行"全生命周期"的持续性跟踪记录，翔实记录牛每天的生长情况以及健康情况。因而，当其作为食品进入流通和消费领域时，一旦发生问题就可以根据区块链进行信息溯源和责任追查。

人保养牛保险是区块链技术在产品设计环节的应用。它为保险公司的养殖保险提供了良好的技术支持，为政府部门，特别是动物检疫管理、农业生产管理和农业补贴管理等提供了技术支持，为金融机构的农业贷款也额外提供了风险管控手段，为食品安全，包括运输、流通、销售和消费的全程跟踪管理提供了技术和数据服务。

3. 海外保险科技行业发展借鉴

3.1 全球保险科技发展概述

3.1.1 保险科技创投市场持续升温

"保险科技"（InsurTech）一词从2016年开始在全球范围内预热，2017年迅速成为行业风口。它从"金融科技"（FinTech）演化而来，乘着金融科技的东风，为古老的保险行业带来了产业升级的契机。作为金融科技的一个细分领域，保险科技公司在全球范围内吸引着投资者的目光，创投市场迸发非凡活力，在全球持续吸引大量资金，融资额和交易量连年上涨。2018年全球保险科技的融资额约为10.26亿美元，较2017年几乎翻了一番（见图3-1）。2019年，在安永公布的五个最受欢迎的金融科技类别中，保险科技从2015年的第4位跃升至第2位。

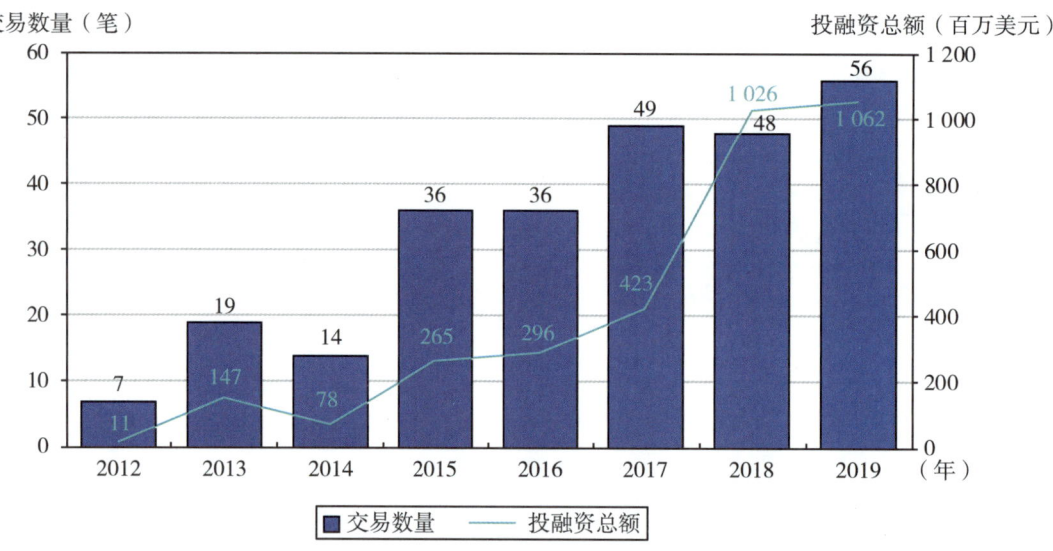

图 3-1 全球保险科技领域 2012~2019 年投融资总额与交易数量

数据来源：CB Insighs、中国保险与养老金研究中心

2020年第1季度，全球保险科技行业累计实现96笔交易，融资额达到9.12亿美元。受疫情影响，虽然第1季度融资总量出现下滑，但交易总量呈上升趋势，融资总额较上一季度相比减少了54%，交易总量小幅上涨28%；保险科技融资交易的地区与行业差距明显，2020年第1季度保险科技行业融资交易中有57%来自美国，10%来自英国，6%来自加拿大，5%来自中国。相比2019年第4季度，中国的交易数量占比下降了6%，而整个亚太地区下滑了13%。总体来说，新冠疫情似乎并未对保险科技行业的估值产生重大影响。绝大多数在2020年第1季度成功募资的保险技术公司都是早期阶段企业。从细分领域看，财产与意外伤害领域的交易占比最大，达到83%。随着保险业务逐渐转向线上平台，专注保单匹配和分销的初创企业也越来越受到关注，2020年第1季度融资金额最大的保险科技创企就是线上保险比较平台

PolicyGenius，D轮融资总额达到1亿美元。

3.1.2 美国引领保险科技创投，中国市场活力迸发

从地区分布上来看，美国仍是保险科技投融资交易最活跃的国家。2013年至2019年第3季度，美国占有全世界范围保险科技融资总交易量的54%（见图3-2）。2019年前三个季度，美国保险科技投融资交易笔数分别占全球总数的46%、42%和44%，远远领先于全球其地区。

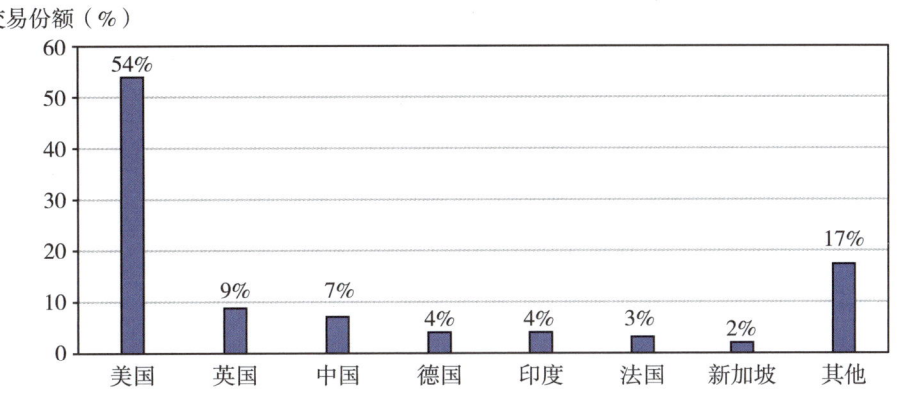

图 3-2　2013~2019 年第 3 季度全球各国保险科技领域投融资交易份额

数据来源：CB Insights、中国保险与养老金研究中心

与此同时，中国的保险科技市场正在不断扩大。在2019年前两个季度，中国的交易数占比分别为6%和9%，落后于英国排在第三位。而在第3季度，中国的交易数占比增长到13%，超越英国成为继美国之后保险科技投融资交易最活跃的国家。

整体来看，亚太地区交易数占比也在不断攀升。2012年亚太地区总交易数占全球总数的16%，而从最近的四个季度开始，亚太地区的交易量增长到了23%；到了2019年第3季度，亚太地区的占比上升至30%，而欧洲仅占16%（见图3-3）。

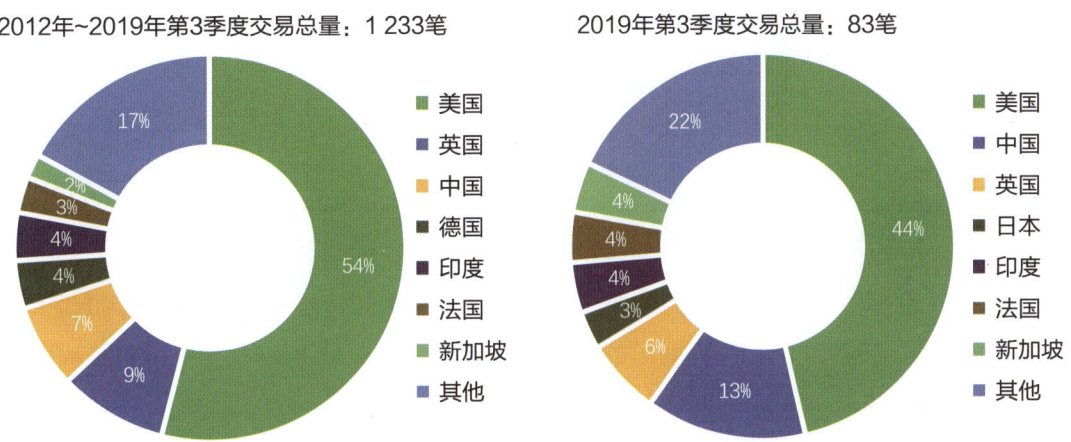

图 3-3　全球各国在保险科技投融资领域交易份额占比

数据来源：韦莱韬悦、中国保险与养老金研究中心

3.1.3 投资者维度：大型（再）保险公司、科技巨头持续布局

随着资本不断流入和初创企业的估值逐渐提高，保险科技领域吸引了大量的风险投资机构。CB Insights的数据显示，参与保险科技融资的风投数量从2012年的53家增加到了2017年的217家，年增长率超过30%（见图3-4）。2012~2017年，风投机构共进行了700多项投资，披露的金额接近90亿美元。

图3-4 全球保险科技领域风险投资机构数量变化

数据来源：CB Insights、中国保险与养老金研究中心

保险科技创投市场的一大现象，是保险公司与再保险公司通过旗下风险投资部门，对新兴技术直接投资并创造战略价值。（再）保险公司在2019年第1季度投资趋于平稳之后，第2季度对私营科技公司进行了36笔投资，达到历史高点，而第3季度再创新高，共有43笔投资。其中，慕尼黑再保险旗下的数字部门ERGO Digital Venture参与了健康服务提供商Babylon Health的5.5亿美元C轮融资，安联集团（Allianz Group）的数字投资部门Allianz X参与了为中小企业提供信贷的Fundbox的1.76亿美元C轮融资。

此外，（再）保险公司的投资战略也发生了一些变化。安盛（AXA）在2019年第2季度冻结了旗下子公司XL Catlin's的保险科技投资基金XL Innovate InsurTech；Allianz X现在将其投资重点从早期初创企业转向了更符合集团战略目标的成熟初创企业；英杰华（Aviva）作为曾经的技术投资最有力的支持者之一，宣布其风险投资部门将采用更加规范的准则，确保所投资的项目能够与其现有业务更紧密整合。

中国的大型险企也相继在2019年进行了多项战略投资。中国平安通过旗下的投资基金在2019年第1季度参与了掌上糖衣的C轮融资，在第3季度先后投资了欧洲数字金融平台Joonko、纽约在线抵押贷款网站Better.com和人工智能初创公司H2O.ai；中国太平洋保险相继投资了数字医疗服务机构爱医传递（MORE Health）和区块链初创公司B3i Services；中国人寿则在2019年1月出资10亿元入股全球供应链管理公司准时达（JUSDA）。

另一大现象是保险科技持续吸引科技巨头的投资。韦莱韬悦的风险投资投资者

调查预测，在未来几年内，保险科技的融资将有20%来自科技公司。科技巨头在保险科技市场不断延伸触角（见图3-5）。

图 3-5　2014年第1季度至2019年第3季度全球再保险机构对私人科技公司投资的交易量变化

数据来源：CB Insights、中国保险与养老金研究中心

放眼美国，谷歌风投（Google Ventures）在保险科技领域最为活跃。2019年第2季度，谷歌风投参与了人工智能房屋保险公司Lemonade的D轮融资，这也是第三次对其投资。谷歌风投还参与了以医疗保险为切入点的美国企业服务公司Collective Health的E轮融资，同时也是第四次对该公司进行投资。2019年第3季度，谷歌风投领投了专注人寿保险单预测分析和数据技术的Ethos Technologies的C轮融资；美国保险巨头USAA在2019年第3季度与谷歌云达成合作，利用机器学习，通过从数字图像中获取近乎实时的损失估算，加快汽车保险索赔流程。

亚马逊（Amazon）于2019年第1季度领投印度数字保险公司Acko General Insurance的C轮融资，此前亚马逊还领投了该公司的A轮融资。此外，亚马逊与美国全国保险公司（Nationwide）合作推出Nationwide Alexa，使驾驶员能够连接至全国保险公司的道路援助热线，并快速检查天气和路边状况。

在中国，阿里巴巴和腾讯更加有力地扩展保险业务。早在2013年，蚂蚁金服、腾讯和中国平安等知名企业就建立了互联网保险公司"众安保险"。2018年，阿里巴巴旗下的创新中心对基于消费场景的互联网保险科技平台量子保进行了投资。腾讯在2019年参与了水滴互助的B轮、C轮融资，并且领投B轮融资；8月，领投小帮规划2亿元人民币B轮融资；11月，出资1.5亿美元，收购了印度保险产品综合平台PolicyBazaar的少数股权。

3.1.4　业务维度：赋能为主

出人意料的是，大多数保险科技初创公司并不企图颠覆保险价值链向传统险企发起冲击。根据韦莱韬悦的研究，61%的保险科技公司致力于为保险价值链赋能，30%的公司试图在现有保险公司和客户之间实现去中介化，仅有9%的公司的目标是全面颠覆价值链（见图3-6）。

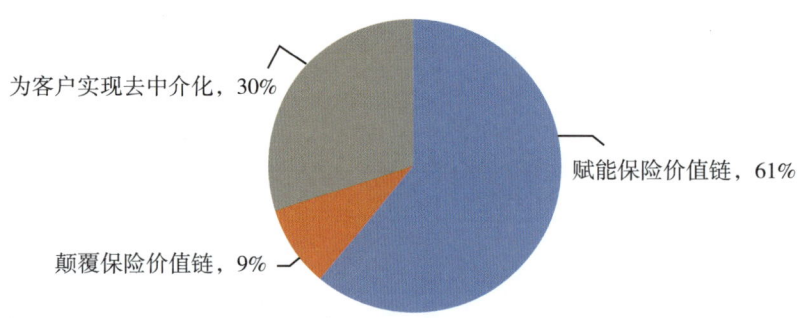

图 3-6　保险科技公司对保险价值链的不同态度

数据来源：韦莱韬悦、中国保险与养老金研究中心

保险科技公司依照其在保险价值链上发挥的功能，大体上可以分为四类（见表 3-1）。

表 3-1　保险科技公司赋能保险价值链的不同分类

 产品与分销	• 个人或商业保险产品线数字分销业务，包括管理型总代理（Managing General Agent，MGA）、保险经纪人、线上市场和其他保险产品比较平台 • 向新兴或小众市场提供特定保险产品的公司
 加强商业流程	• 提供技术解决方案，帮助保险公司实现数字化营销、承保、保单管理、计费和理赔管理 • 提供以技术为驱动的员工福利经纪和管理 • 提供用于招聘、健康保险福利和薪资发放的集成式人力资源技术解决方案
 数据与分析	• 数据挖掘与分析 • 为公司建模，量化新型风险 • 提供分析平台和工具 • 开发或提供自动化机器学习功能
 理赔管理	• 提供由AI和机器学习驱动的理赔处理软件或移动应用程序，改善整个理赔周期中的保险公司与客户的沟通，加强数据捕捉和自动化 • 提供技术解决方案，为远程检查功能赋能（如管理无人机设备等）

数据来源：CB Insights、中国保险与养老金研究中心

韦莱韬悦（Willis Towers Watson，WTW）的调查研究显示，有57%的保险科技公司专注于产品与分销，迄今总融资额超过70亿美元；22%的公司致力于为保险公司加强业务流程，总融资额达到25亿美元；15%的初创企业提供数据与分析，总融资额约为5亿美元；而其余6%的公司为理赔管理提供技术支持和解决方案，总融资额约为2亿美元（见图3-7）。

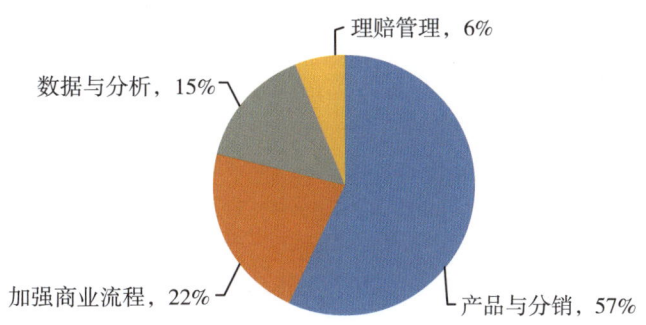

图 3-7　全球保险科技领域融资总额

数据来源：韦莱韬悦、中国保险与养老金研究中心

从保险科技公司的业务类型来看，投融资交易活动持续由以分销为中心的初创企业主导。自2014年以来，全球约有54%的融资交易发生在专注于分销的保险科技公司，B2B初创企业（主要面向保险公司、再保险公司和保险经纪人，提供软件和技术）的融资交易数占40%，只有6%的交易围绕全栈保险公司（持有保险牌照，能够管理整个价值链并为客户提供完整的产品或服务）。

值得注意的是，尽管资金仍然主要流向分销和全栈初创企业，但交易活动越来越多地转向B2B初创企业。与2017年第3季度相比，B2B领域的融资交易明显增多，在财产与意外伤害险市场的占比也有显著提升。自2018年初以来，B2B保险初创公司的融资交易数占总数的42%。在2019年第3季度的83笔投融资交易中，B2B领域占49笔，活跃度首次超过分销领域。

3.1.5 险种分布

在保险科技投资方面，财产险（P&C）行业最引人注目的是其吸引的交易数量。2010年以来，埃森哲研究部门识别了642笔不同的财产险领域保险科技融资，截至2018年的8年内，财产险行业吸引的交易数量有6年超过其他类别。尽管总投资额不如交易量那般显著，但针对财险领域保险科技的投资依旧飞速增长。2010年，财产险领域保险科技公司获得了6 300万美元的投资，占当年总投资额1.47亿美元的42.8%。在短短8年内，财产险领域保险科技公司总计获得17亿美元的投资，几乎是2010年对保险科技全部投资资金的12倍。

在迅速成长的财产险领域保险科技中，有两大亮点值得关注。

- 在车险业务板块，以UBI（Usage-Based Insurance）为主要发展方向。预计全球UBI市场将由2018年的156.2亿美元增长至2027年的1 051.2亿美元（见图3-8）。具有代表性的UBI车险公司有Root Insurance和Metromile，总融资额分别为5.28亿美元和2.93亿美元。

- 技术驱动的智能化房屋、租客保险，以纽约保险科技公司Lemonade为代表。技术驱动的健康险业务也是保险科技投融资的主要方向。财产险领域从2010~2018年共吸引了39亿美元的投资，而健康险领域在同一时期通过338笔交易吸引了54.7亿美元的投资。2018年，美国健康医疗板块的保险科技公司融资占当年全球十大融资的一半，这5笔融资总计11.5亿美元，占全年十大融资总额的52%。这些初创企业的机会是巨大的，预计到2023年，全球健康保险市场将从2017年的9 900亿美元增长到1.2万亿美

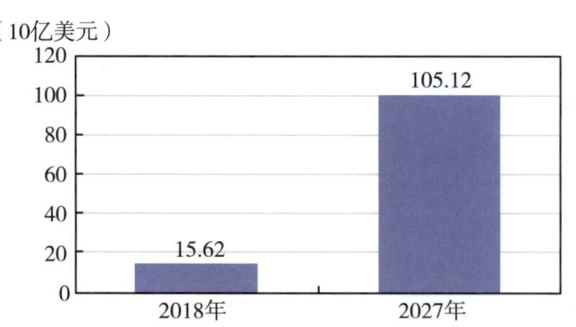

图 3-8 全球 UBI 车险 2018 年市场规模及其 2027 年市场规模预测

数据来源：Research and Markets、PR Newswire、中国保险与养老金研究中心

元，而这一增长将主要由美国推动。在技术发展的推动下，保险科技为健康险在支付手段创新、产品形态演变、提高健康管理水平等方面创造了充分的想象空间。在健康险领域，表现较为亮眼的初创公司有Oscar Health、Clover Health，以及Collective Health。

人寿保险业长久以来受僵化的分销模式、复杂的产品和有缺陷的销售渠道的困扰，人寿保险科技相对财产险和健康险而言，发展之势也较迟缓。尽管寿险科技初创公司的数量仍然较少，但在不断增加。这些初创公司致力于寻找数字化人寿保险的方式以吸引消费者。从全球范围内看，寿险行业一个重要的趋势是互联网寿险平台正在兴起。在这些平台中，中国香港的Blue、新加坡的Singlife以及韩国的Kyobo Lifeplanet值得关注。

保险科技拓宽了保险行业的想象力，也扩充了保险产品的类别。随着宠物保险、按需保险等新兴险种的出现，将会有更多新型保险产品落地开花。本部分主要介绍国际大型险企的数字化转型、UBI汽车保险、技术驱动的健康险和互联网寿险四个板块，并通过展示代表性的公司案例，为中国保险行业提供借鉴价值。

3.2 国际大型险企数字化转型之路

传统的大型险企由于产品长期性、客户依赖性等优势，较少面临来自市场外部力量的冲击，始终保持着稳定发展。这一特点使传统保险行业相较于其他行业显得更为保守。近些年，在金融科技浪潮的推动下，大数据、物联网、人工智能等技术开始运用于保险业务链条，保险价值链发生改变，风险被重新定义；与此同时，新兴的保险初创公司以技术作为驱动力量，正在改变原本稳定发展的行业格局。国际大型险企通过实现以客户体验为核心的流程再造和推出以技术驱动的保险产品创新方案，确保在新技术的冲击下仍能保持竞争力和领先地位。

3.2.1 大型险企数字化转型呈现多样化特点

传统大型保险公司的关注领域广泛，关注重点包括以提高客户体验为目标的客户信息识别、共享经济、可视化技术，物联网领域的智能家居、车载信息服务、可穿戴设备，人工智能领域的预测性分析、机器学习、智能机器人，大数据领域的网络安全、数字技术平台、API接口和数据、区块链服务等。

从不同的险种来看，财险与责任险领域对保险科技的关注度较高，车载信息服务系统已经应用于车险领域。网络风险作为一种新兴风险，也正在获得越来越多保险公司的关注。健康险领域，可穿戴设备发展已经较为成熟，保险公司将可穿戴设备与健康险业务相结合，并开发健康管理服务。寿险领域，人工智能技术被用于提高对客户信息的挖掘和分析能力。智能机器人以及全天候客服系统的运用，提高了客户与保险公司的交互程度，提升了客户满意度。

从不同性质的保险公司来看，原保险公司更注重开发以客户体验为目标的数字技术，提供差异化、创新性、定制的商业保险解决方案；同时，也比较注重对成熟技术的投资，以期获得较快回报。再保险公司则更注重底层的数据挖掘和分析能力的提高，对全新的、尚在发展初期的领域有着相对较高的投入，期望通过把握技术建立持续的领先优势。

从科技作用于保险价值链的不同阶段来看，相对于保险初创公司或科技类公司，传统大型保险公司更加关注面对客户的保险分销及服务环节。保险公司希望通过技术手段实现对客户信息的充分挖掘，推出多样化、定制化的保险产品，提高产品对客户的吸引力及数字体验能力。值得一提的是，由于传统保险公司往往业务规模较大，业务之间联系复杂，因此某个业务、环节的转型往往牵动着其他环节的变化，最终将促进保险公司完成整体业务链条的数字化转型。

3.2.2 多种手段积极应对数字化浪潮

（1）设置首席数字官职位，改进基础设施，整合数字相关业务

大型保险公司往往有着较长的发展历史，跨地区、多业务的发展链条使得它们的数字化转型需要全局性的战略规划和设想以及一系列与之相配合的基础设施。数字化运营机构的设立帮助保险公司从整体角度对数字相关业务进行管理和整合，数字化基础设施的完善则为数字化转型的具体项目提供支持。

一部分公司引入首席数字官（Chief Digital Officer，CDO）统筹数字化相关业务并制定整体的数字化转型策略。通常情况下，首席数字官负责的领域既包括战略层面的数字化投资与合作，也包括数字化创新方案的提出、内部技术力量的培育和数字运营系统的建立。除了CDO，也有企业设立首席技术官（Chief Technology Officer，CTO）、首席信息官（Chief Information Officer，CIO）等。CIO更加注重内部数字化能力的提升，比如数字化运营及数字分析能力的提高。

此外，数字基础设施，如IT架构的整合也是保险公司重点关注的部分。长期以来，传统保险公司缺乏有效的管理系统，不同项目之间，甚至同一项目的不同团队之间缺乏统一的沟通机制，交互效率低下。为降低内部交易成本，传统保险公司往往选择与技术服务类公司合作或独立建设统一的数字化工作平台。除提高内部沟通效率外，将数据信息和分析工具嵌入数字化工作平台，可以帮助保险公司实现数字化策略向解决方案的快速过渡，提高对事件的应变能力。同样，自动化承保系统和理赔管理系统能够帮助保险公司提高运营效率，降低运营成本。

（2）设立创新团队，建立外部合作，多渠道增加技术触点

除具有管理和决策功能的数字机构外，一部分保险公司（尤其是再保险公司）策划设立专门的数字创新机构，如数字实验室、研究院等，培育集团内部的数字能力。数字创新机构往往汇集了大量的研究人员，如数据科学家、算法工程师、商业化领域的专家等，对数据进行采集和分析，提出创新性的分析方法并建立商业模型，以应用到商业的解决方案中。

例如，文本挖掘和机器学习技术能够实现对重要内容的快速挖掘，提高分析效率；多元、预测性分析以及人工智能技术的应用则能够引入不同的影响因素，实现自动化分析并提高分析准确率。数字能力的提高对于保险公司尤为重要，它为商业化解决方案的实现提供基础，并提高公司的差异化水平，避免竞争中的同质化带来的损失。

此外，建立与技术公司、高校或研究机构的合作，引入新技术，优化自身业务链条也是保险公司提高数字化能力的有效手段。在与技术公司的合作中，保险公司能够将较为成熟的技术解决方案直接应用到与保险业务相关的领域中，进行运营系统或商业解决方案的开发。在与高校或研究机构的合作中，保险公司则能够探索如何将一些尚未被覆盖的新兴风险、尚未商业化的新技术应用到保险行业。

（3）通过企业风险投资（CVC）及孵化器、加速器，在全球范围内进行产业布局

与初创公司建立投资和合作关系也是传统保险公司进行数字化转型的重要部分。保险公司在投资领域不再仅仅局限于股票、债券、期权、期货等金融产品，一部分大型传统保险公司通过CVC或加速器，将投资目光转向与公司的发展战略和业务相关的初创公司，为这一类初创公司提供资金和技术支持，同时获取初创公司的技术和发展经验。与保险公司内部设立研究机构相比，对初创公司的投资能够紧跟行业发展的趋势，快速布局保险科技相关的上下游，分享初创企业的技术成果，在保险科技的赛道上保持领先的状态。

这对保险公司的资本实力和投资能力提出了较高的要求：仅仅投资几家初创公司难以达到目标，建立规模化、系统化的投资网络才能有助于保险公司把握市场发展规律和动向，实现对重点领域的战略布局。

3.2.3 瑞士再保险

作为全球知名保险集团，瑞士再保险将自身定位为处于市场领先地位的"风险知识公司"（Risk Knowledge Company），运用多种智能分析技术提升集团内部数字化能力，通过成立瑞士再保险研究院、积极对外展开合作等方式从外部推动行业发展，具有较高层次的战略眼光。

（1）数字化转型战略

瑞士再保险的数字化战略重点是"处于技术转型的核心"，积极改善基础IT架构，进行有关数字知识和相关技术的研究，参与初创科技公司的培养，确保公司始终处于行业知识和技术的领先位置。

- 瑞士再保险研究院（Swiss Re Institute）简介

针对影响保险业及再保险业的问题，瑞士再保险研究院采用公司内部专家与全球范围内外部研究伙伴相结合的方式开展研究，为客户提供增值价值。其关注的研究领域及内容非常广泛，包括巨灾风险、保险公司数字化转型、金融经济市场、新兴市场、能源、食品安全、健康、药物、社会、政治等多个方面。瑞士再保险研究院定期出版《Sigma报告》，关注保险和金融市场面临的战略性问题，提供保险市场趋势的综合性分析。此外，瑞士再保险研究院在全球对话中心（The Centre for Global Dialogue）举办各类会议和活动，对风险与保险事件进行讨论。

- 智能分析（Smart Analytics）能力

瑞士再保险通过各种渠道提高内部智能分析能力，并在全球范围内建立了智能分析研究中心。

在建立内部智能分析功能方面，瑞士再保险从底层的算法出发，在统计学、数学、计量经济学等学科内容的基础上，建立新的分析方法，定义新的模块和组件。例如，在文本和数据挖掘方面，瑞士再保险在基础知识上架设了智能检索、自然语言处理、机器学习、可视化结果等功能，并将这一类功能组件与商业领域相结合，提供与业务密切相关的智能分析服务。

在项目分析方面，瑞士再保险建立了由数据科学家、分析专家组成的分析团队，与商业专家、IT架构师和工程师共同参与不同的商业开发项目。在项目中，由商业专家提出设想方案，分析团队针对不同项目事件设计定制化的工具、平台和分析方法。已成熟的项目将转化为有效的软件解决方案，并嵌入到不同的IT环境中。基于项目实例的分析方法将帮助瑞士再保险更好地获得行业领先的大数据或智能分析能力，并实现商业分析能力与技术环境的无缝衔接。

在内部数据处理方面，瑞士再保险通过智能分析与自动化流程可以识别和分析非结构化数据。在外部数据处理方面，瑞再加大投入以识别和提取关键信息。与此同时，瑞再不断加强在变化的数据环境中提取数据以及在陌生的来源中快速处理大量数据和识别不同关系和模式的能力。此外，瑞士再保险建立了智能分析架构，并将分析工具、分析方法和分析平台整合到架构中，提供敏捷开发环境。

在基础平台方面，瑞士再保险拥有已预先安装分析环境的视觉机器、大数据CPU和GPU平台以及为认知计算和图像处理等特殊分析方法准备的云平台。

（2）投资与合作：吸纳外部数字能力

- 设立加速器

2016年，瑞士再保险设立保险科技加速器项目（Swiss Re InsurTech Accelerator Programme），与初创公司进行交流并提供相关建议。该加速器旨在探索具有潜力的新技术，以实现突破。

- 举办Hackathons活动，吸引技术人才

通过举办Hackathons活动，瑞士再保险吸引更多的技术创新人才，激发创新思维。瑞士再保险与IBM合作，共同在纽约和班加罗尔两地举办活动。活动以"我的个人风险助手"为主题，要求参与者利用IBM Bluemix中至少一个Watson认知组件，在48小时内设计一款基于网页或移动端的应用程序。此后，瑞士再保险在布拉迪斯举办了一期活动，参与者需要利用瑞士再保险提供的健康移动、环境、经济相关指数等多种数据，结合数据科学和认知技术，为个体或中小型企业主设计风险管理应用程序。

- 与大学和研究机构合作，研究行业新知识

瑞士再保险与多所大学、研究机构建立合作关系，共同研究未来风险可能发生的变化和影响保险行业格局的多种因素。例如，瑞士再保险与新加坡国立大学开展创新技术的合作研发以帮助公司孵化创新型解决方案，解决如人口老龄化、医疗进步及物联网技术等数字化、社会问题和城市化挑战带来的复杂风险转变，以及自然灾害风险问题。此外，瑞再研究院还和瑞士圣加仑大学合作对保险科技领域展开了研究。

- 发起区块链保险联盟B3i，探索区块链技术

瑞士再保险与安联集团、Aegon、慕尼黑再保险、苏黎世保险共同发起区块链保险联盟B3i，探索区块链技术在保险行业的应用。第一阶段，该联盟主要关注以区块链技术驱动的再保险交易平台，并于2017年9月首次展示了经过Beta测试的巨灾保险智能合约系统。该系统覆盖了智能合约、保费缴纳和理赔结算等多种功能。

- 与科技公司合作，提高运营效率

瑞士再保险与IBM合作，开发基于IBM Watson认知计算能力的承保解决方案。IBM Watson能够分析和运行大量的非结构化数据，并在与人类和数据的交互中不断学习。依托此技术，瑞士再保险能够实现更为精准的定价和承保决策。

在文书的提取和分析上，瑞士再保险与Nitro合作，通过将Nitro定制的安装包应用到瑞士再保险自身的系统和内部协议中，实现保险合同向电子文档的转换。此外，

瑞士再保险还与以色列初创公司Harmon.ie合作，利用其基于人工智能技术的平台自动识别和分析基于云的应用程序（如Microsoft Office 365和SharePoint）的信息，并按照具体的主题或项目进行分类，使员工可以直接通过Harmon.ie平台查看所有关于项目的信息，改善员工协作，提高风险评估能力。

- 投资初创企业

瑞士再保险通过投资初创企业，吸纳外部数字力量，其已与多家企业达成投资关系。

Digi.me：帮助客户管理个人数据，并在客户授权的情况下将用户个人数据分享给公司，为客户提供定制化产品和服务。

SimpleTherapy：一个数字平台，将物理治疗与人工智能相结合，为客户打造骨骼肌肉疼痛恢复计划。

Biovation：一家专注于精密医疗可穿戴健康监测设备的数字健康公司。瑞士再保险希望通过借助Biovation的技术实现对健康事件的预测和管理。

Sharecare：为用户提供定制化信息、项目和资源来提高用户健康水平的健康参与平台。瑞士再保险为Sharecare的用户提供财务健康状况评估，减小用户的财务压力，提高健康水平。

（3）数字化转型具体落成情况

- 风险分析工具

LRDTM（Liability Risk Drivers TM）是瑞士再保险推出的责任风险成本计算和承保模型，通过分析在不同损失场景下风险因素对单一风险和条款的影响，帮助客户保险公司在损失信息有限的环境下更好地作出决策并进行承保。为了加强风险的可视化程度，瑞士再保险建立了基于网页的应用程序，进一步帮助客户识别不同因素（如行业、地点、商业流程和不同的损失场景等）带来的风险影响。

- 客户信息分析工具

讨论记录分析（Discussion Note Analytics），将高级文字分析技术应用于与客户的讨论记录中，同时引入内部和外部数据，提升对客户和市场的洞察力，掌握客户需求并将其与特定战略举措相结合，以发现战略机遇、引导客户对话和为客户提供相关服务。

慢性病地图（Chronic Disease Map），能够弥补传统疾病调查方法的不足，通过运用聚类分析、情绪分析等高级分析方法，结合划分年龄、性别和分析收入等手段，分析超过600万条推特来研究美国不同地区的疾病分布情况。该分析结果可在地图上进行查看，展示了区域内的疾病趋势和个人对于疾病的观点。

法庭案例分析（Court Case Analytics），通过文字挖掘、自然语言处理等方法对责任险理赔案件的深层次内容（如行业和企业的风险暴露情况、事件特征和趋势等）进行分析。

- 核保工具

人寿与健康保险核保文件分析（Life & Health Underwriting Document Analytics），运用最新文字分析技术识别核保文件中最重要的信息，并将这一类信息显示给核保人员，提高核保效率。此外，文档信息还可以直接导入核保处理系统，节省数据录入时间。

财产风险筛查（Property Risk Screening），通过文字挖掘技术从非结构化数据内容中挖掘第三方风险属性，将相关信息导入风险识别工具中以进一步处理。短期内，风险工程师可以阅读更多的报告，实现更精准的成本计算，进行定价决策。

合同智能化（Contract Intelligence），基于IBM Watson技术的智能搜索技术，实现合同相关信息的搜索并帮助合同专家识别和审阅相关信息。

- 再保险——人寿与健康险板块

Magnum数据平台（Magnum Data Platform，MDP）能够将新的业务信息（包括渠道、客户、医疗信息等）与当前执行的业务情况相结合，使保险公司充分了解各类影响因素，并对业务进行分析。通过分析数据，保险公司能够实现最优风险投资组合，从而提高运营效率，亦可以通过了解保单持有人的行为确定目标市场或优化产品。

平台能够提供自动化可配置的承保决策工具，帮助搭建端到端、直通式的新业务平台；帮助客户实现快速承保和业务处理，降低承保费用。

- 再保险——财产与责任险板块

CatNet，是将区域内风险特征可视化的工具。通过将灾害、损失、风险暴露和保险信息与地图和卫星图像相结合，分析单个地点的风险或形成整体的风险图谱。通过CatNet，客户可以查看全球范围内的风险暴露情况并生成报告。

（4）评价与分析

传统的保险模式中，保险公司对数据的运用仅局限于保费的计算和保单的创建，数据的来源也较为单一。瑞士再保险利用文字挖掘、自然语言处理等智能方法，为保险公司提供如风险模型、承保模型、用户分析等附加技术服务，帮助保险公司对客户行为数据进行深入挖掘，有助于更精确地描绘风险场景，分析客户行为。此外，智能合约、文字识别等技术的运用有助于保险公司内部承保流程的改善和部门的协作，提高承保能力与效率。

在数字化转型过程中，瑞士再保险重点关注物联网、参与系统、认知计算和数据资源四个领域。其中，瑞士再保险希望加大对物联网的技术投入，以改善传感器精度，以自动化方式简化保险流程。与传统保险公司不同，瑞士再保险的数字化转型由内到外，以内部数字知识和技术的提高来驱动数字化转型。瑞士再保险利用自身的研究优势和资本优势建立研究院，并希望通过研究院和其他研究部门、技术人员的创新推动行业内风险知识的深入研究和创新型数字技术的突破与提高。

此外，瑞士再保险通过设立加速器、进行外部投资等与初创公司达成合作，获取行业内的最新动态，作为数字能力和智能分析能力的补充。作为一家大型的再保险公司，瑞士再保险的客户主要为世界各地的保险公司，因此其不仅专注于自身的数字化转型，同时致力于推动其他保险公司乃至整个保险行业的数字化转型，以实现整个保险价值链的价值和效率提升。

3.2.4 安盛

安盛提出五年发展计划，从两个角度出发实现目前的利润增长和未来的创新驱动。首先，将精力聚焦在能为企业大幅提升利润的业务上。随着全球经济下行，安盛必须面对全球性的低利率和经济低增长率水平的挑战，因此公司更注重目前的业务能否盈利，并将战略重点转移到欧美成熟市场的选择性发展、新兴市场的高速发展以及各地的业务效率提升。其次，对未来趋势进行判断和尝试。安盛的第二个角度是业务转型以确保未来的发展，比如开发新型用户体验、转变客户关系、提升员工数字化能力等。

（1）"Focus"：聚焦提升财务竞争力

安盛的五年计划包括集团性财务目标，如每股盈余提升3%~7%、经营自由现金流累积超过280亿欧元、股本回报率平衡在12%~14%之间等。为积极管理集团资本与资金、合理提升财务状况并稳定集团开支水平，安盛采取了开源和节流两方面的举措。安盛既关注成长性领域业务的拓展，又注重提升整体效率和技术利润率，采取了以下举措实现数字化转型与财务目标达成：

- 业务布局方面，安盛专注于成长性领域

具体来说，安盛对亚洲市场、健康险等大领域十分感兴趣。例如，在亚洲市场，安盛倾向于抓住中国、新加坡等有着宽松环境的市场；在欧美成熟市场，安盛则选择推出更多增值型服务。

亚洲市场：利用大公司合作和车险打开市场。在中国，安盛与阿里巴巴合作，利用阿里巴巴的流量优势为阿里巴巴客户群打造量身定做的保险产品。这一合作的第一阶段将侧重于三类保险：延修险及货损险、中小企业团险、海外旅游保险。在新加坡，安盛与私人汽车载客公司Grab合作，推出按里程数计费的UBI车险，最高可帮GrabCar车主节省30%保费额。此外，安盛与新加坡电信合作，推出与汽车OBD（On-Board Diagnostic）盒子捆绑销售的汽车保险。在马来西亚，安盛同样推出了马来西亚首个UBI车险AXA FlexiDrive，最高可为车主节省20%保费。该车险为车主配备OBD盒子，除了可以监控用户数据外，还有事故后自动触发警报功能，提升了车主的安全性。

欧洲市场：提供健康服务。在欧洲，安盛推出了一个由APP和网站组合成的医疗保健生态系统AXA Health Keeper。该APP能跟踪用户日常活动，并帮助其设置个性化锻炼KPI目标，同时根据不同用户诉求建立健康管理内容。此外，该网站还提供7×24的医疗热线服务以及优惠的医疗/康复服务。未来，Health Keeper团队将能够获取健身、日常、营养、睡眠、体重、生物识别等140多种设备的数据。

- 技术布局方面，安盛力求降本增效

2020年，安盛计划节省21亿欧元的税前成本，因此希望通过数字化手段降低理赔等成本性支出。目前，安盛尝试通过大数据、机器学习等手段逐渐提升风险管理能力。传统保险可以承受地震、风暴等极端事件造成的损失，但异常天气造成的损失却缺少足够的保障，对经济和人类生活造成了严重影响。2017年，安盛与Climpact-Metnext公司合作孵化了Climate Secure公司，为建筑、交通和农业等"天气敏感"行业提供量身定制的参数保险和异常天气风险管理解决方案，帮助客户了解、减轻和确保天气异常造成的经济损失。该参数保险帮助安盛实现快速的赔偿和非常低的索赔管理成本。如果达到"天气阈值"，则触发自动理赔支付。例如，如果在给定的时间内、给定的作物区域的降雨量少于100毫米，则自动触发参数保险理赔，无须专家人工勘测。

（2）"Transform"：数字化产品及服务

在巩固原有业务的同时，安盛更希望将前瞻性眼光放在新型用户体验、用户关系转变、员工能力提升三大方面。随着客户的数字化要求越来越丰富，安盛也将做出越来越多的尝试。

- 险种创新

安盛率先推出了针对新型场景或特定人群的不同险种，将场景与技术深度融合，包括与其他公司合作的长途车保险、失能收入损失险，以及自主研发的UBI车险、区块链航延险等。

长途乘车保险产品：2015年，安盛与法国长途客车公司BlaBlaCar联手，为其欧洲的数百万会员量身打造长途客车保险产品。所有法国会员在使用BlaBlaCar在线预订系统规划时，都可免费获得保险。该产品主要包括两项保障：一是如果车辆故障，可保证乘客和司机安全到达原目的地；二是已投保的司机若请求乘客代为驾驶，则乘客驾驶时可享受该司机的保单权益。

失能收入损失险：安盛与再保险公司PartnerRe、在线金融提供商RemitRadar合作为印度籍经济移民提供综合保险及汇款服务。这些新兴国家的民工群体由于难以购买合适的产品，其保险密度只有不到10%，而该合作项目将为RemitRadar公司的汇款客户免费提供数字保险解决方案，从而保证了他们的长期财务稳定性，使他们在伤病发生时也获得收入。如果该民工因伤病而无法工作，他们能享受回国并得到与收入相当的理赔额。此外，安盛在保险、资金转移、金融科技等方面能使用RemitRadar的在线社交渠道和AI深度学习能力。

移动产品按需保险：安盛与硅谷保险公司Trōv合作，为英国和澳大利亚年轻人推出了面向千禧一代的按需保险。用户可通过智能手机灵活购买单件物品的保险，并在APP中通过"滑动"打开或关闭该物品的保险。这一保险的保费按天计算，可投保物品以手机、笔记本电脑、相机等消费类电子产品为主。

UBI车险产品及服务：2017年，安盛推出了UBI车险产品DriveCheck，通过APP收集用户数据从而提供高达30%的车险折扣。用户必须提供总行驶距离超过600千米、40次3千米以上的数据集合，以获取折扣资格。这款APP利用智能手机的GPS，根据天气、交通条件、车辆的位置和四个速度计算子指标（加速度、制动、转弯、速度）分析用户的驾驶风格，并给出相应的折扣。

区块链航延险：Fizzy是安盛于2017年9月最新推出的新型航延险。该产品基于以太坊区块链技术自动处理付款，当航班延误超过两小时，用户将立即收到赔付，用户付款和赔偿数据存储在链中。目前，Fizzy已经开发了从巴黎到洛杉矶的一条航线，在用户购买此航延险时会先告知赔付金额。

- 服务创新

除了新型产品，安盛也十分注重用户服务。为了打造与客户之间更好的沟通与合作关系，安盛推出了驾驶行为诊断和智能家居等服务。

预防服务：AXA Drive Coach是一款专为Apple Watch设计的应用程序。它的功能是辅助用户分析、修改和改善驾驶行为。Drive Coach通过分析驾驶时的加速、制动和转弯等信息为驾驶员提供实用的安全驾驶提示。每次行车后，用户都可以看到驾驶行为反馈，还可以将结果与其他驾驶者的结果进行比较，或在Facebook上分享。

保健服务：AXA Connected Home是安盛与多家物联网设备商合作搭建的物联网智能家庭服务。安盛与物联网设备制造商建立合作伙伴关系，通过摄像头、传感器等设备实现实时防御入侵、火灾、燃气泄漏、污染及其他紧急事件，为客户提供7×24全天候服务协助。与安盛公司建立研究合作伙伴关系的第一批制造商包括MyFox、Kiwatch、Philips Huo、Orange My Plug四家公司，分别是智能警报器、WiFi摄像机、智能LED灯泡、智能插座制造商，覆盖了外部入侵检测、家庭远程监控等大部分智能家庭服务功能。

- 讨论和培训

从公司内部出发，安盛还对员工进行了数字化领域的讨论和培训，提高员工适应性能力。

"Start-in"项目：安盛于2014年建立了"Start-in"协作创新平台。该平台面向安盛的16万名员工征集创意新思维。2015年该项目"客户体验""中小企业"等主题展开讨论，最终提交了815个创意（包含客户体验主题620个和中小企业主题195个），2.2万名员工参与投票，参与人数同比增长超过50%。

"逆向导师辅导"：打破隔代交流隔阂，建立新兴对话平台。2015年，安盛启动了逆向导师辅导培训，内容主要是组织新聘技术型员工为公司内部人员上培训课。

导师能与级别更高且对数字化转型充满好奇心的员工分享他们的专业知识，不同年龄层的员工也找到了一个新的领域进行互动。通过逆向指导，安盛化挑战为优势，将各代人聚集在一起，合理处理了目前大多数大公司面临的代沟问题。该项目在集团中取得了巨大的成功，第一年吸引了1 000多名参与者，公司内部也形成了一个蓬勃发展的逆向导师社区。

（3）投资孵化产业链

安盛构建了包含孵化、投资、合作三个环节的完整创新产业闭环，是一个十分积极的保险科技行业参与者。目前，安盛孵化器Kamet已孵化出5个项目，其中3个已获A轮投资；安盛旗下风投CVC公司AXA Strategic Ventures（简称"AXA SV"）已投资31个项目，其中4家公司已获得新一轮投资。除此之外，AXA Lab也在全球范围内不断挖掘机会，为集团规划整体投资思路。

AXA Lab：安盛分别于2013年和2014年在硅谷和上海设立了保险科技实验室AXA Lab及AXA Lab Asia。AXA Lab提倡具有硅谷传统的"车库创业精神"，并致力于检测保险科技最新趋势，将创业公司和大型高科技企业（如Facebook或Linkedin）与安盛连接起来，培育集团的数字文化。

Kamet：Kamet是独立于安盛的保险科技孵化器，目前资金量2.3亿欧元。Kamet专注于投资种子项目，目前已孵化出Padoa等5个项目，其中Padoa、Qare和Fixter 3个项目已获得A轮融资，融资金融分别为500万欧元、600万欧元、600万欧元。Padoa为企业团体健康险提供一揽子服务；Qare是一家为在法外籍人士提供服务的数字医疗平台；Fixter是英国最早推出的汽车按需维修平台。

AXA Strategic Ventures：2015年2月，安盛成立了一个2亿欧元的风险投资基金——AXA SV，将安盛集团的资金投入保险、资产管理、金融技术和医疗保健服务的新兴战略创新行业，同时以中国香港为突破口捕捉亚太地区的新兴机会。目前，AXA SV已经成为全球最活跃的保险集团旗下基金。截至2017年11月共对外进行了31笔投资，其中22笔集中在种子轮与A轮，在数字健康、物联网领域都有布局。

3.3 全球UBI汽车保险一览

近年来保险科技如其他应用科技一般，在时代的变迁中不断更迭。对于传统财险，汽车保险是最早出现互联保险的行业，也是取得进展最大的行业。随着车联网技术的发展，UBI（Usage-Based Insurance）车险诞生，对车险的计费方式进行了革新，是保险科技领域中颇具代表性的一类险种。

UBI保险的市场规模在2018年超过250亿美元，Global Market Insights的最新研究报告显示，到2026年UBI保险的市场规模将达到1 150亿美元，预计在2019年至

2026年之间的复合年增长率为21%（见图3-9）。

推动UBI市场增长的主要原因有：汽车行业重点转移到远程诊断技术；联网汽车数量的增长为UBI带来新的机会；具有连接车载设备功能的智能手机日益普及；保险公司通过UBI车险提升盈利能力。

图 3-9　全球 UBI 车险市场规模

数据来源：Global Market Insights、中国保险与养老金研究中心

3.3.1 车联网（IoV）开启 UBI 车险新纪元

车联网的概念引申自物联网（Internet of Things），作为车辆到车辆（V2V）通信的扩展，是由支持物联网的汽车组成的移动网络。车联网以车内网、车际网和车载移动互联网为基础，利用传感器、网络载体、计算机及无线通信等技术收集有关驾驶人驾驶习惯、驾驶行为方式、道路交通等信息，实现人车之间、车路之间及车与网之间的信息交互与传递。远程信息处理技术（Telematics）是典型的车"连"网，由无线通信技术、卫星导航系统、网络通信技术和车载电脑组合而成的一个车载信息系统，是车联网的重要组成部分。Telematics目前主要应用在车载系统上。根据使用目的不同，Telematics可分为三种基本类型：交通信息与导航服务、安全驾驶与车辆保护及故障诊断的车辆维护服务、娱乐及通信服务。随着汽车远程信息处理技术的快速发展，现代车辆有望与周围环境交换大量信息。通过显著扩展网络规模并进行实时、长期的信息处理，传统的车载网络正在一步步发展为车联网。

Telematics技术推动车险的定价方式由"从车定价"转变向"从人定价"。一方面，Telematics技术将成为管理驾驶人行为、强化安全驾驶自我约束机制的有力手段。为了避免支付高额的车险保费，驾驶员将自觉主动地强化安全驾驶行为。另一方面，在该模式下，保险公司的风险管理也由被动应对转向主动管理，降低了保险公司的赔付风险和虚假理赔比率。

自美国前进保险公司（Progressive Insurance）和通用汽车保险公司（GMAC）开始通过组合GPS技术和跟踪里程驱动的蜂窝系统提供基于里程的保险折扣时，第一批基于使用的保险（UBI）在美国浮出水面。

如今的UBI通常指跟踪里程和/或驾驶行为的汽车保险，由车载信息技术驱动，保险公司能够收集消费者的个人驾驶数据，并根据每个消费者的驾驶行为提供目标价格折扣。随着车载信息服务技术和物联网的发展，UBI市场开始呈现上升趋势。2013年全球UBI市场渗透率不到1%，而2016年UBI市场增长率高达32%，有效UBI车险保单达到1 400万份；2017年全球约有1 740万件有效UBI车险保单；2018年，有效UBI保单数进一步增长至2 480万，增速为43%（见图3-10）。

图 3-10 2016~2019 年全球 UBI 有效保单

数据来源：Ptolemus UBI、中国保险与养老金研究中心

（1）以设备类型划分UBI车险

全球UBI市场按照设备类型主要分为四类：车载诊断系统电子狗（OBD-Ⅱ Dongle）、智能手机（Connected Smartphone Application）、黑匣子（Black Box/Telematics Box）、嵌入式远程信息处理（Embedded Telematics）。

OBD-Ⅱ Dongle通常指由保险公司或第三方开发商提供、可插入车辆的车载计算机，捕获车辆从加速、制动到行驶速度、车辆碰撞的实时数据。该设备的局限在于，它只能衡量车辆的运行状况，无法对驾驶员进行监测，更无法识别多个驾驶员共享同一辆车的情形。将智能手机和定制移动应用程序用于车队远程信息处理解决方案，受到广泛的欢迎。智能手机提供了便捷、易于访问且低成本的车队跟踪媒介。但是，智能手机较易受驾驶员人为操控。黑匣子是安装在车辆上的电子设备，用于记录和监测驾驶员的表现。通过内置的SIM卡向保险公司发送驾驶员的数据。嵌入式远程信息处理系统是由车辆制造商嵌入到车辆中的，制造商可以和保险公司共享有关车辆的实时数据，但与OBD-Ⅱ Dongle具有相似的局限性。

目前OBD-Ⅱ Dongle在北美地区占据主要市场份额；而在欧洲和亚太地区，黑匣子市场处于领先地位，智能手机排在第二位。在未来，智能手机作为一种使汽车连接网络的低成本、非投资解决方案，预计将增加市场份额。

（2）以政策类型划分UBI车险

全球UBI市场按照政策类型主要分为三类：按里程付费（Pay-as-you-drive，PAYD）、按驾驶行为付费（Pay-how-you-drive，PHYD）、管理驾驶习惯（Manage-how-you-drive，MHYD）。

PAYD是UBI的基本政策，主要是按照被保险车辆的行驶里程数来计算保费。PHYD强调对驾驶行为的追踪，其指标包括加速度、行驶时间、行驶路线和急刹车等。MHYD则不仅监控驾驶行为，还为驾驶员提供反馈以促进安全驾驶。

PAYD易于部署，算法复杂度低，且具有成本效益，在过去几年来一直处于主导地位；随着远程信息处理技术的进步，PHYD能够更有效地监测驾驶员的风险，PAYD逐渐让位于PHYD。根据Global Market Insight的报告，2017年PHYD类车险占据了UBI市场70%以上的主导份额。MHYD与其他两种政策的明显区别是将被动的事后追责转变为主动防御，且使保险公司能为客户提供连续的、不间断的交互，增强了保险公司与客户的黏合度。

3.3.2 美国车险巨头的UBI之路

美国是世界上最早推行UBI车险产品的国家，从保费规模来看，美国毫无意外位居全球第一，而第二位则是意大利。三家美国公司Progressive Insurance、State Farm和Allstate占据全球UBI保险约35%的份额。本部分主要介绍Progressive Insurance和State Farm，其发展历程、技术应用和产品模式具有借鉴价值。

（1）美国前进保险公司（Progressive Insurance）

Progressive Insurance于1937年成立，1994年在世界上首次推出车联网保险产品，是全球第一家开展车联网保险产品的公司。目前，Progressive Insurance在市场上比较成熟的UBI保险产品是PHYD。

Progressive Insurance在车联网保险产品的研发方面主要经历了三个阶段：

第一阶段（1994年），Progressive Insurance为承保车辆中带有OnStar（通用汽车的车载远程信息处理设备）的车辆安装GPS定位装置和车载记录设备，记录车辆的运行状态，然后根据驾驶信息数据进行定价。这就是UBI保险的前身。

第二阶段（2003年），Progressive Insurance推出新的UBI产品——TripSense。用户可以自主选择是否加入TripSense项目，将数据记录设备插入他们汽车的端口，上传自己的驾驶里程数据来获取相应的保费折扣。

第三阶段（2008年），Progressive Insurance推出Snapshot产品。公司为申请试用的用户免费安装车载数据收集设备，然后根据试用期内收集到的数据评估车主的驾驶行为并计算分数，以此分数确定个性化费率。

2015年起，Progressive Insurance推出Snapshot移动应用程序，该APP将自动监控和测量驾驶员的数据。每次行程结束时，APP为驾驶员提供个性化信息，包括一星到五星的驾驶评级、数据摘要和量身定制的驾驶技巧，以帮助客户提高评级分数，管理驾驶风险。由此，Progressive Insurance的UBI车险由PHYD逐渐发展向MHYD。

（2）州立农业保险公司（State Farm）

State Farm成立于1922年，是美国最受欢迎的汽车保险提供商。目前，State Farm在美国的汽车保险市场拥有10%的份额。

2011年，State Farm推出了一款被称为"In-Drive"的车辆服务系统。装载In-Drive系统的车主可以选择加入名为"Drive Safe and Save"的UBI车险项目，获得10%~50%的保费折扣。

与Progressive Insurance的Snapshot不同的是，State Farm通过将In-Drive系统装入车载设备OnStar，提供了一系列的增值服务，例如一键式紧急响应、道路救援、被盗车辆跟踪、车况诊断警报和维护警报。只要驾驶员选择将Drive Safe and Save项目纳入其汽车保险，OnStar/In-Drive的组合就会持续向State Farm反馈数据，从而使State Farm可以长期监测驾驶员的驾驶习惯。

2019年6月，State Farm与Cambrige Mobile Telematics（驾驶数据采集与分析服务商）合作推出了3.0版本的Drive Safe and Save Mobile APP。该APP使用智能手机传感器和固定在车辆上的信标设备来监测急刹车、超速、恶劣的加速度和急速转弯等情况，并实时发送报告。

3.3.3 美国UBI车险初创公司

（1）Metromile

Metromile成立于2011年，是一家位于旧金山的汽车保险初创公司，现已成为美国UBI领域标杆性企业。Metromile迄今为止进行了六轮融资，筹集了超过2.9亿美元，中国太平洋保险曾于2016年对其进行了5 000万美元的投资。Metromile于2016年9月收购了保险公司Mosaic，从一家代理人机构转换为一家在美国50个州拥有保险牌照的正规保险公司。

Metromile的保费分为两个部分：基础费率和每英里费率（通常为几美分/英里）。基础费率和每英里费率的确定方式和传统车险公司一致，参考年龄、驾驶历史和个人信用等因素。

Metromile为客户提供一个名为"Metromile Pulse"的设备——由GPS驱动，可插入OBD-Ⅱ端口，以记录传感器数据，生成即时损失通知并捕获事故细节。与其他UBI保险公司不同，Metromile并不考量驾驶行为，仅跟踪驾驶里程，出售按里程付费（PAYD）的汽车保险。Metromile通过里程维度上的个性化定价，瞄准低里程用户，奠定突出的价格优势。据称，驾驶较少的客户每年可以节省高达500美元的汽车保费，约是传统汽车保险费用的40%~50%。

Metromile的另一大亮点是其由人工智能和机器学习技术驱动的理赔系统AVA。使用Metromile Pulse收集的传感器数据，AVA可以重建事故现场，立即确定索赔的详细信息是否准确。在验证索赔后，Metromile可以在几秒钟内自动批准付款。

（2）Root Insurance

Root Insurance是美国最大的财险类保险科技初创公司，成立于2015年。2018年10月，Root获得了1亿美元的D轮融资，之后估值达到10亿美元，跻身独角兽行列。2019年9月，Root Insurance宣布了其3.5亿美元的E轮融资，总融资额达到5.27亿美元。

与Metromile不同，Root Insurance不根据用户的驾驶里程数进行报价，而是通过收集用户的驾驶行为数据，使用人工智能技术来分析用户的驾驶行为，界定出"好司机"和"坏司机",为"好司机"提供更优惠的保险。此外,人工智能算法还可以对其他影响驾驶安全的因素,如是否配备高级的辅助驾驶功能等,进行综合考量,全面评估投保人的驾驶风险。

Root Insurance的另一个创新之处在于它的一体化服务。公司没有雇佣任何一位代理人,它将所有功能都整合到了APP当中。在完成对用户驾驶行为的数据搜集之后,APP就开始扮演代理人的角色。用户可以在APP中随时购买和取消保险,完成事故申报与索赔,以及呼叫道路救援服务等。这不仅为公司减少了代理人费用,同时提高了理赔效率,改善了用户体验。

目前,Root Insurance的服务范围覆盖全美29个州,可供超过65%的美国驾车人群使用。2019年前6个月,公司保费收入超过1.87亿美元,较2018年同期增长824%。

3.3.4 欧洲大型险企落子UBI市场

欧洲UBI市场在2018年占60亿美元,在2019~2027年预计将以24.6%的复合年增长率增长,到2027年将达到433亿美元。从"渗透率"指标看,意大利的UBI车险渗透率超过了15%,比例高居全球第一;英国的渗透率为3.5%,位列第二。未来,欧洲汽车行业的强劲增长,将持续推动UBI市场的增长(见图3-11)。

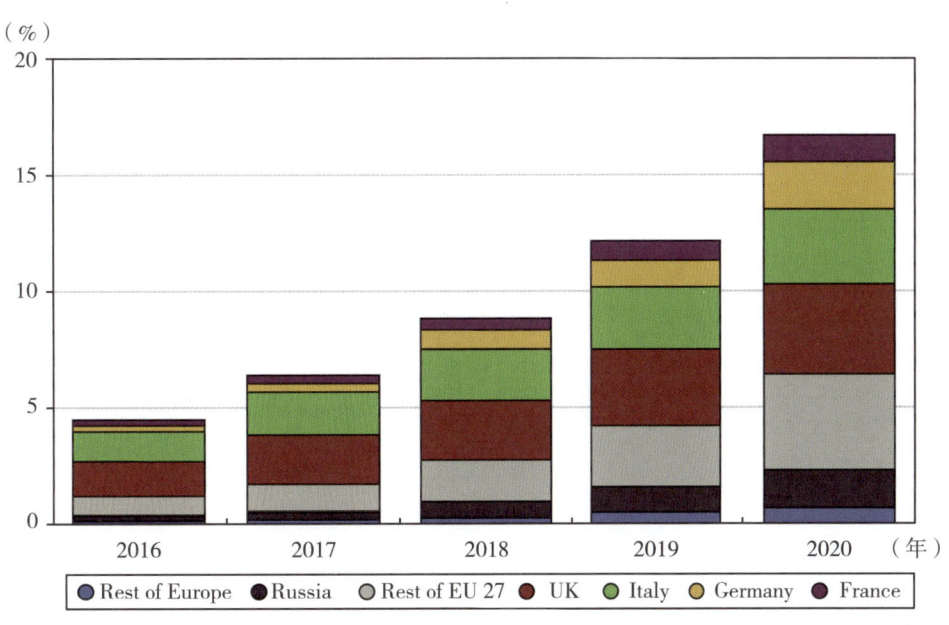

图3-11 欧洲UBI市场规模预计增长趋势(2016~2020年)

数据来源:Statista、PTOLEMUS

(1)德国安联集团(Allianz)

2015年,安联旗下部门Allianz Commercial与车队事故管理提供商FMG合作,使安联的车队和汽车贸易保单持有人以折扣价格访问FMG的远程信息处理软件服务Ingenium Dynamics。Ingenium Dynamics旨在通过识别、管理和降低风险来改善驾驶员行为。

2016年安联推出自己的远程信息处理组件BonusDrive，该应用程序可洞察评测驾驶员的驾驶行为。如驾驶行为良好、28岁以下的司机在前12个月内可节省高达40%的保费，之后每年节省30%的保费。

安联的远程信息处理客户遍布意大利、西班牙、瑞士、荷兰、英国和中国等国家。安联最新发布的《保险2029：展望与机遇》中，明确将UBI市场定位为新机遇。

除了自身发展远程信息处理，安联还通过旗下投资部门Allianz X对保险科技初创公司进行投资，布局车联网。2016年，安联对自动驾驶汽车技术公司Nauto进行投资，并达成战略协议。根据协议，Nauto及其汽车和保险合作伙伴将授权数据和技术，包括Nauto的人工智能动力汽车网络。

（2）法国安盛公司（AXA）

2015年4月，安盛宣布推出Drive Coach移动应用程序。这款与Apple Watch连接的APP可以为所有驾驶员提供移动程序，帮助分析和改善驾驶行为。

安盛的UBI产品开始于2016年，在东南亚推出首个针对私人租车司机的UBI保险。AXA Pay-as-You-Grab政策使司机能够按里程计算保费，从传统商业车险中节省高达30%的费用。

2017年安盛推出了基于远程信息处理技术的汽车保险AXA FlexiDrive。该保险的核心是安装在汽车电池上的小型设备，可以跟踪驾驶参数，如驾驶速度、加速和急刹等，以确定车主的驾驶行为。

此外，安盛针对年轻车主推出了DriveSave保险政策，新客户可获得20%的折扣。为获得折扣，客户需要下载DriveSave App并使用APP记录驾驶过程。为鼓励良好的驾驶行为，在DriveSave评估中获得超过70分的用户还将在一年内获得额外5%的返现退款。

（3）慕尼黑再保险（Munich Re）

慕尼黑再保险公司一直在推动远程信息处理，以帮助车险客户更好地了解自身的驾驶习惯，最终减少索赔、控制保险费用以及启用UBI保险产品。

2017年，慕尼黑再保险与汽车碰撞和索赔专家CCC信息服务公司旗下的DriveFactor合作，推出了远程信息处理APP，用于记录用户驾驶行程、评估驾驶习惯并提供反馈和安全提示。

2019年上半年，慕尼黑再保险动作频频：2月，投资部门Munich Re Ventures领投了商业汽车保险数字提供商INSHUR的A轮融资；5月，与远程信息处理提供商The Floow建立全球伙伴关系，将The Floow的数据收集、数据提炼和评分解决方案与公司的保险产品和专业精算知识相结合，为公司遍布全球的保险客户提供卓越的解决方案。

3.3.5 5G 时代的汽车保险

5G牌照的发放，标志着中国正式进入5G商用元年，全球5G时代亦不远矣。5G技术将大幅提高车联网信息传输的效率，实现"人—车—路—云"的高度协同，车联网、自动驾驶将是未来重要的5G商用场景。5G促进无人驾驶等新型驾驶模式的产生和普及，自动驾驶将引领保险产品的创新。

自动驾驶汽车的出现可能会为车险行业带来四个方面的变化：

第一，更低的事故率、更高的维修和替换费用。毕马威预测，未来十年内自动驾驶技术将使事故率降低35%~40%，但由于自动化驾驶汽车的成本更高，因此维修费用预计将上涨25%~30%。

第二，新的风险因素，包括软件和网络失灵、系统错误、黑客和网络犯罪，以及安装或升级软件失误等。

第三，汽车将记录大量的数据。自动驾驶汽车上安装的复杂传感器可以监控和记录汽车的行驶数据，这些数据可以用于评估风险、汽车保险定价、理赔管理以及反欺诈识别。

第四，安全责任转移。自动驾驶技术将使大部分安全责任从司机转移到汽车制造商和软件供应商，保险公司需要为责任转移过程中出现的新风险提供保险服务。

未来的道路模式会向"汽车即服务"转变，车险将根据车辆的使用频率、驾驶行为进行定价，保险公司和汽车制造商的合作关系将逐渐成为车险行业最重要的合作关系。

3.4 数字驱动的健康险

3.4.1 健康险主要发展趋势

全球健康保险市场的竞争非常激烈，大部分医疗保健提供商都在不断开发和应用能够增强医疗保健市场基础设施的技术，这也将使健康保险领域出现更多的创新产品。顶级的医疗保健提供商已经开始使用先进的技术，帮助客户在购买医疗保险的过程中作出决策。此外，多个发展中国家为公民提供了公共健康医疗保险，这可能会导致一些私人健康险公司需要以更大的融资机制进入发展中国家的市场。

在全球范围内，出现了一些值得关注的保险科技初创公司，它们对健康险的创新充分体现了大数据的应用特征。这些健康险"独角兽"，或通过数据手段对年轻群体采取健康管理，或通过风险预测模型对慢性疾病进行干预。从海外健康险初创公司创新发展的历程来看，有以下几条创新趋势：

（1）简化医疗保健流程，提高客户黏度

医疗保险公司正朝着为客户提供医疗保健引导的方向发展，以简化客户的医疗保健旅程，增加与客户的互动。该领域的早期实践者正在向客户和其护理人员（例如家庭护士、社区护士和药房人员等）提供人口健康管理知识，以有效进行健康管理。Cigna就曾推出了客户应用程序OnGuide，通过使用预测分析来了解客户行为，及时参与客户的健康保健过程。

（2）通过移动渠道为现有和服务不足的市场提供核心和增值保险服务

越来越多的健康保险公司通过使用APP提供核心和增值服务，例如加入保险计划、保费收取和理赔处理，以及定位医生、预约就诊和回答健康问题等。英杰华（Aviva）推出了数字医生APP，使客户可以通过视频咨询医生，进行初步诊断并获得基本健康问题的建议。

（3）通过物联网设备实现预防性护理模式

健康保险公司正在朝着预防性护理模式发展，通过使用物联网设备（例如可穿戴设备）提供主动的健康管理。United Healthcare向其MA计划参与者提供访问、持续血糖监测移动系统的权限。该系统是一个穿戴在腹部的传感器设备，可以测量用户的血糖水平，并帮助用户更好地了解他们的饮食习惯和运动方式，从而采取适当的预防措施。

（4）数据分析使预测性诊断和个性化护理成为可能

健康保险公司通过数据分析促进预测性诊断和个性化护理的发展，从而更有效地引导人口健康模型。预测性诊断使保险公司能够进行主动、及时地护理干预，从而提高护理效率并降低理赔成本。对于保险公司而言，想要提供有效的护理，构建人工智能、机器学习和高级分析能力至关重要。

3.4.2 全球健康险市场概览

（1）主要增长因素

2018年，全球健康保险市场规模为1.7万亿美元，预计到2024年市场规模将达到2.2万亿美元，复合年增长率（2019~2024年）约为4.3%。推动市场增长的主要因素有慢性病患病率上升、老年人口激增、医疗保健支出增加以及全球范围内巨大的医疗费用等。

（2）从细分类别看健康险市场增长

- **按险种划分**：根据险种，健康保险分为医疗保险、疾病保险和收入保障险三类。其中，医疗保险所占市场份额最大，未来增长最快。2018年全球医疗保险市场规模约为2 350亿美元，这主要归因于医疗保险在发展中国家越来越普及。全球医疗保险规模在2019~2024年预计将以4.8%的复合年增长率增长。这一增长主要依靠提供医疗服务的大型嵌入式医院网络推动。收入保障险的规模最小，未来五年的复合

年增长率约为2.4%。

- **按期限划分**：根据保险期限，健康保险可分为定期保险和终身保险。2018年，定期健康保健保险的保费收入为1.3万亿美元，约占76.5%的市场份额。在两类保险中，定期保险预计将增长得更快、更大，2019~2024年的年复合增长率预计为4.7%。相对于终身型医疗保险，定期型保险具有在保险到期后可以收到一次性付款、保费成本低等好处，因此更受消费者青睐。

- **按提供商划分**：根据保险提供商，健康保险可分为私人健康保险和公共健康保险。其中，公共健康保险占据主要市场份额。2018年，全球公共健康保险的收入接近9 000亿美元，预计在2024年将达到1.2万亿美元，复合年增长率为4.1%。公共保险具有成本效益。此外，公共保险政策有时会帮助患者支付自付费用。然而，私人健康保险在未来五年内将增长得更快。2018年，私人健康保险的市场规模约为5 300亿美元，预计在2019~2024年期间复合年增长率为4.7%。私人健康保险的优势在于客户可以通过健康顾问制订高级治疗方案，在私立医院享受灵活的治疗时间，自主选择需要的服务和医生等。

- **按地区划分**：北美是全球健康保险市场的领导者，2018年北美健康险市场规模超过4 700亿美元，预计2019~2024年，复合年增长率达到3.7%。这主要基于北美市场具有良好的保险结构和医疗体系，雇主被强制要求为雇员提供医疗保险。此外，突出的保险政策（例如美国的Medicare医疗保险计划）也将在未来几年推动健康险业务增长。

在全球范围内，预计亚太地区的健康险市场增速最快，未来5年内的复合年增长率高达5.7%。到2024年，亚太地区健康险收入规模预计将达到5 000亿美元。推动亚太地区市场增长的主要因素有不断扩大的医疗保健行业、逐渐提高的健康意识以及慢性病患病率的上升。

3.4.3 Oscar Health: 健康管理 + 医疗保险

Oscar Health成立于2012年11月，将自己定位为"以技术为重点的健康保险公司"。2018年8月，Alphabet对Oscar Health投资3.75亿美元，使其融资总额达到13亿美元，估值超过30亿美元。Oscar Health通过数据手段、健康管理等方式降低人们的医疗支出，致力于构建属于自己的全方位医疗保健系统。Oscar Health在顾客咨询、问诊、用药等一系列环节提供服务，主动介入医疗护理过程，从而有效控制医疗费用。

Oscar Health的APP如同医生版的"大众点评"，用户可以对医生进行评分。无论客户需要初级保健医生还是专科医生，都能够通过地理位置、医疗预算和医生评分等筛选条件自主选择医生问诊。Oscar Health还创建了24×7的"Doctor on Call"功能。用户可以直接通过网页或APP对在线医生发送请求，附上症状图片，医生会在15分钟内回复电话，并在通话期间向药房发送处方。Oscar Health 的理念，是建立自己的医疗提供商网络，通过医疗网络为客户提供附加价值，而不是仅仅在客户产生医疗支出时被动支付。Oscar Health 为每位客户配有一个健康咨询团队，包括一组护理指导和一名护士。该团队可以根据客户的健康状况匹配最适合的医生，帮助客户管理慢性疾病，持有执照的护士则能够为客户提供专业的健康保健建议。Oscar Health 还开设有健康中心 Oscar Center，会员可以在这里享受初级保健服务，免费参与健身活动。Oscar Center 能够为会员进行健康检测、帮助会员预防疾病、管理慢性疾病，实现主动的健康管理。

相较传统健康险广泛的医疗网络，Oscar Health 的网络在提供完善护理方案的同时，还具备"窄网络"的优点——节约成本、临床整合以及高质量服务。为实现这样的医疗网络，Oscar Health 划分出了客户可能需要的 500 种不同类型的护理，细分至先天性心胸外科和神经病学。此外，两支团队还选出了常见的提供商配对（例如麻醉师和外科医生），以确保其医疗网络包含所有特定类型的护理所需的医护人员。

3.4.4 Clover Health：数据分析 + 慢病管理

Clover Health 成立于 2013 年，是一家位于美国旧金山的健康险初创企业，主营业务是为 65 岁及以上的老人提供联邦医疗保险优良计划（Medicare Advantage，是 Medicare 的补充计划，以下简称"MA"计划），并使用数据分析进行慢性疾病管理。Clover Health 是美国发展最快的 MA 公司之一。MA 计划作为 Medicare 的一部分，允许其覆盖人群通过私人保险来获得保障。相关数据显示，2016 年 Medicare 覆盖的人群中约有 30% 通过 MA 计划获得保障。

成立 6 年来，Clover Health 共完成了 6 轮大额融资，顺利跻身"独角兽"行列。截至目前，Clover Health 共融资 9.25 亿美元。Clover Health 目前在美国乔治亚州、新泽西州、亚利桑那州、宾夕法尼亚州、南卡莱罗纳州、田纳西州和得克萨斯州共有 4 万名客户，年收入大约为 4 亿美元。作为一家 MA 公司，Clover Health 的大部分收入来自美国政府。

传统健康险公司通常在客户提出索赔后的时间点介入医疗健康护理流程，而 Clover Health 希望通过数据分析技术识别客户发生并发症的风险，及早干预、预防更大的风险，将介入点提早到理赔发生之前。Clover Health 会搜集包括公共健康、电子病历、病理检验结果、药物处方和影像在内的数据并对数据进行清洗和加工。通过其自主研发的机器学习模型，Clover Health 能够预测客户发生糖尿病并发症的概率，从而确定高风险患病人群，并提供干预解决方案帮助他们改善健康状况。

借助谷歌的深度学习算法，Clover Health 还开发了一款住院率预测模型（Hospital Admissions Data Model），识别未来 28 天内有可能入院的患者。该模型实现了高达

85%的准确率。住院费用占医疗保健行业支出的1/3以上，而Clover Health通过住院率预测模型识别出高危患者，提供额外的护理和干预方案，从而降低患者因急性事件再次入院的概率。其干预计划将入院率降低了15%~20%，最高可达到50%。

Clover Health积极管理慢性病风险。慢性疾病医疗保险可以和消费者的利益绑定，因为在承保期内，客户所面临的风险是可以预测的。对保险行业来说，慢性病患者的年均费用几乎是非慢性病患病人群的8倍。Clover Health希望通过积极的慢性病管理，提高慢性病患者的整体健康水平，从而降低医疗费用，实现有效控费。Clover Health拥有自建的医疗团队，对现有的家庭和专科医生进行辅助。针对高风险客户，Clover Health会安排护理人员定期对其进行上门体检，在患者中断某项检查或治疗时及时提醒，以帮助患者避免住院治疗。

3.5 互联网寿险

3.5.1 全球人寿保险现状概览

（1）人寿保险和年金有望实现高增长

根据瑞士再保险公司的预测，2019~2020年全球寿险保费将强劲增长，增长率将远高于过去10年的年均水平（见表3-2）。[①]

表3-2　　　　　　　全球寿险业增长预测（2008~2020年）

市场	2008~2017年（A）	2018年（E）	2019~2020年（F）
发达市场	-0.7%	0.8%	1.2%
新兴市场	8.1%	-2.0%	8.7%
全球	0.6%	0.2%	2.9%

注："A"为年度平均值（annual average），"E"为估计值（estimate），"F"为预测值（forecast）。
数据来源：Deloitte Insights、中国保险与养老金研究中心

新兴市场将主要推动寿险和年金保费收入的增长，预计年增长率将达到8.7%。其中，中国市场将在未来两年贡献近一半的全球寿险保费收入增长。在发达国家的寿险市场中，保费增长相对缓慢，但也将超过历史平均水平。美国和加拿大的保费增长将超过其他国家。

（2）分销渠道固化

人寿保险主要通过代表保险公司的专属经纪人和代表几家保险公司的独立经纪人出售。此外，在20世纪80年代，保险公司开始通过银行和理财顾问销售定期寿险和年金产品。尽管现在人寿保险也可以通过邮件、电话和互联网直接出售给客户，

---

① https://www.swissre.com/dam/jcr:b8010432-3697-4a97-ad8b-6cb6c0aece33/sigma3_2019_en.pdf.

但这一部分所占的市场份额非常有限。

2009~2018年10年间，独立保险经纪人占据了寿险市场一半以上的份额，是第一大寿险分销渠道；专属经纪人所占份额在40%左右，为第二大分销渠道。两者的总份额达到了90%，而包含线上销售在内的直接销售渠道在2018年仅占6%（见图3-12）。

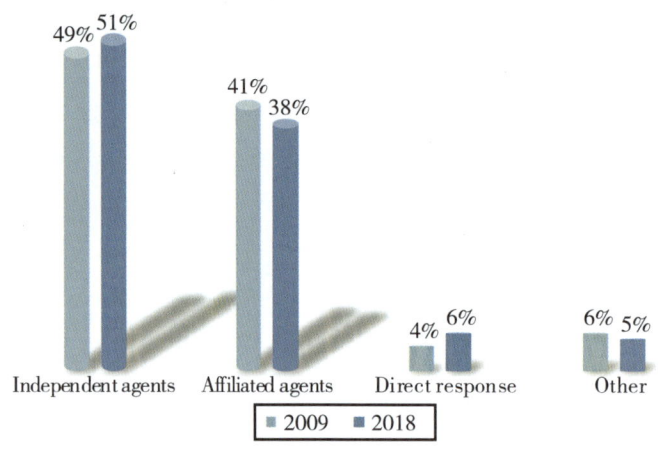

图3-12　美国寿险业分销渠道分布（2009年和2018年）

数据来源：LIMRA

数字化革命颠覆了许多行业，但在寿险领域的进程相对缓慢。由于寿险产品销售过程中充斥着过多的面对面互动和大量的文件，互联网寿险平台的起步和发展落后于其他保险领域。

每月有超过100万条与人寿保险有关的谷歌搜索，对前十大寿险公司网站的月访问总数达到700万人次，这表明客户对线上人寿保险的兴趣很大。但是，消费者无法像他们预期的那样轻松便捷地在线搜索、评估和购买寿险。虽然有超过70%的人在线上收集人寿保险的相关信息，但其中只有不到1/3的人在线上购买寿险。

根据美国人寿与健康保险基金会（LIFE）和美国寿险行销调研协会（LIMRA）的调查，全年龄段消费者中有约半数（45%）会在网上查找有关人寿保险的信息，但最终会选择与保险经纪人或理财顾问一起完成购买。超过一半的"千禧一代"会在网上研究人寿保险，但他们会通过专业人士购买人寿保险。而"95后"则最有可能（32%）在网上研究并购买寿险。

（3）互联网寿险平台兴起

目前，大多数传统寿险公司都在提高费用效率［例如机器人流程自动化（RPA）］和多样化成本（例如将非核心业务外包，或将数据和软件转移到云端），同时积极进行战略性投资。越来越多的寿险公司希望通过人工智能、数字化、创建新的销售平台、开发替代产品和其他创新来增强核心系统，提升客户体验。

由于人寿保险具有周期长、资金量大的特点，通常被认为是复杂且难以理解的，因此互联网保险公司多选择财产保险或健康险为主营业务，通过互联网销售人寿保险的公司较少。根据清华五道口中国保险与养老金研究中心发布的《2018全球保险科技报告》，在近5年来成立的、持有保险公司牌照的互联网保险平台中，经营财产险和健康险业务的平台占绝大多数。尽管如此，在同一时期，全球各大主要保险市场仍出现了针对互联网寿险的尝试。

当下，一个重要的趋势逐渐明朗——互联网寿险平台正在兴起。纵观全球范围内关于互联网寿险的尝试，互联网寿险平台将是寿险经营能力与互联网基因的结合，而决定性因素则在于数字化技术对寿险经营能力的提升。本部分将以互联网寿险平台为切入点，通过介绍亚洲市场的两家互联网寿险公司，为中国的互联网寿险发展和寿险数字化提供借鉴思路。

3.5.2 Singlife：新加坡40年来首张新寿险牌照

Singlife（原Singapore Life）于2014年在新加坡成立，在2017年6月获得新加坡金融管理局（Monetary Authority of Singapore）颁发的人寿保险经营牌照。Singlife主要通过网络和移动端，为中小型企业、商家和个人提供全天候的在线保险金融服务，致力于为用户提供简单且安全的长期人寿和储蓄解决方案。2019年7月，住友生命保险公司（Sumitomo Life Insurance）以9 000万美元购买了Singlife约25%的股份，使Singlife的总融资额达到1.73亿美元。

Singlife以D2C（Direct-to-Consumer）模式运营，通过线上和代理人渠道销售定期寿险（Term Life）和重大疾病（Critical Illness）保险产品。此外，Singlife还推出了癌症保险计划。

Singlife推出了移动优先保险储蓄计划Singlife Account。Singlife Account通过手机端APP为客户简化储蓄。Singlife Account是一项每年可续保的人寿保险计划，最高可提供105%账户价值的人寿保险金。开户的初始金额为500新元，账户金额达到1万新元后，客户每年可从中赚取2.5%的利息；对1万新元以上的部分，年利率约为1%；超过10万新元的部分则不予利息。此外，Singlife还配套推出了Visa借记卡，借记卡持有人可以随时使用账户中的储蓄。客户还可以通过账户进行海外交易，且不会产生外汇费用。

Singlife作为一家持有保险牌照的金融科技公司，将业务扩展到传统保险方案之外，通过将寿险与储蓄账户结合，解决了闲置储蓄资金收益低的痛点。

3.5.3 Kyobo Lifeplanet：韩国数字化寿险开拓者

Kyobo Lifeplanet（KLP）成立于2013年12月，是韩国唯一一家拥有保险牌照的纯互联网寿险保险公司，也是韩国第一家通过PC端和移动端提供服务的人寿保险公司。KLP仅提供线上保险，没有保险代理人，从订购保险、维护到解决索赔均在线上处理。

教保生命在2019年1月向其注资近1 500亿韩元（约合1.337亿美元）。在此之前，KLP曾进行过三次融资：2014年11月，KLP通过发行新股增加了380亿韩元的资本；2015年11月，增加了240亿韩元；2016年12月，又增加了150亿韩元。

KLP推出了数款创新型保险产品。e-Saving Insurance是一款100%保证本金的寿险产品。该产品以储蓄为导向，附加费用仅从所缴保费累计的利息中支出，确保了在保险到期时能够全额归还客户的保费本金。相比之下，传统保险公司提供的类似产品会立即从客户的初始保费中扣除附加费用，如果客户提前退保或终止保单，保费本金将出现负增长。

韩国寿险协会对KLP的5款产品授予了专有权，专有权能够禁止其他市场参与者在3~6个月内复制和销售特定的保险产品。除e-Saving insurance外，还包括：

• 电子住院和电子外科手术：KLP与政府代理机构合作，利用住院费和手术费相关的数据设计的医疗保障产品，减少非必要支出和模糊的福利，降低保险费率。

• 健康与年金起搏器：由KLP开发的产品，用户通过在简单的网页或应用程序上输入年龄、性别、健身活动等数据，获得每月需缴的保费数额和付款期限的信息。

3.5.4 海外互联网寿险发展经验总结

（1）互联网寿险是数字化技术与寿险承保能力的结合

互联网寿险平台通常是互联网与寿险承保能力的结合。各大数字化寿险平台均依托具有强劲实力的寿险公司成立；而互联网基因则各不相同，既有纯寿险公司背景，也包括互联网巨头不同程度的参与。

（2）各个市场互联网寿险平台发展的情况与监管环境密切相关

Singlife于2014年便已成立，但在2017年才获得牌照开展业务，作为新加坡40年来首张新颁发的保险牌照，其难度可想而知。英国的数字化寿险平台Gryphon也已完成高额融资，但仍在申请牌照流程中，尚未开展业务。

（3）产品简单化更贴近消费者，摆脱对传统代理渠道的依赖

复杂而难以理解的产品以及对代理人渠道的高度依赖是寿险行业的传统特征。互联网寿险平台普遍希望推出更简单、易于理解、低价的产品，同时借由线上渠道提高分销效率，摆脱对高成本代理渠道的依赖。

（4）决定性因素：从定价到理赔的全流程数字化改造

作为资金量大、经营周期长的行业，寿险行业具有很高的经营要求。决定互联网寿险平台经营可持续性的因素更多在于数字化技术对寿险经营水平的提升，包括通过多维数据实现精细化定价、基于数字驱动和算法基础的承保程序、使用人工智能技术进行智能核保和理赔等覆盖寿险业务全流程的数字化改造。

3.5.5 全球人寿保险数字化发展趋势

对人寿保险公司来说，2008年金融危机的影响尚未完全消散。由于保费停滞增长和激烈的行业竞争，保险公司的利润正面临挤压。此外，年轻一代的消费者购买人寿保险的意愿相对较弱，人寿保险的投保率普遍下降。

传统的寿险企业意识到，保险科技的发展为行业提供了许多机会，因此开始探索多种途径与保险科技公司合作。为提高流程效率，保险公司还与各种生态系统合作伙伴集成。

最后，跳出互联网寿险的视角，对全球人寿保险数字化的发展趋势进行预测。

（1）提供动态且灵活的产品

人寿保险公司通过利用移动高级分析、实施数据捕获与处理等新兴技术，为无力购买长期保险或传统寿险的客户提供细粒度产品和按需（on-demand）寿险。美国保险科技公司Bestow曾与慕尼黑再保险公司位于美国的人寿与伤残保险分部合作，为其按需寿险平台开发寿险产品。

更灵活、种类更多的寿险产品为人寿保险公司带来新的收入来源，刺激停滞的保费增长。简化的产品更便于客户理解，将提高保险公司的获客效率，减少吸引新客户的成本。

（2）成为帮助客户形成健康生活方式的教练

随着健康管理和健身APP的日益普及，保险公司正在积极开发健康管理和健身平台，通过平台获取客户的健康数据，为客户提供及时的反馈、沟通和奖励来提高客户参与度。例如英国的VitalityLife，通过其健康优化器（Wellness Optimizer）奖励那些身体指标（例如血压、血糖、胆固醇、体重指数等）保持在健康范围内的被保险人。

当越来越多的客户使用人寿保险公司提供的健康管理工具时，保险公司将对客户的生活方式有更深入的了解，进而帮助客户防范生活中的风险，进而提升客户对寿险公司的依附度。

（3）实时提供服务

人寿保险公司正在一系列的客户服务中只用基于人工智能的技术（例如机器学习、自然语言处理），以实现流程自动化并降低成本。印度人寿保险公司Future Generali在2018年推出了聊天机器人REVA和首创的WhatsApp for Service平台。两种数字工具都利用了人工智能技术，为保单持有人提供保单条款查询相关的实时解决方案。保险公司也在探索语音辅助功能，使客户更容易获得服务，增强互动体验。

（4）加快承保流程

人寿保险公司正在使用技术创造工具加快承保流程，随着数字技术的进步，更多数据可以被获取，数据点集更加广泛，这些承保工具的精确性将会提高。美国保诚就通过使用其独有的风险评估死亡率模型（Risk Assessment Mortality Model，RAMM），在其承保平台PruFast Track上为符合特定标准的客户加快寿险承保流程。此外，保险公司还与数据提供商合作，预先填写客户信息，缩短收集客户信息的过程，改善申请人体验。

人寿保险公司将通过承保流程自动化节省大量的成本。随着承保工具不断进步，保险公司将能够更快、更准确地进行风险评估。

4. 我国保险科技发展面临的机遇与挑战

4.1 保险业务专题：积极应用保险科技提升保障水平和效率，促进保险业进一步回归保障本源

当前，我国保险业的发展正面临着改革开放以来从未有过的挑战和机遇同生并存的大变局，面临着宏观经济周期、技术变革周期与行业"新周期"叠加的复杂形势，但仍具备"化挑战为机遇"的条件，处于重要战略机遇期。

从宏观经济形势看，我国正处于从高速度发展向高质量发展转型的过程中，一些传统上促进保险业增长的外部动力呈现弱化态势，但我国拥有全球最大规模的中等收入群体，以及全球最大规模的老龄化人口群体，是推动居民消费结构与金融资产配置结构发生深刻变化的力量，也是保险业化挑战为机遇的经济基础。

从技术变革趋势看，如今没有几个行业像保险业这样遭遇如此迅速的颠覆，呈现指数级发展的多种技术正合力改变保险业。从历史长周期的视角观察，面对前三次技术革命，保险业都应时而变、与时俱进，转变了自身的产品结构与发展形态，最终实现了行业的变革与繁荣。新的第四次技术革命也将为行业发展注入新的动能，创造和拓展新的风险管理需求，为保险业创造出化挑战为机遇的技术支撑。

当前，我国已经是全球第二大保险市场。2011~2017年是中国保险行业的高速增长期。2017年，中国保险业保费收入5 414.46亿美元，占全球市场份额的11.07%，仅次于美国成为全球第二大保险市场。2018年，保费规模达3.8万亿元人民币，资产规模18.3万亿元人民币。中国已经成为全球保险市场增长的主要引擎，全球保险业重心东移的趋势明显。据瑞士再保险研究院统计，中国占全球保险市场的份额从1980年的0上升至2018年的11%，10年后预计将达到20%，几乎相当于整个欧非中东发达市场的份额。2018年，中国的保费收入总额达到5 750亿美元，巩固了全球第二大保险市场的地位。目前，中国市场规模仍不到美国市场（1.469万亿美元）的40%，也小于欧洲三大市场的总和（英国、德国、法国合计8 360亿美元）。据瑞士再保险研究院预测，到2029年，中国将占全球保费的20%，并在21世纪30年代中期超过美国而成为世界最大的保险市场。**在全球保险业重心东移的趋势下，保险科技成为保险行业转型发展的核心竞争力。**

从投融资数据看，保险科技正在成为新的风口。根据FT Partners发布的数据，2019年第1季度保险科技行业融资活动共59起，融资总额为15.4亿美元，并购活动共24起，总额达19.7亿美元。从地区分布看，北美市场仍然占据主导优势，融资额度占整体的58%，亚洲区占比为12%。从险种分布看，财产险领域融资额占比为34%，人寿险和健康险领域融资额占比为49%，其他领域为16%。在所有的融资活动中，84%的初创企业经营保险业务，16%的初创企业主营技术类业务，为保险公司赋能。保险科技正在吸引消费者。保险科技在安永给出的5个最受欢迎的金融科技类别中，从2015年的第四位跃升至第二位。毕马威在金融科技全球趋势报告中指出，金

融科技强劲的投资步伐在2019年上半年没有出现放松的迹象，而保险科技领域持续吸引大量资金，2019年上半年对保险科技的投资趋势发生了转变，对保险科技的投资扩大到财产险和人寿险之外的补充细分市场。

近年来，以数字金融为代表的数字经济占中国GDP的份额已近1/3，是当前新经济的重要组成部分。保险作为金融体系和生产生活保障的重要组成部分，其发展与国民经济发展密切相关。如何利用数字金融和创新科技推动保险行业转型升级，更好地服务实体经济成为关键问题。

4.1.1 保险科技进入发展的第三阶段，深度赋能保险业价值链

目前，保险行业步入从高速度发展向高质量发展的转型升级期，科技是推动保险业质量变革、效率变革、动力变革的核心驱动力，也是推进中国保险业转型升级与动能转换的关键。我国保险科技发展经历保险信息电子化、保险业务线上化、科技深度赋能保险业三阶段。

- 第一阶段：保险信息电子化阶段。这一阶段的发展重点是保险数据与业务信息简单的电子化，技术重点是加强核心业务系统、电话中心系统、数据中心等数字基础架构建设。
- 第二阶段：保险业务线上化阶段，如销售、投保承保、理赔、保全等业务流程线上化，其中销售线上化最为突出。
- 第三阶段：保险科技逐步渗透保险行业价值链的各个环节，保险机构通过人工智能、大数据、云计算、区块链等技术赋能传统的业务流程，大幅度提升保险业务经营的效率。

从市场主体的维度看，大型保险公司具有牌照、资金、市场份额以及承保能力的优势，大型险企将数字化转型作为重要的发展战略，对IT架构建设、云平台、业务核心系统等数字化基础设施进行数十亿级资金投入。例如，中国人寿于2019年上半年全面启动"科技国寿"建设三年行动，全方位赋能保险价值链，运用大数据、人工智能技术为公司客户、队伍、网点提供高科技应用，不断丰富国寿数字化服务生态。人保提出"三四一一"工程，数字化战略推进集团新一代IT架构和标准建设，构建统一、共享的云基础平台，推进子公司业务系统升级；创新驱动战略组建集团及创新孵化器，设立千万元级创新奖励基金，启动131个创新项目，持续优化"保险+科技+服务"商业模式。平安将每年收入的1%投入的科技研发，在"金融+科技""金融+生态"的战略规划指引下，提出"科技赋能金融、科技赋能生态、生态赋能金融"，强化人工智能、区块链、云三大核心技术领域研究。2019年上半年，平安集团科技专利申请数达1.8万项。太保提出"数字太保"战略，关注数字化前端、数字化中后端、计算机能力建设、敏捷开发机制与数字安全。

大型保险公司的数字化转型战略具有三大特点：第一，均将数字化战略提升到

集团发展战略的高度，通过组织架构调整、设立科技子公司的方式布局数字化业务。第二，对数字化建设加大投入，通过对数字化基础设施建设进行大量投入建设自有数字能力。第三，保险科技对保险业务价值链深度赋能，将技术应用于产品设计、营销、核保核赔、客户运营、风控反欺诈的各个业务环节。

中国保险市场作为新兴市场处于快速的发展和裂变过程中，技术发展助力多元化市场主体入局。中小型保险公司凭借技术在产品、服务、渠道发力，打造差异化竞争优势。从互联网人身险业务看，排名前五位的公司分别为建信人寿、国华人寿、工银安盛、平安人寿和弘康人寿，中小型寿险公司积极进行金融创新，加大保险科技布局和促进互联网渠道业务。以众安、泰康在线为代表的互联网保险公司开启凸显线上及技术属性的全新商业模式，在渠道上建立完全线上的D2C模式，技术实力更强大，在业务布局上互联网保险公司改变了传统上以车险业务为主的业务结构，非车业务业态丰富。此外，以BATJ为代表的互联网巨头等非保险业者开始进入保险市场。互联网企业具有流量和技术优势，给保险行业原有的格局带来冲击。以水滴保、相互宝为代表的网络互助平台迅速拓展数亿级用户，并尝试引导用户向商业保险购买转化。网络互助平台借助线上渠道、低进入门槛快速传播，面向年轻人群、下沉市场人群，并以网络互助的形式引导用户进行保险消费自我教育。互联网巨头的进入意味着保险行业触达客户的方式发生了变化，从代理人触达变为线上触达，这也可能会在未来带来保险行业的竞争模式变化。

保险信息基础设施建设的突破推动行业生态升级。数字经济时代，数字资产是第一资产，数字资源是第一资源。2013年，经国务院批准，保险行业专门成立了一家负责信息共享平台建设运营的公司（原中保信），建立了行业级数据共享的新格局，搭建了保险业与其他行业信息交互的新桥梁。目前，保险业已经相继建成了全国新一代车险信息平台、农险信息平台、税优型健康险信息平台、保单登记管理信息平台、行业增值税管理平台，搭建了车险反欺诈系统、保险公司服务评价系统和保险销售行为管理系统，正在推动建设保险中介平台、保险信用信息系统等。平台服务对象涵盖保险公司、监管机构、保险消费者和相关社会公共部门，汇集险种范围包括人身险、财产险等多个领域，实现了各类数据跨公司、跨地区、跨行业的共享及应用。

从险种维度看，保险科技在财产险、寿险、健康险等险种中广泛应用。在车险领域，各险企均推出了以人工智能技术为依托的图像智能定损技术，提升了车险的理赔效率。随着大数据、物联网技术的发展，车险业务的精细化定价将成为重要的发展方向。此外，技术的发展极大地拓宽了财险业务的保障范围，以信用保证保险、场景化保险、企财险为代表的非车险业务迅速发展，成为财险领域新的增长点。在寿险领域，保险科技深度赋能保险业务价值链。在渠道端，技术发展赋能代理人渠道进行营销创新。互联网人身险渠道兴起，中小型险企在互联网人身险领域表现突出。语音客服、智慧柜面、开发客户APP等智慧化客服能力建设举措也是寿险业提升客户服务水平的重要举措。在健康险领域，保险公司的角色由被动的理赔支付向主动的健康管理转变，医疗健康大数据广泛应用提升了健康险业务的定价和风控水平，并将保障范围由标准体拓宽到次标体，为慢病群体提供保障。

从业务流程维度看，保险科技在保险业务的各环节中深度应用。在数字化保险产品创新、智能营销、智能承保、智能化理赔流程、数字化客户服务、智能风控等各个环节，保险科技深度应用。例如，在保险产品创新方面，保险产品定价日趋精细化，数字化保险产品实现敏捷快速上线，产品设计理念向场景化、小额化、定制化以及规模化转变等。保险科技在产品设计和定价、营销、核保核赔、客户服务及风控领域的应用提升了保险业务的运营效率及客户体验。

从技术维度看，人工智能、大数据、云计算、区块链四大技术广泛应用。目前，对保险行业影响较为广泛的新科技主要包括云计算、大数据、人工智能和区块链技术。"新保险"时代，业务量级呈几何级数增长，用户的多元化需求需要得到快速回应，市场不仅需要更高效的运转，还需要确保其稳定性及平等性，这对底层技术设施提出了极高的要求。科技作为基础设施的硬件将直接驱动行业变革，成为连接所有市场主体及行为的枢纽。

4.1.2 保险行业信息化水平面临五大挑战

随着金融科技的不断深入，我国保险业的信息化发展在新形势下呈现出新的特征，并取得了一些新的成果。但是，保险行业的信息化水平在这些新特征、新趋势下同样也面临着一些新的挑战。

- 观念上的挑战。行业部分公司既有业务模式与操作行为惯性较大，针对金融科技发展带来的业务模式变化、操作行为变更等方面，要主动适应、主动思考、主动破解难题；同时，要有主动创新的意识，围绕客户"衣、食、住、行"等场景，开发个性化、针对性强的产品。

- 机制上的挑战。部分公司科技产品研发仍套用传统的产品研发与项目管理模式，存在环节多、流程长、耗时久、创新容错不足等问题，很难适应当今时代市场环境快速变化、客户需求不断增多的外部环境。信息化建设应有长远性、前瞻性，不应只关注短期成本收益，一些见效慢的创新工作往往具有后发优势。现在有些公司发展比较快，特别是在线交易方面发展比较快，关键在于抓住了科技发展的"牛鼻子"，上了科技的"快车道"，实现了快速跨越。

- 技术上的挑战。行业部分公司在金融科技与信息化发展中频于、盲目于应用新技术。同时，因新技术应用过频过快，企业相应的技术队伍没有配套培养起来，技术上严重依赖于外部资源，出现技术"受制于人"的局面。保险机构应坚持以服务实体经济为目标进行技术研发、迭代升级，推动实体经济发展。

- 数据上的挑战。部分公司数据治理意识薄弱，数据标准化管理与应用挖掘的能力不足，"数据孤岛"和"数据烟囱"没有得到有效解决，数据安全和隐私保护制度建设相对滞后。中国银保信将来应扮演银行、保险业公有云的角色，避免重复建设，推进数据高质量应用。

- 人才上的挑战。现阶段，既懂保险业务又懂信息技术的高水平复合型人才总量不足。应该加强复合型人才的培养，充分调动行业内各层次人才的积极性，承担适合自己的工作。新时代，我们要始终有紧迫感、压力感，顺应行业信息化发展趋势，抓住机遇，化解各种挑战，共同推动保险业高质量发展。

4.1.3 新金融、新经济、新交互推动"金融+科技"创新发展

当前，我国金融业发展已迈入新时代，高质量发展是新时代下金融业发展的内在要求。保险业作为金融的重要组成部分，也在积极向高质量发展转型。现阶段，新技术还应在产品创新、提升服务质量和效率等方面进行更多探索，以适应新一轮科技革命带来的数字化转型挑战。

（1）新金融驱动"金融+科技"创新发展

在数据化、网络化的趋势下，人民群众的生产方式、生活方式、思维方式等正在发生变革，高效、安全、普惠、精准的金融服务是满足人民群众美好生活需要的必要条件。为此，金融业要逐步加快发展"金融+科技"步伐，积极运用现代科技成果优化或创新金融产品、经营模式和业务流程，打造个性化、智能化金融产品和服务，为消费者提供优质的金融保险产品消费体验。

（2）新经济促进"金融+科技"发展

新的经济模式呼唤新金融与新科技快速融合。作为新金融的重要生产力，金融科技、保险科技借助现代科技手段，能够精准地对金融产品、保险产品进行定价，使投融资及风险保障更好地匹配新经济结构，助推实体经济与数字经济融合发展。

（3）新交互推动"金融+科技"应用

新技术不断涌现，使得实现交流互联更加方便，有助于改善金融保险服务模式，优化金融保险产品供给。新技术与金融深度融合，催生出智能支付、5G网点、开放银行、互联网保险等金融科技应用，深刻改变金融保险服务运作方式，为金融保险业高质量发展赋能助力。

保险科技是"保险+科技"的深度融合，也是驱动现代保险业转型升级换代的重要引擎。保险科技的快速发展，不仅提升了保险服务的价值，而且还推动着资产管理和财富管理向纵深发展。保险科技应用呈现出颠覆性、跨界、强相关性的特点，有助于提高保险产品开发效率，引领产品创新，改变风险管理模式，从而进一步提升客户体验。保险科技已成为保险业发展动能转换、产业升级的重要来源。

4.1.4 未来，保险科技发展的四个布局

（1）积极应用区块链技术

中央政治局专门开会研究讨论区块链技术的问题，而区块链与保险业风控管理密切相关。区块链技术能够对所存储的共享数据进行加密保护，基于该项特点，保险业利用区块链在防范保险欺诈、追踪医疗记录等方面已实现了一定的突破。此外，区块链技术可以防范信息不对称和信任风险，可以有效降低成本，有助于保险行业进一步提升整体服务质量。事实上，基于区块链核心技术的特征，正确应用区块链会在一定程度上为保险公司提供解决痛点和难点问题的方案。例如保险诈骗，尤其是车辆保险诈骗。据不完全统计，2019年上半年车辆保险欺诈超过10亿元。在这种情况下，运用区块链技术防止保险欺诈具有很重要的现实意义。区块链在智能合约、个性化定制的保险业务、财险、再保险和意外伤害保险等领域均有更多的发展空间，仍有更多潜力可以挖掘。

（2）在服务升级中实施"科技+"战略

以保险科技领域中的"智能闪赔"为例。"智能闪赔"通过图像智能识别技术可以做到无须人工鉴别即可完成全流程赔付，极大地缩短了整个赔付流程。此外，"智慧客服"采用生物认证、大数据、远程视频、人机交互等技术，具有业务甄别、风险定位、在线自助、空中门店等核心能力，可以帮助客户足不出户进行在线一站式保单业务办理。

（3）创新保险产品和服务模式，提供个性化定制保险

技术的运用可以为保险公司基于特定风险场景开发创新产品提供支持，也使更具个性的定制化保险成为现实。保险公司可以针对特定的风险场景为用户提供临时投保的产品，为被保险人提供更多主动风险管理的机会。在人身险中，可利用区块链技术允许被保险人根据自身的风险状况，调整保险方案。例如，现在很多的体育赛事，如奥运会、冬奥会、NBA联赛等都需要保险，而技术的运用可以帮助保险公司实现一人一单、一人一策、一人一个保险方案，帮助险企为客户提供可临时扩大保障范围的保险产品。要贴近经济社会的发展实际、消费者需要的实际、场景现实的需要提供保险服务，并通过互联网技术、信息技术实现服务水平跨越。

（4）强化金融信息保护，依法推进金融科技发展

金融信息保护是金融稳定发展的重要基础，必须把握好金融信息安全防护与合理应用之间的适度平衡。在《网络安全法》基础上进一步健全法律法规制度体系，加快信息保护领域对违法行为的惩戒，逐步构建法律规范、行政监管、行业自律、社会监督的多元协同共治格局，不断提升金融信息安全治理水平。保险机构应强化从业人员信息安全意识，完善金融信息保护措施，将信息安全、数据安全等管理要求内嵌于业务流程、产品设计、信息系统之中，促进金融科技的健康可持续发展。

4.2 技术与数据专题：推动行业基础设施建设，规范技术与数据安全

4.2.1 合理布局云计算，推动行业级基础设施建设

数字经济时代，数字资产是第一资产，数字资源是第一资源。保险业信息基础设施建设的突破将推动行业生态升级。要推动保险科技发展，就要在数字信息的基础设施建设上下功夫，加大投入以推动银行保险行业的生态转型升级。2013年，经国务院批准，保险行业专门成立了一家负责信息共享平台建设运营的公司——中国银行保险信息技术管理有限公司，建立了行业级数据共享的新格局，搭建了保险业与其他行业信息交互的新桥梁。

现阶段，大型险企通常选择自主构建统一、共享的云基础平台。这种模式的特点是投入体量大，但可以为业务提供自用的基础设施的支撑，实现了应用快速部署、业务快速上线，极大地提升了各家险企的运营效率，消除了业务数据上云的安全隐患。中小型险企通常选择付费使用商用性质的公有云平台。这种模式的优点是资源投入少；缺点是由于使用商用性质的公有云平台存在一定数据安全隐患，保险机构出于对业务数据安全性和私密性的极高要求，其核心业务数据不敢上云。然而，现阶段大型险企建设私有云平台存在一定缺点。大型险企建设云平台耗资体量大，同时对整个保险行业而言，各家险企建设私有云平台存在重复性，在一定程度上造成了行业内资源利用效率较低，未能发挥云平台在保险行业间的基础设施共享作用。因此，建设一个我国保险业的行业级别公有云平台将使各家险企能够共享使用云基础设施，缓解私有云的重复性建设问题及商业云平台的数据安全问题，更好地实现行业间资源的利用效率最大化。

（1）我国保险业云计算技术发展现状

云计算是保险科技领域最重要的基础设施之一。云计算在保险业的主要应用是保险公司的核心业务系统。核心业务系统能够赋能保险业务价值链，在产品定价、承保理赔、数据基础设施建设等多个业务维度实现运营效率的提升。

- **云计算对信息化建设有着巨大的推动作用，云计算的应用为保险业带来独特优势**

一是让企业借用外部基础IT设施，降低自身搭建基础IT设施的一次性投入与日常维护中的长期成本投入。二是通过资源的虚拟整合实现资源优化与高效利用，使得企业管理模式简单，系统分配弹性化。三是将计算资源封装为服务提供，缩短产品周期，将企业从过去漫长的工程周期与老套的工程设施模式中解放出来，有利于集成创新。四是向用户提供按需支付、取用自由的商业交互模式，为用户提供友好的接口与方便的服务。五是便于实现大规模的数据共享，可采用分布式数据库并行分析的模式，解决海量数据的存储与计算能力瓶颈，提高数据分析的速度和质量。

- **云计算的特征**

一是高速互联网作为资源传输的通道，是云计算产生的前提条件。二是庞大的、可以不断扩展的计算力资源，包括CPU、存储空间、用户标识号等。云平台基础设施的能力具备高度弹性（增和减），可以根据需要进行动态扩展和配置，这是云计算的物理基础。三是面向客户的服务、按需付费的方式以及资源的合理利用，这是云计算的特有优势。

- **云计算技术在应用与商业化过程中的问题**

一是安全问题。企业级别的公有云提供商具有一定商业性质，缺乏政府、监管机构所具有的权威和公信力，保险公司对于企业数据上云所面临的安全性顾虑将造成云计算在保险业应用和发展的掣肘。云计算意味着将把数据存放到技术供应商手中，信息的安全性与私密性成为用户最关心的问题。据IDC的调查显示，近75%的受访企业认为安全性是云计算发展中的最大挑战。二是经济问题。建立云平台花费巨大，从整个保险行业角度来看，大型险企对私有云平台的重复性建设存在一定程度上的资源利用率低下导致的行业资源浪费。三是标准问题。目前，众多云计算供应商的技术标准尚未统一，如何实现跨平台服务、提供无缝的用户经验集成及让用户能从一个云计算供应商迁移到另一个供应商，从而形成产业规模，现阶段尚无合适的解决方案。

（2）保险行业云平台建设情况汇总

我国保险业云平台的应用主要分为两个领域：一是大型保险公司自建私有云；二是外部企业提供商用性质公有云IaaS服务。大型险企自建云平台可以为业务提供自用的基础设施支撑，消除业务数据上云的安全隐患，但投入体量巨大。中小型险企无力负担自建私有云的巨额投入，通常选择付费使用商业性质公有云IaaS服务，投入成本低，但缺点是存在一定数据安全隐患，险企对核心业务数据上云有疑虑。目前，各家险企都对数据库、数据平台等信息基础设施的建设给予了高度重视，并持续加大投入，以完成企业的科技战略转型升级。

现阶段，各家大型保险公司纷纷投入力量自主建设业务云平台。

- 国寿建成混合云平台"国寿云"。"国寿云"平台采用混合云模式，把所有数据均放在公司内部私有云，符合各类监管审计要求，确保安全可靠；而公有云可根据业务需求动态伸缩资源池，费用更低。

- 平安推出集团核心业务系统"平安云"。"平安云"在具体保险业务中的应用场景包括：在支付端，平安医保科技通过医保云平台为医保、商保、医疗服务提供方提供解决方案及技术服务，为个人用户提供智能医保服务；在机构端，平安通过经销商云平台、二手车交易云平台、汽车零配件云平台覆盖全国90%以上的主要相关服务提供商。

- 众安打造了分布式核心系统"无界山"、面向下一代的保险核心系统"Graphene"。"无界山"于2014年上线，是基于云端的分布式核心系统，能够支撑海量碎片化的保单处理。Graphene 于 2018 年发布，是众安推出的面向下一代的保险核心系统。Graphene 作为基于云端的保险核心系统可以实现随着业务量波峰波谷的变动而弹性调整算力，从而体现出极大的延展性，而且采取类似乐高的模块化结构，支持产品的创新及快速上线。

此外，大地保险、泰康集团、太平保险、太平洋保险纷纷建成各自的核心业务云平台。

（3）建设保险行业公有云平台的必要性及积极意义

- **行业公有云 IaaS 服务将助力大型险企提升行业资源利用效率**

目前，我国保险业主体对于云平台的使用存在巨大的需求市场。大型险企拥有足够的 IT 人才储备和雄厚的财力支撑，提前布局对云计算等前沿科技的自主研发和云平台基础设施的自建工作，目前已有成果显现。基础设施的投建涉及财力、人力等资源的长期投入和消耗，各家险企为此投资巨大。同时，作为金融企业，保险公司对业务数据的安全性与私密性有较高要求，因此，很多保险公司不会将核心业务、财务等重要系统交付给公共云，他们更倾向于构建企业内部的私有云。尤其是一些规模较大的公司，本身已有符合国标的数据中心、较为丰富的计算资源与较强的技术力量，具备了建设私有云的基础与条件。

如果能够建立一个由政府机构授权的金融基础设施管理机构，各家险企可以通过购买公有云 IaaS 服务以使用和共享云平台服务，不必再为自建云平台投入巨额资金，这将极大地节省企业成本并提升保险行业整体的资源利用效率。

- **行业公有云 IaaS 服务助力中小型险企的信息化基础设施建设**

不同于大型险企具备充足的财力和高科技人才储备以支持企业云平台自建工作，小型险企在面对云平台使用需求时，通常会采取购买企业级别公有云提供的 IaaS 服务的方式。对小型险企而言，通过购买 IaaS 服务开展业务，能够节省基础建设的时间，保障产品的快速上线；同时，减少企业开支，在实际操作中更具灵活性。

保险企业需要信息化的支持，信息化需要基础设施支撑，而基础设施建设有很重要的两大部分：一是存载核心设备，提供计算力与存储空间的数据中心。据了解，一般中小型保险公司数据中心的一次性建设投入（包括机房装修、设备购买、网络搭建等）往往金额巨大。二是系统的长期维护，包括成本摊销、设备维护、水电能耗、人员费用等，数据中心每年的维护费用高昂。这两部分的成本对小型保险企业来说有一定负担，尤其是对于保险中介企业，其注册资本相对较小，员工数量较少，难以开展较大规模的信息化基础建设。

借助 IaaS 服务，企业在信息化基础建设方面的成本可大大减少。一方面，企业可直接租用供应商的专业机房（甚至直接租用计算、存储等设备），从而将数据中心建设的一次性投入降到最低；另一方面，企业可将部分运维（包括数据灾备等）外包给供应商。借助公有云的专业技能与规模效应，运维成本可大大降低。目前，国内的电信、联通等供应商在IaaS方面的服务已逐渐成熟，IDC机房得到了广泛应用，为中小型保险企业的云计算应用创造了条件。

- **保险行业公有云平台建设将对推动保险业发展产生巨大影响**

一是数据共享能力大大增强。行业云实现了全国保险业的数据共享，并借助云的开放性，可进行跨行业的数据交互，如与医疗、车管等部门开展信息共享互动。这对提高行业管理水平、提升服务社会能力有重要帮助。

二是利用行业云的IaaS。各省的业务规模不同，平台对计算资源的需求也不一样，行业云可在全国实现资源的按需分配与合理利用。

三是利用行业云的SaaS。SaaS提供了在线服务的按需使用、购买，比传统服务更具可行性、更便捷，加强了公司与客户之间的信息对称，提升了服务质量。

四是利用行业云的PaaS。行业云整合了大量计算资源与海量数据，能提供针对分布式数据库的并行分析，并以此为基础向公司开放中间件平台。公司在平台上可进行数据的深度挖掘与产品研发，将大大提高行业的科技创新能力。

（4）推动建设全国保险行业公有云平台

建设一个由政府机构授权以确保其数据安全性的国家保险行业公有云平台，能够打消中小型险企对数据安全的顾虑，免除自建云平台的开支，从而解决其无法自由使用云平台的问题，提升企业的上云普及率，使保险行业能够真正破除"数据孤岛"，破除云平台和大数据等技术因现有数据不互通造成的发展掣肘，真正实现保险科技的高速发展。

4.2.2 加强底层技术研发力度，增强自主知识产权建设

近年来中国科技实力在快速而醒目地崛起，在通讯设备、集成电路、互联网金融等重要领域取得了关键进展和优势。在保险科技方面，我国保险业逐渐向知识产权开发以及科技人才队伍建设倾斜资源，保险科技的应用实力不断夯实。就现阶段而言，我国保险科技的自主研发项目和专利集聚领域主要集中在应用层面，而对于底层技术的研发投入和力度仍有待提升。现阶段，我国保险科技在科技研发投入以及知识产权发展上仍面临重量轻质、核心技术受制于人、复合型人才缺乏等多重挑战。

（1）我国科技研发投入与知识产权发展情况国际对比

- **研究投入与论文发表、专利情况**

研究投入方面，当今科技研究对于科研基础设施的投入有着较高要求，国家在研发方面的资金投入是科研成果的前提保证。从研发强度（研发支出/GDP）来看，中国2016年研发强度达到2.12%，较以往有所提升，但离发达国家水平仍有差距。从研发支出的投向结构看，中国目前的研发活动主要侧重于试验发展阶段，基础研究和应用研究投入比例合计仅16%。从人才角度看，尽管我国研究人员总量位居世界第一，但每千人劳动力中研究员比重仅为2.02，远低于发达国家水平。

从论文发表方面看，在科学与工程类论文、期刊的发表上，我国虽在数量上首次超过美国，位居世界第二，但论文质量在与发达国家仍有明显差距，高引用率和高质量期刊上发表的论文数量仍较少。

从专利方面看，中国近年来发力明显，在申请数量上已经大幅超越美国、日本，授权数量略超美国、日本。但在专利的授权率与实际转化方面中国仍有较长的路要走。从专利保有量看，我国已经跻身世界前列，以152万件位列第三（见图4-1）。

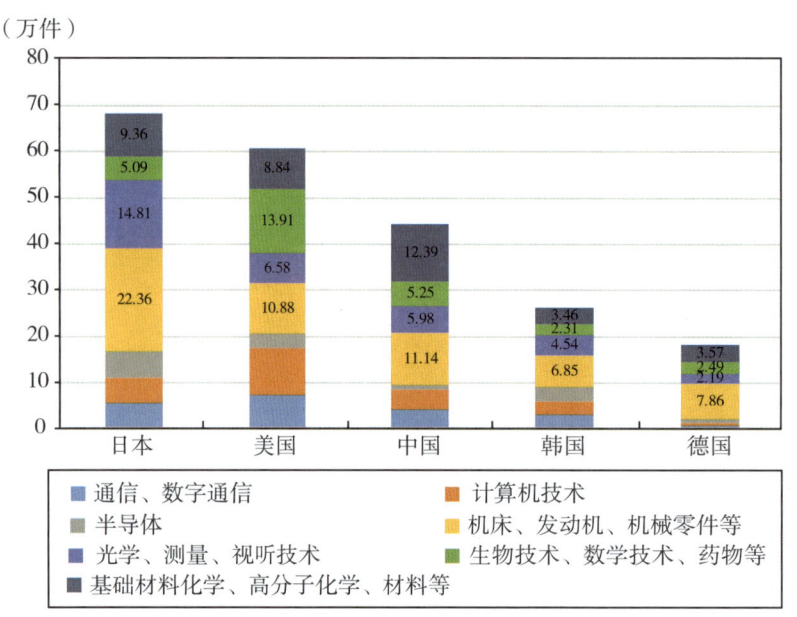

图4-1 2013~2015年各国公示阶段专利申请分布情况
（按照重要科技领域分类）

数据来源：NSF、恒大研究院

风险投资方面，作为初创企业的重要融资渠道之一，风险投资的活跃程度可以侧面反映新经济的活力。风险投资可以分为三个阶段：种子期、早期与后期。根据PitchBook的统计，2016年全球种子期VC规模达58亿美元，早期与后期规模总计达1 250亿美元。2016年全球种子期VC规模中，美国达33亿美元，占比超过一半；欧盟（9亿美元）和以色列（7亿美元）其次。美国种子轮VC投向的新兴领域中，机器人与无人机、人工智能、物联网、无人驾驶受到热捧。从绝对金额来看，人工智能成为当下VC最看好的方向。2016年全球早期与后期VC规模中，美国达650亿美元仍然占到一半份额，中国以340亿美元位居第二。中国早期与后期VC活动显然比种子期VC活动更加活跃，规模由2013年的30亿美元快速上升至2016年的340亿美元，发展速度也远超过其他国家。总体来看，美国和中国已经成为全世界新经济最具活力的国家。

（2）我国保险业科技投入和知识产权现状及面临的挑战

就保险科技赛道而言，近年来我国保险科技行业迎来融资热潮。从一级市场投融资数据看，2019年保险科技行业融资金额达39.8亿元，呈现出融资轮次后移、笔均融资金额超亿元的特点，并且在保险科技行业的各细分赛道上都有企业进入发展成熟期。

- **我国保险企业正逐步加强科技研发投入，多维度进行科技布局**

在保险科技浪潮的推动下，加强科研投入已经成为各家保险公司在落实数字化企业战略过程中的重要策略。从各家大型保险公司披露的信息可以看出，各家企业纷纷将一定比例的保费收入投入科技研发，投入比例逐年增大。对比之前的信息披露可以发现，近年来企业对于自主知识产权、专利数量以及软件著作权数量更加重视，通过数量的累计来进一步激励企业科技研发。除增加投入外，部分险企还通过设立保险科技相关部门、强化人才队伍建设、拓展与科技创投孵化企业合作、加强产学研联合创新等多个维度增强险企的科技能力，积极拥抱第四次技术革命（见图4-2）。

1. 科技投入
科技发展战略融入顶层设计。

2. 自主研发投入和专利申请
逐步摆脱关键技术受制于人的局面，但研发成果集中在保险科技应用层面和精算模型更新，对于底层技术研发投入有待提升。

3. 科技人才队伍建设
各家保险公司更加注重科技人才的培养和引进，具有科技背景的研发人员比例显著提高。

4. 其他布局
产学研结合布局、设立科技中心和科技子公司，以及成立孵化加速器也是各家保险公司加强科技实力的重点举措之一。

图4-2 我国保险业科技研发投入及布局现状

数据来源：中国保险与养老金研究中心

在科技投入上，随着保险科技的兴起对我国保险行业带来巨大的冲击，各险企纷纷转变发展策略，将数字化战略融入顶层设计，通过加大科技研发投入来拥抱保险科技浪潮。 2019年中国保险机构的科技投入达319.5亿元，同比增长19.1%。预计保险行业的科技投入在未来仍将保持快速增长，2022年将达535亿元。然而，相比欧美国家，我国保险科技投入仍处于较低水平。根据艾瑞咨询2020中国保险科技行业研究报告统计数据，我国保险行业IT投入占保费比重仅为0.6%，而同期欧美国家的保险IT投入占保费的5%左右，我国保险信息化发展仍有巨大空间（见图4-3）。

具体来看，IT投入是我国保险科技投入的主体。2018年保险行业IT投入161.4亿元，占同期保险科技投入的60.18%。IT投入中，超半数流向了IT硬件。2018年，我国保险IT硬件投入占IT总投入的比重为66.1%。然而，未来随着云计算技术以及公有云模式的推广，保险行业IT投入中硬件占比有望逐渐下降，从而帮助企业实现轻运营模式。此外，人工智能技术也是保险科技投入的一大重要方向。2019年，我国保险机构人工智能投入达42.9亿元，同比增长24%，预计未来保险机构在人工智能技术上的投入仍将保持快速增长，2022年将达94.8亿元。区块链技术方面，区块链在保险行业内仍处于探索和尝试阶段，大规模应用可能还需一定时间沉淀，但随着

2019年区块链被国家提上战略高度，预计未来几年区块链将迎来快速发展。2019年，我国保险机构区块链研发投入为3亿元，预计到2022年，区块链研发投入将达6.4亿元，年均增速有望达28%。

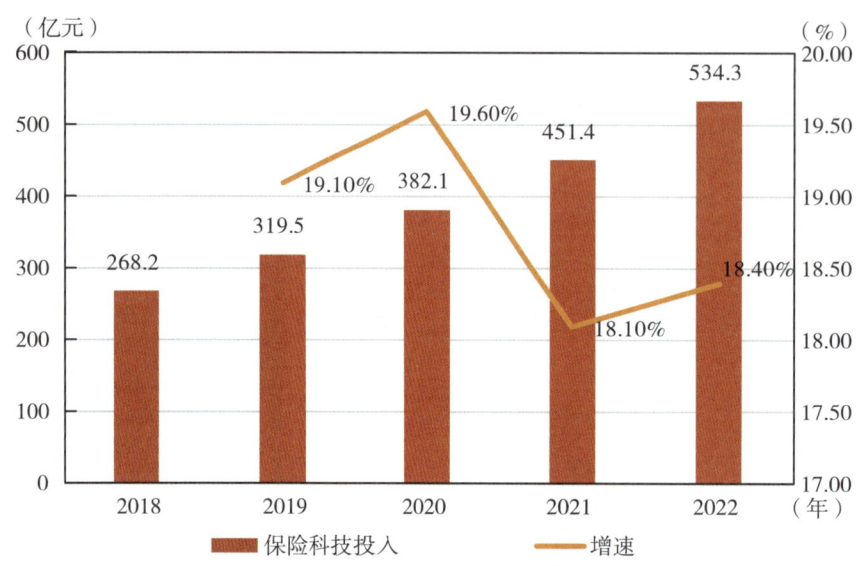

图4-3　2018~2022年中国保险机构科技投入情况

数据来源：艾瑞咨询、中国保险与养老金研究中心

中国银保监会发布的《中国保险业发展"十三五"规划纲要》明确指出，要加强保险业基础建设，推动云计算、大数据在保险行业的创新应用。近几年，中国保险企业开始加大保险科技投入，其中头部保险企业和互联网保险公司的布局更加迅捷。在战略层面上，各家保险公司纷纷将数字化战略和"保险+科技"提到战略高度，并且积极出资设立保险科技子公司。其中，太保集团从2015年开始加大科技投入，积极布局新技术创新应用。平安保险高度重视核心技术研究和自主知识产权掌控，每年将收入的1%用于科技研发，持续加大科技研发投入。太保集团的IT投入占营业收入比例从2015年的0.66%上升为2018年的0.99%。其中，太保云、大数据、信息安全是太保集团在2019年投入金额最多的三个领域。新华保险则从2013年起逐步加强了IT研发投入。2013~2018年，公司研发费用投入从1.08亿增长至1.45亿元，复合年均增长率6.1%。阳光在科技研发方面持续加大投入，大数据、人工智能等新技术的研发投入占比逐年提高。2018年科技投入11.4亿元，科技投入占保费收入的比例约为1.5%。其中，大数据及人工智能是重点投入板块。

在自主研发投入和专利申请上，为摆脱关键技术和关键产品受制于人的局面，部分险企逐步重视核心系统的自主研发，不断积累自主研发成果，积极申请发明专利、软件著作权以及专业商标。加强公司研发实力的同时，进一步落实研发成果的应用。其中，中国平安专利申请数截至2019年6月末已累计达18 050项，位居国际金融机构前列。中国太保已拥有52项软件著作权，在农险领域申请到国内农业保险第一个专业商标"e农险"。泰康保险集团自2015年开始加强知识产权保护工作以来，已累计申请专利920件。其中，2018年申请专利460件，较2015年增长46倍。阳光保险集团于2016年起开始进行专利申报，截至2019年6月已申报专利58项，已授权专利8项。

当前，我国保险业的自主研发项目和专利集聚领域主要集中在保险科技的应用层面和对保险精算模型的更新上，而对于底层技术的研发投入和研发力度仍有待提升。在底层基础设施研发方面，平安集团依旧表现较为突出，其自主研发的"平安云"作为底层技术平台拥有12项权威云认证、超过400项云技术科技专利申请，更承载万亿级资产规模的集团核心业务，并为多项核心产业用户提供高效、安全的云服务。其自主研发的"壹账链"（FiMAX）区块链技术，独家掌握非货币场景下的零知识验证技术，为国内外超过200家银行、20万家企业及500家政府和其他商业机构提供服务，拥有超过4.4万个区块链节点，并获国际知名数据公司IDC发布的"IDC金融科技区块链实践大奖"。

在保险精算模型的更新上，随着保险科技不断赋能保险产品设计流程，为保险精算模型提供更充足的数据支持和精准画像，我国保险产品在种类和定价模式都出现了较多创新，拥有自主知识产权的保险精算模型数量也不断增多。其中，中国再保险集团于2019年首次发布了我国首个具有自主知识产权的中国地震巨灾模型2.0，扭转了我国保险业长期购买国外公司产品模型的状况，是我国保险业加强科技自立、助推国家战略落地、服务实体经济发展的成功范例。

在保险科技的应用层面，各家保险公司均在近几年进行了重点布局和开发，应用层面的保险科技项目层出不穷，为我国保险行业降本增效以及数字化转型升级注入活力。中国太保推出现象级行业首款智能保险顾问"阿尔法保险"，快速智能帮助用户评估家庭保险保障风险，助力保险销售效率和精准度。此外，太保还上线了保险业内首个自主搭建的营运车安全监控运营管理平台"太睿保"。中国太平推出的"秒赔"平台将理赔时效缩短到以秒为单位计算，大幅提升理赔服务效率，为行业带来了颠覆性的流程革新。该平台为中国太平自主研发，掌握全部的知识产权。中国人寿仅在2019年上半年就新增创新应用70余项，累计投放创新应用1 076项，开放应用及数据服务达280余项，科技服务供给生态不断加强。

在人才队伍建设上，近年来各家保险公司更加注重科技人才的培养和引进，具有科技背景的研发人员比例显著提高。浏览各家公司公开信息可以发现，我国保险公司对于技术人才的需求逐年增强，其中具有海外留学背景、国内一流大学毕业的应届毕业生、具有大型科技公司工作背景的社招人员更受保险公司的青睐。此外，一些保险公司还通过组织架构的重新设计，将科技研发独立出来，以此集中研发人力，吸引更多具备科技背景的科研人员加入研发队伍。目前，国内平安集团的科技团队是最为庞大的。截至2019年6月30日，平安已经建立了一支拥有10.1万名科技从业人员、3.2万名研发人员、2 200名科学家的一流科技人才队伍。

产学研结合布局、设立科技中心和科技子公司是各家保险公司加强科技实力的重点举措。在产学研结合上，保险公司通过与国内外知名大学合作进行重点科技的布局。高校的优质科研力量可以助力保险公司在技术研发上更为高效，同时保险公司也为高校的研究成果提供了行业的实际应用情景。如平安与北京大学、清华大学、复旦大学等顶尖高校和研究机构合作设立了8个独立的研究院，针对保险科技的不同应用场景展开深入合作并产出科研成果。此外，一些保险公司也通过设立科技子公司、独立科技研究院等机构来加强核心科技的研发。泰康已经成立了人工智能、物联网、智能硬件、互联网金融、数字化理赔、DRGs六大科技实验室，并筹备成立泰康科技有限责任公司作为集团保险科技和健康科技的创新主体。中国人保则设立了爱保科技子公司，以"保险+科技+服务"为驱动，强化保险科技的应用，加速创新成果逐步转化为现实生产力。在创新孵化上，保险公司作为连接保险和前沿科技的桥梁，在保险科技的孵化上有着天然的优势。成立独立的内部或合作的外部"孵化加速器"是一些保险公司发力保险科技的重要举措之一。借助孵化器，保险公司可以通过举办开放的保险科技行业论坛、创业大赛、创业加速营等活动，连接保险公司、保险科创企业、产业相关方、高校科研院所和投资人，打造保险科技产业联盟和商业化保险科技孵化加速器。

- **我国保险业科技发展和知识产权布局所面临的挑战**

当下，在全球保险科技的大浪潮下，我国保险行业也逐渐加强了对于科技研发以及自主知识产权的投入，科技成果数量与日俱增。但是，险企在不断加快科技研发脚步的过程中，也面临科技快速发展带来的挑战。

首先是机制的挑战。部分公司科技产品研发上仍在套用传统的产品研发和项目管理模式，存在环节繁复、流程长、耗时久以及对于创新容错不足等问题，难以适应当今时代市场环境快速变化、客户需求不断更新的外部环境。信息化建设以及科技创新投入应有长远性、前瞻性，不应只关注短期成本收益，对于见效慢的创新工作往往具有后发优势。

其次，是来自技术依赖性的挑战。目前，企业所面临的技术依赖主要体现在两方面：一是行业部门公司在金融科技与信息化发展中频于、盲目于应用新技术。盲目追求新技术的应用，重量轻质，使得技术应用流于表面，缺乏对底层技术研发的动力。我国保险科技发展速度较快，但多数技术的发展还集中体现在应用层面，保险公司对于底层技术研发的投入依旧不足。像平安这样在底层基础技术研发和应用取得一定成果的保险公司在我国保险业中仍属个例。二是人员培养难以跟上技术革新的速度，导致企业依旧难以摆脱依赖国外研究成果引入的束缚。我国保险业处于高速发展阶段，保险科技的应用更新速度过频过快，继而导致企业内相应的技术队伍没有配套培养起来，一些底层和核心技术上依赖于外部资源，出现技术"受制于人"的局面。大型险企若想真正摆脱技术依赖性，还需要进一步加强在底层技术上的投入，掌握核心技术，并以服务实体经济为目标进行技术研发、迭代升级，推动实体经济的发展。

最后是人才的挑战。虽然保险公司纷纷通过加大人才投入，吸引具有良好教育背景和研发能力的人才进入公司，强化保险公司的科研能力，但目前既懂保险业又懂技术的复合型人才总量仍然严重不足。保险业务和科技研发分离会减低保险科技的发展效率，导致科技研发不符合业务需求，造成研发成本的增加和一定程度的资源浪费。

（3）我国加强对金融科技知识产权和底层技术研发的投入力度

近年来，我国对于金融科技的发展日益重视。2019年8月，央行印发《金融科技（FinTech）发展规划（2019~2021）》（简称《规划》），明确提出了未来三年金融科技工作的指导思想、基本原则、发展目标、重点任务和保障措施。保险科技作为金融科技的重要组成部分，也同样面临《规划》中提出的挑战。

《规划》明确提出了我国金融科技在发展过程中依旧存在的问题，其中在知识产权以及底层研发布局上就存在"产业基础比较薄弱，尚未形成具有国际营销管理的生态体系，缺乏系统的超前研发布局"以及"适应金融科技发展的基础设施、整体法规、标准体系亟待健全"的问题。

《规划》在金融科技下一步重点任务中也对加强底层技术研发力度、增强自主知识产权建设以及人才队伍建设上突出了具体要求。《规划》明确指出，要探索新兴技术在金融领域安全应用，加快扭转关键核心技术和产品受制于人的局面，全面提升金融科技应用水平，将金融科技打造成为金融高质量发展的"新引擎"。若想摆脱关键核心技术和产品受制于人的局面，就要求企业不断加强在相关领域的研发力度，包括科学规划运用大数据、合理布局云计算、稳步应用人工智能、加强分布式数据库研发应用以及健全网络身份认证体系等。《规划》还强调要进一步夯实金融科技基础支撑，持续完善金融科技产业生态，优化产业治理体系，从技术公关、法律法规、信用服务、标准规范等多方面有力支撑金融科技健康有序发展。

"加强金融科技联合攻关"重点强调了产学研协同联动，形成合力，共同促进合理布局金融科技产业生态。《规划》要求，企业应"聚焦重大科学前沿问题和基础理论瓶颈，开展前瞻性、基础性研究，支持高校和科研院所建立金融科技相关学科体系，推动经济金融、计算机科学、数理科学等多学科交叉融合，把握金融科技发展深层规律，夯实金融科技应用理论基础。针对金融科技发展面临的共性技术难题，推动产业部门加大支持力度，鼓励科技企业加强研究攻关，为金融科技发展与应用提供技术支撑。通过孵化平台、专项合作、试点推广等手段，促进技术成果及时转化和共享，提升我国金融科技产业链整体竞争力"。

4.2.3 推动行业数据互联互通，打破医疗大数据"信息孤岛"

近年来，居民医疗需求不断提升，保险意识不断增强，商业健康保险的社会治理作用日益提升。商业保险公司在健康保险产品研发、理赔作业、风险管控等方面，都离不开海量的数据支持。但是，目前我国医疗、医保和医药卫生数据缺乏整合，存在社保部门、公立医院对医疗数据垄断的问题，亟须由政府管理部门牵头，建立医疗数据共享和更新机制，打破医疗信息的"信息孤岛"，更好地指导和规范商业保险公司与各地基本医保、医疗机构就医疗信息进行系统对接，实现信息交流共享。

（1）医疗大数据"信息孤岛"现象严重，医疗数据缺乏已成为制约健康险发展的一大瓶颈

现阶段，医疗健康大数据大多以"信息孤岛"的形式分散地存在于各个医院，而且保险公司与医疗机构、社保机构之间缺少信息共享平台，"数据孤岛"现象严重。数据割裂而形成的"数据孤岛"问题已成为影响医疗大数据充分发挥其应用价值的一大阻碍。对于保险公司而言，缺乏充分的医疗健康数据支撑使得健康险业务的精准定价、核保核赔、风控反欺诈等环节难以有效进行，且未能发挥商业保险公司作为支付方协助医疗机构进行医疗控费的功能。

- **保险公司与医疗机构、社保机构之间"数据孤岛"现象严重**。目前，我国大部分保险公司与医疗机构、社保机构之间缺少信息共享平台，缺乏医疗数据来源。目前我国由商业健康保险支付的医疗费用在总医疗费用支出中占比不到3%，商业健康保险在医疗支付中较低的存在感导致保险公司在数据信息方面的议价能力较弱，难以从医疗机构获取有效医疗数据。"数据孤岛"现象为商业健康险和社会医保的发展均带来了极大限制。例如，保险在前期核保过程中不易获得医疗数据，与医院合作层次较浅，医疗保险风控手段有限；保险公司在数据支撑方面相对弱势，造成健康险产品价格较高，产品定价长期无法突破；保险公司与医疗机构合作层次较浅，在基本医保经办和大病保险业务中，无法有效发挥其精算和风险管控能力优势，角色主要限于服务性角色，无法充分发挥支付方对于医疗行为的有效约束，医保控费手段有限。

- **各医疗机构间多为"信息孤岛"，医疗机构内部患者的诊疗记录、个人信息、电子病历等不互通、不共享**。绝大多数医疗机构之间信息系统建设标准及数据标准不统一，门诊信息、处方信息、检验检查结果在医疗机构之间难以进行数据交换和信息共享，导致大量"数据孤岛"和"信息烟囱"存在，严重阻碍了不同医疗机构之间相互转诊，以及居民电子病历、健康档案、患者购药等信息互联互通。此外，基于中国医疗卫生服务体系，不同类别的个人医疗健康数据分别由卫生计生委、药监和医保等多部门分散管理，医疗健康相关数据分散于各处，难以统一互联。

(2) 打通医疗大数据对健康险公司、医疗机构、基本医保三方意义重大

- **医疗大数据助力健康险公司提升经营效率和水平**

目前，我国商业健康险业务的困境在于因缺乏充分的医疗数据而产生产品定价机制粗放、理赔审核效率低、赔付成本高等问题。医疗大数据对于保险公司实现健康险业务的精准定价、个性化产品创新、精细化运营管理均具有重要价值。同时，基于医疗大数据，保险公司可为用户制订个性化健康管理方案，进一步发挥保险公司的健康管理功能。

第一，在精准定价方面，医疗大数据能为保险公司提供不同年龄、性别、地区、健康状况等细分人群的发病率信息和疾病演变信息，为精准定价和重大疾病保险保障设计提供有力支持。目前我国健康险产品定价方式较为粗放，定价机制面临两大的痛点。一是发病率数据维度粗糙，导致保险公司面临较高的逆向选择风险。现阶段，发病率数据仅有病种、年龄、性别三个维度，并没有考虑被保人的健康状况、所在地区、就医记录等。这导致对于同一款健康险产品，不同健康状况的被保人所需缴纳的保费相同，容易诱发投保人逆向选择行为。二是发病率数据滞后，造成健康险产品定价偏差。原中国保监会在2013年推出了首个发病率表，使用的是2006~2010年的发病率数据，且该表沿用至今。随着疾病谱的改变，疾病发病率也会随时间改变。过时信息可能使保险公司预期的发病率与真实发病率有较大出入，造成保险产品定价偏差。

第二，在理赔方面，医疗大数据有助于保险公司提升理赔效率，降低赔付成本。在医疗保险理赔运营管理中，准确、高效地发现浪费、滥用等隐蔽性较高的费用尤为重要。运用大数据分析辅助理赔审核，可以迅速、准确、高效地找出理赔费用风险问题。对于系统无法审核的理赔案子，再交给人工进行理赔审核，能够大幅降低人力成本，提高理赔审核的速度，提升理赔效率。

第三，在赔付成本管理中，医疗大数据分析可助力降低健康险赔付成本。一方面，保险公司借助大数据为用户提供全生命周期健康管理服务，引导健康险从事后理赔转向事前预防，将客户健康风险管理前置化，从根源上降低被保人发病率。另一方面，保险公司可利用医疗大数据识别过度开药等行为，加强医疗费用监控，以识别不当诊疗费用，控制人均治疗费用。

第四，在健康管理服务方面，医疗大数据有助于保险公司为用户制订个性化健康管理方案，提供从预防到治疗再到照护的全周期健康干预服务。保险公司可通过移动端，例如移动健康门户、可穿戴设备等，收集用户的数据，包括用户生活方式、体检信息、实施监测体征数据等，将数据建立在云端健康管理平台。然后，保险公司可通过大数据分析模块对用户进行精准定位，提供个性化医疗健康服务，包括疾病风险评估，进而基于用户的数据分析制订个性化健康干预方案。

- **医疗大数据助力医疗机构加强医疗控费、提升诊疗效率**

医疗大数据的互联互通以及大数据技术的应用有助于我国医疗体系信息化的建设，并助力医疗机构优化付费机制、加强医疗控费、提高诊疗效率。

第一，医疗大数据的互联互通为建立DRGs分组奠定基础，助力医疗机构优化付费机制。

第二，医疗大数据助力建立开药审核业务系统，辅助医保经办机构进行医保费用智能审核与监控，辅助医疗机构进行费用控制与绩效管理。开药审核业务系统可实现医保全流程审核管理和智能化监控，并可围绕具体的医生和患者的历史数据建立多维的模型，分析处方行为，判断医保欺诈，为患者和医生建立征信系统，从而有针对性地进行医疗费用管控。该系统审核规则和流程的建立以及业务运作均依赖于医疗大数据。

第三，医疗大数据可用于辅助诊断，例如影像辅助诊断、病理辅助诊断及全科辅助决策，提升医生诊疗效率。辅助诊断以医疗大数据为基础，应用认知计算、深度学习、计算机视觉、自然语言处理等技术，能为医生提供病灶性状描述、自动生成报告、精准定位病灶，可降低医生重复工作量、提升医生诊断治疗效率、降低病人漏检风险，并有助于实现精准治疗。

- **医疗大数据助力医保基金强化监管，实现医保控费**

近年来，医保基金使用率持续上升，收支压力增大，部分地区出现医保基金收不抵支的现象。《中国医疗卫生事业发展报告（2014）》预测，2024年城镇职工基本医疗保险基金将出现累计结余7 353亿元的严重赤字。然而，现阶段大部分医院实施的按项目、按药品加成的医疗收费方式容易使医生通过多开药、多开检查项目获得利润，诱导过度医疗现象的出现，耗费医保基金，进一步加剧医保基金的支出压力。

医疗大数据互联互通和大数据技术的应用有助于实现医疗诊断规范化、医院用药合理化，强化医保监管，助力医保控费，维护医保基金的可持续发展与健康发展。一方面，医疗大数据分析有助于医保经办机构加强药品耗材费用管控，优化药品耗材招投标，管理药品耗材供应链。另一方面，帮助医保经办机构加强对医院、医生的行为管理，包括过度开药和检查的监控。例如，医疗大数据分析可用于建立疾病的诊断和治疗方案的关联模型与药品知识库，通过匹配诊断与用药，识别是否存在药品剂量超标和用药与医疗服务不匹配的行为。

（3）保险业打通医疗大数据的主要举措

现阶段，保险公司主要通过建立直赔网络、投资医疗机构、与医疗机构合作等方式，打通医疗数据。同时，建立区域性医疗大数据平台，例如上海保交所健康险交易平台，也是保险行业实现医疗大数据互联互通的重要方式。

第一，保险公司通过建立直赔网络获取医疗支出与就诊信息。直接与医院对接，从而获取用户医疗支出与就诊信息的第一手数据。例如，泰康保险已与国内1 000余家医疗机构达成商保直付合作，直赔网络覆盖全国31个省份、290多个城市。

第二，保险公司通过投资医疗机构，直接参与医疗费用与支付管控。例如，阳光保险于2015年以11.98亿元收购阳光融和医院51%股权，通过入股医疗机构，直接参与医疗服务体系管理；泰康人寿于2016年收购南京仙林鼓楼医院，以完全自主经营的方式探索管理式医疗。

第三，保险公司通过与医院合作，探索管理式医疗路径。例如，平安健康险于2016年与南方医科大学深圳医院签署战略协议，探索"管理式医疗"路径；平安集团成立"平安好医生""万家诊所"打通线上线下服务。

【案例4-1】 上海保交所建立健康险交易平台，助力区域医疗大数据互联互通

上海保险交易所是国务院批准设立、由中国银保监会直接管理的全国性的保险要素市场，是我国保险行业的重要基础设施和综合服务平台。为推动商业保险与医疗卫生机构的互联互通、促进商业健康保险的发展，上海保交所建设健康保险交易平台，助力打通区域医疗大数据。

现阶段，健康险交易平台取得了三方面的成果：

一是建立信息共享平台，实现商业保险与医疗资源的互联互通。上海保交所通过搭建医疗机构与保险公司的对接平台，实现数据的共享、整合、管理，为健康险的创新发展提供服务。目前，该平台已对接1 200家左右公立医院，覆盖上海、北京、宁波、武汉等区域，并与中国人寿、太平洋保险、新华人寿等26家保险机构达成合作。

二是改善理赔体验，提升人民群众的获得感。平台通过对接医疗健康大数据，已经能够稳定对外输出快速理赔、健康调查、案件核实等服务。保险消费者可在线发起理赔申请，无须另行提交纸质材料；平台在客户充分授权的情况下，实时将就诊信息推送给保险公司，有效简化了流程，真正实现理赔线上化。

三是提升精细化管理能力，促进商业健康保险供给侧改革。健康险交易平台通过对区域5~10年的居民健康信息的大数据分析，提供精准结构化医疗数据，既为保险公司健康产品创新提供依据，引导开发覆盖特需医疗、特需人群的健康险产品，也为保险公司运营的精细化管理提供手段。

（4）关于推动医疗大数据互联互通的建议

商业健康险在产品研发、理赔作业、风险管控等方面，均离不开大量数据的支持。然而，目前我国保险公司与医疗机构、社保机构之间医疗"数据孤岛"现象严重，存在社保部门、公立医院对医疗数据垄断的问题。相关医疗数据的缺乏已成为制约商业健康险高质量发展的瓶颈因素之一。近年来，保险行业进行了一些整合和打通医疗数据的尝试，但这些尝试仍然是局部的，且通常是以公司为主体开展，往往只能覆盖部分病种、部分地区，缺乏行业层面的统筹和数据打通。因此，现阶段，亟须由政府管理部门牵头，建立商业保险公司与基本医保、医疗机构的医疗数据共享机制，打破医疗信息的"信息孤岛"；同时，在行业层面，需要由保险行业协会牵头建立商业健康保险大数据系统，落实行业层面医疗大数据的打通。

第一，在监管层面，建议由中国银保监会牵头，与人社部、卫健委协商，推动公共医疗大数据的打通。2016年，国务院印发《关于促进和规范健康医疗大数据应用发展的指导意见》，提出建立互联互通的健康信息平台。现阶段，我国医疗信息化已取得一定的成效，但深度和广度还不够。全国2.5万家公立医院的医疗数据是核心数据掌握者，然而其分享数据的意愿较低。商业保险公司相比医院处于弱势地位，现阶段有实力的保险公司选择自建医院打通数据问题，但此种模式成本较高，并不适合在全行业进行推广，需由政府部门推动打通公共医疗数据，否则信息共享问题将成为影响商业医疗保险的最大不利因素。此外，建议由卫健委牵头，推进健康信息技术的标准化工作并推动健全个人电子病历系统，通过统一医学术语表达、统一数据系统建设标准，打通各个系统之间的数据交换和信息共享，提升医疗信息标准化水平，消除医疗"信息孤岛"。同时，建议卫健委、中国银保监会等部门通过推动立法或制定相关政策，明确医疗数据的所有权和使用权，划定数据适用范围，对使用者进行资质审查和授权，防止数据盗用。

第二，在行业层面，建议由保险行业协会牵头建立商业健康保险大数据系统，与社会医保数据库进行对接，以实现保险行业数据与社会医保数据的系统对接。目前，国家正在建立的医疗卫生大数据系统实现了与社会医疗保险系统的快捷结算，但与商业健康保险尚未建立数据连接。相比医疗系统大数据与上百家商业保险公司一一对接，打通社会医疗数据系统与保险行业数据库的互通互联更有意义。在商业健康保险大数据系统与社会医保数据库对接完成后，可由国家卫生管理部门或医保管理部门进行医疗系统大数据的营运管理，保险监管负责行业数据库的运营管理，双向对接。商业健康保险数据库可根据保险公司信息需求适当收费，补充数据运营成本。

第三，在公司层面，各商业保险公司要加强对客户隐私信息的管理与保护。保障信息隐私、防止数据滥用是保障医疗大数据互联互通得以实现与进行的重要条件。数据库形成后，如何在保障患者隐私的基础上实现数据的交流互通，是一个非常重要的挑战。除了通过立法与政策监管外，各商业保险公司要加强对客户隐私信息的管理，防止因数据信息系统出现漏洞，或内部人员利用数据牟利而导致的信息泄露情况。

4.2.4 关注网络安全风险保障缺口，推动网络安全险市场发展

随着数字经济在全球范围内的快速发展，网络安全逐渐成为新的风险敞口。网

络安全的流动性和复杂度决定着其所带来的潜在经济损失和影响力巨大。当前我国网络安全保险发展时间尚不足5年，仍处于初步发展阶段，网络安全保险尚未作为独立的险种进入我国保险市场，发挥的保障能力有限，网络安全保障缺口显著。但当前我国网络安全市场有效需求仍旧偏低且网络安全保险产品创新力不足、保障范围有限，加之在发展网络安全保险的过程中，缺乏相应的数据支持和风险模型是制约网络安全保险发展的一个世界性难题，我国网络安全保险产品的发展速度仍旧缓慢。因此，未来网络安全保险在我国的发展需要从政策、监管以及法律体系的全方位建设对市场进行有效引导，并加强网络安全的数据支持和经济风险模型的建设；同时，鼓励多元化网络安全生态体系，引入专业人才和企业增强保险企业的网络安全专业能力。

（1）我国数字经济快速发展，网络安全风险凸显

随着信息技术领域迅速发展，全球数字经济的发展得到了大力推动，我国数字经济发展速度位居世界前列。

从数字经济规模来看，截至2018年，中国数字经济规模已经达到31.3万亿元，占GDP比重为34.8%，在新兴市场中位居首位，但与一些发达市场仍有差距。

从数字经济发展的网络基础层面看，我国网络基础设施建设以及网络环境为数字经济的快速发展打下了良好的根基。近年来，我国网络基础设施加速完善，网民数量和网络普及程度显著提高。我国网民数量已达世界之首，互联网普及率为58%，互联网正在深刻地改变着居民的日常生活习惯，数字科技领域的激烈竞争也促进了产业生态的创新和发展。

从数字经济的具体应用情况来看，目前中国在电子商务、网络零售、移动支付等金融领域的数字化程度正逐步迈向世界领先水平。2018年，我国移动支付用户人数达到5.83亿人，占网民总数的71.4%，网上零售额则达到8.7亿人。此外，中国电子商务的交易量占全球的40%。数字经济的快速发展无疑将成为推动我国产业转型升级、驱动我国经济高质量快速增长的主要动力来源。

数字经济依赖于互联网技术的不断升级和应用，其快速发展在推动经济增长和产业转型的同时也带来了新的风险和挑战，其中网络安全成为重要的风险敞口。近年来，"网络安全"涵盖的范畴越来越广，网络安全事故造成的潜在经济和声誉影响不断加剧。据估计，2018年网络犯罪造成的全球经济损失高达6 000亿美元，占全球GDP的0.8%，相较于2014年的预估规模增长了35%。我国在加速信息化发展过程中，国计民生等诸多领域都对互联网产生极大的依赖，信息系统遭受网络攻击的概率也随之迅速提升。国家互联网中心公布的数据统计显示，全球每发生3起网络攻击中，就有1起发生在中国。当前的网络犯罪在中国造成的潜在损失约为800亿到1 200亿美元。

当前，我国高度重视网络空间安全问题，将网络空间安全作为第五维度的国家安全，相继颁布了《中华人民共和国网络安全法》和《国家网络空间安全战略》，将网络空间安全上升为国家安全战略高度。习近平曾多次在发表讲话时强调网络安全对于国家的重要性，网络强国战略思想已经成为习近平新时代中国特色社会主义思想的重要组成部分。从实际应用层面上看，我国政策制定部门也相继颁布了一系列网络安全管理的法律法规、标准和指引，从网络安全事件类型角度出发，对不同网络安全问题进行防范、处置和应对。

我国网络安全风险具有动态性，网络安全风险复杂度不断上升。这种动态性质源于三个主要特点：一是数字化商业经营模式转型加速，复杂度显著上升；二是物联网的广泛应用以及加速智慧城市建设，使数字化设备高度互联，推升了薄弱环节的影响范围；三是云计算的广泛采用降低了操作透明度，使得网络安全问题进一步复杂化。随着新技术的快速发展，对于网络产生的新型信任模型、新型服务模式以及不断变化的威胁环境和增加的隐私问题都对网络安全提出了新的挑战和需求。

（2）我国网络安全保险保障需求分析

纵观全球网络安全保险市场，**网络安全保险市场主要有市场份额集中度高和网络安全保障需求不断增长这两大特点**。从市场份额看，美国占据了全球网络安全保险市场份额的90%以上，头部效应明显，网络安全三巨头即美国国际集团（AIG）、丘博（Chubb）和信利集团（XL集团）则占据了45%以上的美国市场份额。欧洲地区占比约为6%，而亚洲地区的网络安全保险市场则主要集中在新加坡和日本，中国并不在其中。从保障需求角度看，鉴于网络安全风险不断增加，监管处罚压力增大等原因，全球范围内网络安全保险保障需求不断增加。2011年以来，购买网络安全保险产品的企业数量几乎翻倍。目前，网络安全市场增长显著，在未来5~10年内网络安全保险保费增长率至少可达到15%以上。

从市场需求主体来看，企业客户是推动我国网络安全保险市场发展的核心需求方，但中小企业的需求也日益增长。目前，中国市场上购买网络安全保险的企业客户以国际性企业或者世界500强企业等大型企业客户为主。这些大型企业客户通常持有全球性的网络安全险保单，在中国购买的保单也通常需要具有较高的责任保障限额和/或定制化保险保障条款。对于中小企业而言，受益于互联网和数字化的发展，目前中小企业普遍处于数字化转型的阶段，并逐步意识到网络安全的重要性，企图加大在信息安全建设方面的投资以应对不断增长的风险。但就网络安全风险本身而言，中小型企业往往面临更为严峻的保障缺口。随着移动互联、物联网等技术的发展和应用，网络风险呈现范围扩大、边界模糊、入侵途径增加的特点。但不少中小企业通常未执行全面的安全风险评估程序，因此对所面临的网络安全风险和当前机构安全机制覆盖面及有效性缺乏清晰、完整的认识，导致其难以判别哪些是可以转嫁和再配置的安全风险，自然也难以将网络安全保险列入其风险管理策略之中。

从网络安全保险保障需求来看，大型企业和中小型企业有着不同的需求偏好。

整体而言，我国企业对于网络安全保险的基本要求是保障企业声誉风险以及保障企业财务状况的稳定。对于大型企业而言，由于其体量大、系统复杂度高、业务量大，其网络风险的潜在经济损失较高。大型企业对于网络安全保障限额的要求较高，更倾向于配置高赔付额的独立网络安全保险。相较之下，中小企业由于经费的局限和保险意识的不足，更倾向于选择包含一定网络安全保障的一揽子商业保险产品。

从行业分布来看，国家的核心信息基础设施行业和公共部门对于网络安全的需求显著高于其他行业，但他们对网络安全保险产品的需求则相对不强。由于这些机构通常具备完备的内部网络安全风险管控体系，不需要通过购买保险产品来应对潜在的网络安全风险，因此这些机构往往更注重金融网络安全保险产品的具体特征是否能够对当前内部风控体系起到补充作用，或能够对现有的风险管理功能起到有效的替代作用。我国金融业、医疗业、电子商务业以及一些在海外有分支机构的本土企业对于网络安全保险的需求更为明确。金融业和医疗业企业通常拥有具有较高经济价值的虚拟资产，包括海量的敏感信息和个人数据等，因此较容易成为网络安全事件攻击的目标，一旦发生事件后造成的潜在经济损失也较大。中国在电子商务领域的数字化程度处于全球领先水平，服务业中的电子商务（尤其是网络零售业）对于互联网依赖程度高，对于相关保险保障需求强烈。而一些在海外尤其是欧美地区有分支机构的中国本土企业，因对海外严格的数据保护法律法规以及巨额罚金处罚的担忧，通常都会购买网络安全保险服务。

此外，保险业本身也是网络安全风险的主要承载体之一。当前，信息技术与保险业务深度紧密融合，保险信息系统多元性和复杂度不断增强，信息技术运维操作风险增大，保险信息系统的跨界关联不断加深，保险客户数据跨行业共享交换不断深化，网络安全风险的关联与传递效率增大，网络安全风险的防护边界日趋模糊，针对保险业网络攻击事件可能频繁发生，网络安全风险已经成为保险业风险的重要部分。

（3）我国网络安全保险市场现状

- **我国网络安全保险市场规模**

目前，我国网络安全保险市场规模总体偏低，显著滞后于中国数字经济的发展程度。网络安全险在中国作为独立的险种尚无对于责任定义、保障范围、理赔触发条件等核心内容的统一规定，因此很难准确评估目前我国网络安全保险的市场规模。瑞士再保险2019年发布的《中国网络安全保险市场的发展机遇与挑战》估计，2018年中国网络安全保险保费总规模约为7 000万元人民币。

预计未来我国网络安全保险发展态势将在中期内呈现高增长的趋势。据IDC统计，2018年中国安全市场占IT市场的比重为1.84%，远低于美国、全球平均的4.78%和3.74%，成长空间较大。根据工信部2019年发布的《关于促进网络安全产业发展的指导意见（征求意见稿）》，中国网络安全市场规模有望从2018年的495亿元增长至2025年的2 000亿元以上，7年复合增速为22%。参考国际发达市场经验以及网络安全保险的发展路径。目前我国网络安全保险市场的发展程度显著低于其他国家处于类似发展阶段时期网络安全保险市场的规模，增长空间巨大。此外，个人网络安全险同样有较强的增长潜力。基于我国庞大的网民人口数量和普及的网络零售以及数字化金融业，我国个人网络安全保险密度轻微的增长也将带来保费收入显著的提升。

- **我国网络安全保险市场发展情况**

从市场参与主体来看，中国现阶段开展网络安全综合险的保险公司数量较少，主要以外资保险公司为主，中资财产保险公司数量较少。外资财产险保险公司开展网络安全综合险相关业务较早，目前占据了我国主要的网络安全市场份额。在保障能力上，外资财产保险公司都有较为成熟的保险产品和条款，完善的风险评估、定价和管理体系，专业的网络安全险核保团队以及服务供应商体系。在保单条款和产品定价上，外资财险公司保单最初设计基础数据均来自海外保险市场。尽管根据中国的具体数据进行了本土化处理，但无法完全改变产品最初设计和模型搭建时的"基因"。在风险管理上，外资保险公司具备更加完善的风险管理配套设施和管理模块，并为网络安全产品配备了相应的风险管理服务，包括预报价、投保前风险评估服务等事前服务以及事后服务和应急响应服务等。**中资财险公司在网络安全险领域布局较晚，市场份额占比较小，主要面向个人用户**。目前只有少部分中资财险公司从个人网络安全险入手，对网络安全险进行了初步尝试。与此同时，借鉴发达市场的成熟经验，国内龙头财产保险公司正在积极寻求与安全行业政府机构、专业网络安全机构以及安全厂商等的合作，通过安全技术与保险结合的方式，为企业用户提供全面的保险解决方案，搭建从安全防范到发生事故记性损失补偿的闭环体系，但目前这一模式在国内仍较为少见。

此外，一些专业的网络安全技术公司也在网络安全保险的发展中起到了重要的作用。网络安全公司的主要优势在于其相对汇集了较为全面的网络安全大数据，可以通过威胁情报分析生成对未来网络空间安全态势的感知能力，便于对网络安全威胁进行事前预防。同时，网络安全公司强大的网络安全工程师团队也可以为保险公司提供专业的技术支持。目前，网络安全公司和保险公司的合作方式主要有两种：一是网络安全公司作为技术服务商和风险咨询顾问，为保险公司做防灾防损的工作；二是通过网络安全保险产品为网络安全公司自有客户的网络安全风险进行兜底。

- **我国现有网络安全保险产品种类**

按照投保对象分，目前我国网络安全保险主要分为个人险和商业险两类。

个人险主要包括个人账户安全险、游戏虚拟账户保障保险以及电信欺诈资金损失保险等。其中，个人账户安全险占比最大，各家财险公司纷纷推出相关产品以应对随移动支付发展而显现的网络安全风险。据不完全统计，从2016年第3季度至

2019年6月,共有37家保险公司注册个人账户安全类保险产品共计89种,基本覆盖了金融机构账户、第三方充值账户、支付宝、微信等移动支付账户等多种个人常用支付环境。这类保险保费在1~50元不等,保障金额在100万元之内(见表4-1)。

表 4-1　　　　　　　　　　　现有网络安全保险产品部分列表

产品名称	承保公司	内容
银行卡盗刷险	众安保险	最高赔付5万元
网银账户盗窃险	太保财险	5元和10元起售,可获得5万至10万元的保障
个人账户安全保障保险	华泰财险与京东金融合作	专门针对互联网个人账户资金安全,对个人名下所有银行卡、网银、第三方账户因盗刷等造成的资金损失最高可保50万元
虚拟财产险业务	人保财险	保障网络游戏玩家虚拟财产的交易安全

数据来源:中国保险与养老金研究中心

商业网络安全险的承包范围主要分为第一方损失保障和第三方赔偿责任两大类。第一方损失保障,指的是保障网络安全事故导致的被保险人遭受的营业中断损失和数据恢复的费用等经济损失;第三方赔偿责任,指由被保险人承担法律责任的网络安全事故导致第三方遭受财产损失或其他人身伤害相关的经济赔偿责任。目前,我国对于网络安全和信息保护方面的立法尚未完善,网络安全相关的第三者责任保障内容仍有待明确和细化。现阶段,我国布局商业网络安全保险的公司较少,中国市场常见的商业网络安全保险保单中承保范围以保障第一方损失为主。

(4)我国网络安全保险现有保障缺口分析

目前,中国网络安全保险市场规模总体偏低,滞后于中国数字经济的发展程度,也远低于中国财产险整体的保险深度。中国网络安全保险市场的发展程度显著低于其他国家处于类似发展阶段时期网络安全保险市场的规模,这与企业实际的潜在需求有较大差距,保障缺口较大。

- 网络安全主要风险主体保险意识不强,市场有效需求偏低

从网络安全的市场主体来看,目前我国网络安全保险市场的主要客户群体仍旧集中于大型外资企业,而中小企业对于网络安全保险产品的购买能力和购买意愿都不是很强烈。一方面,体现了中小企业的网络安全保险意识依旧不足;另一方面也体现了当前网络安全保险产品的单一化,针对中小企业诉求的产品没有问世,无法有效调动潜在的巨大市场需求。对于网络安全风险的宣传力度不足,也导致许多企业客户目前网络安全风险的意识较低。加之市场发展正处于初级阶段,在售产品有限,销售渠道拓展不足,因此多数企业并不能真正了解网络安全保险对于企业的重要性。市场有效需求整体较低是目前制约我国网络安全保险发展的主要阻碍之一。

- 网络安全保险产品保障范围不足,创新能力较低

从我国现有网络安全保险产品的种类看,主要存在以下问题:一是企业综合性

网络安全保险产品数量少，缺乏面向国内实际网络安全风险的保险产品；二是中资财产险公司对于网络安全保险产品的开发持保守态度，现有个人网络安全险产品趋同性严重。

从产品形态来看，目前我国网络安全保险的主要问题有以下三方面：一是网络安全保险合同对于网络安全保险的保障范围以及责任定义标准不一。缺乏明确的标准将会导致发生损失后保险公司和投保客户在赔偿金额和责任划分上出现分歧，导致理赔成本进一步提升。二是我国网络安全保险产品保障范围相对较窄。当前现有商业综合性网络安全保险保单的承保范围以保障第一方损失为主，第三方责任的赔偿费用主要包括赔偿金、欺诈损失、法律抗辩费用和合同约定罚金等。与成熟市场相比较，保险合同中较为普遍的电子支付合同约定罚金责任、外包商数据责任以及网络欺诈损失保障等则在中国多数保单中没有得到保障。三是目前在我国网络安全保险尚不是一个独立险种，多以各种财产险的附加险形式存在。多种险种都可以通过附加险或者扩展条款的形式提供网络安全责任的保障，导致不同保单之间存在竞合问题。

- **网络安全保险缺乏充分定价数据支持**

网络安全与传统险种具有显著区别，其中最核心的特点是网络安全风险的动态变化。网络风险持续变化、新兴风险不断涌现，缺乏历史损失数据和典型理赔案件等问题日益挑战着网络安全风险的可保边界，对保险公司在风险评估、建模定价、理赔定损和处理方面提出了更高要求。**在发展网络安全保险的过程中，缺乏相应的数据支持产品的核保和定价是一个世界性难题**。独立的网络安全保险是一个全新的险种，较短的发展历程决定着其没有足够的市场经验可以借鉴。目前我国网络安全保险发展历程尚不足5年，行业参与者较少，几乎没有可参考的历史保险损失经验，保险公司获取有效定价基础信息的渠道非常有限。我国网络安全事件被公开报道的比实际发生的要少很多，可利用的历史公开数据就更有限，数据支持的欠缺严重制约着我国网络安全保险的发展进程。

- **缺乏网络安全风险模型，风控能力有待进一步提升**

对于风险缺乏准确的评估能力是制约保险公司风控能力的一大掣肘。网络风险影响因素复杂、数据搜集困难，网络风险的传导性也加大了对潜在经济损失的预测难度。与自然风险不同，网络风险不仅来自于外部事件，也来自于内部行为。据2014年IBM调查显示，95%的网络犯罪都涉及员工行为错误，因此，相应的内部风险管理质量也同样关系着网络信息的安全，而风控质量和行为风险的量化和数据搜集成为另一道难题。保险机构毕竟不是专业网络安全厂家，缺乏专业的网络安全人士。一方面，保险机构不能完全知晓当前不断演变的网络安全威胁；另一方面，保险机构也不十分清楚目标客户群的业务安全风险，无法进行合理的风控和定价，这导致部分保险机构推迟参与该市场。

- **当前我国尚缺乏对网络安全有效的法律支持**

中国网络安全的基础法律《网络安全法》已经于2017年正式施行，标志着我国已将信息安全放在了更高的位置。作为我国在网络安全法律层面的框架性文件，《网络安全法》虽然为相关领域的法律法规制定起到很好的引导作用，但与网络安全保险领域相关的具体实施细则仍有待细化，尤其是关于个人信息保护相关的配套细则和相关法律还需要完善。欧洲议会于2018年颁布的《一般数据保护法案》作为一部用来保护欧盟公民个人隐私和数据安全的新法案使得欧盟对于数据保护的监管达到了前所未有的高度。该法案的颁布也显著推动了欧洲网络安全保险业的需求。对比欧美先进经验可以发现，现有《网络安全法》对于个人信息的保护过于笼统，就法律保护手段而言，重"刑事处罚"和"行政管理"，轻"民事确权"和"民事归责"，且没有明确规范企业在个人隐私数据保护上应承担的责任和一旦出现数据泄露后造成的经济损失具体承担方。

（5）未来网络安全保险发展展望

- **进一步加强政策引导以及完善法律体系和监管制度**

当前我国网络安全险的发展正处于起步阶段，应进一步健全和完善现有网络安全相关法律法规，并逐步颁布落实相关实施细则，明确界定网络安全风险涉及的第三方责任，使得网络安全风险涉及的责任真正实现有法可依。此外，如果未能履行风险方法义务的企业可能面临大额惩罚，也将极大提升网络安全保险需求。在监管制度方面，规范化监管将促进网络安全保险市场的有序健康发展。鉴于网络安全保险存在保障缺口且保险公司对相关产品核心概念的定义差别较大，保险监管机构或行业协会尽早出台针对网络安全保险产品的具体操作指引，对相关保单涉及的核心概念进行规范。

- **加强网络安全数据支持，加快网络安全风险经济模型的建立**

网络风险具有动态性、来源多样性和传导性的特点，导致其影响因素复杂、数据搜集困难。同时，网络风险的传导性也加大了保险商对潜在经济损失的预测难度。因此，加快网络风险经济模型的建立步伐是当务之急。下一步有关部门应加快网络安全行业数据库的建设，并完善网络安全事件报道的体系和相关数据积累，为保险公司提供有效的精算数据支持。同时，保险公司可以通过多种途径进行数据渠道的拓展。如保险公司可以加强与网络安全专业公司、网络安全测评机构、软硬件产品设备厂商、专业咨询公司等的合作，也可参照国外已有数据，综合国内现实情况，对自身数据库进行充实和修正。

- **鼓励多元化网络安全生态体系，制定保障充分的保险产品**

鉴于网络安全领域的风险敞口不断扩大，保险公司也将日益关注沉默风险问题，因此未来很可能对财产险保单进行重新评估，明确地将网络安全风险列入除外责任。目前，发达国家的经验已经验证了这一趋势，将进一步推升企业对独立网络安全保险的需求。制定保障充分的保险产品，要从以下几方面入手：一是避免网络安全产品的同质化，要针对不同客户群体实现差异化精准定位；二是网络安全保险产品应根据客户群的网络安全需求进行定制化，避免产品出现安全风险覆盖不足等问题；三是要加强与科技部门合作，保持对网络安全风险的持续跟踪，针对相关网络安全风险的变化实时进行调整，不断提高保险产品附加值的服务；四是细化险种控制风险，设计合理的网络安全保单。同时，尽快培育网络安全保险精算师，拟定合理的网络安全保单，选定合理的保险费率。

4.2.5 加强金融信息保护机制，建立健全数据安全保障制度

随着大数据、云计算、人工智能等新技术的发展，科技在保险领域中的应用程度日益加深。保险公司在开展业务过程中积累了大量数据，在数字经济时代下，这些数据已成为保险公司的重要资产。保险公司需要利用数据提升经营效率、优化客户服务体验、探索新兴商业机会。然而，在此过程中，个人信息泄露等数据安全问题不断涌现，金融科技发展面临着数据安全与隐私保护挑战。金融信息保护是金融稳定发展的重要基础，平衡好金融信息安全防护与合理应用之间的关系对金融科技行业的平稳健康发展有着重要意义。为加强金融信息保护机制、建立健全数据安全保障制度，我国需要在《网络安全法》基础上进一步健全法律法规制度体系，加快信息保护领域对违法行为的惩戒，逐步构建法律规范、行政监管、行业自律、社会监督的多元协同共治格局，不断提升金融信息安全治理水平。

（1）金融科技发展面临数据安全与隐私保护挑战

近年来，随着信息技术快速发展，个人数据的商业价值在一定程度上推动了金融科技的演进与发展。然而，与此同时，金融科技的发展也面临数据安全与隐私保护挑战。

第一，**新技术新应用带来数据安全挑战**。近年来，云计算、大数据、区块链、人工智能等新兴技术与保险行业的融合越来越紧密，在创新服务的同时也给隐私保护和数据安全带来新的挑战。例如，在大数据分析的过程中，个人数据不当使用的风险增加，个人信息与非个人信息的边界变得愈加模糊；云计算为数据分析提供了强大的数字基础设施和计算能力，但也使数据越来越远离用户甚至服务提供者的"控制"；人工智能、区块链的应用则可能给隐私保护带来更多的不确定性。

第二，**个人信息泄露加剧隐私安全风险**。个人信息获取、存储、利用环节众多，传播具有极强的隐蔽性和复杂性，这使得线上与线下机构积累的大量个人信息均面临泄露和非法交易的风险。近年来，非法窃取、买卖公民个人信息的现象愈演愈烈，网络黑灰产盛行，形成完整的产业链，成为许多下游犯罪的源头。据南都大数据研究院等机构发布的《网络黑灰产治理研究报告（2018）》估算，2017年我国网络安全黑灰产已达近千亿元规模；全年因垃圾短信、诈骗信息、个人信息泄露等造成的经

济损失估算达915亿元。

第三，金融科技行业缺失个人信息安全保障机制，数据权属模糊。 为应对技术发展给隐私保护和数据安全带来的挑战，我国出台了《信息安全技术个人信息安全规范》《数据安全管理办法（征求意见稿）》《网络安全法》等多部关于个人信息保护的法案与条例。虽然有着多部相关法律条规，但目前我国仍然缺乏对数据产权归属的明确规定及数据安全保障的全面机制。《信息安全技术个人信息安全规范》中关于个人信息保护有着非常详尽的规定，如规定了个人对信息的访问权、更正权、删除权等，但该规范仍只是一部推荐性国家标准。2019年5月的《数据安全管理办法（征求意见稿）》对此有着进一步清晰的规定，但对于数据主体的权利及数据使用者的义务仍缺乏系统的规定，且仍处于意见征求阶段。

第四，金融科技数据利用效能参差不齐，增加数据泄露风险。 传统金融机构有着大量的客户数据，但因数字化水平参差不齐等原因，传统金融机构往往面临着数据价值并未充分发挥的问题。同时，传统金融机构也容易面临数据信息系统出现漏洞或内部人员利用数据牟利而导致信息泄露的风险。而为传统金融赋能的科技公司，又因缺乏监管，容易出现数据滥用的问题，在创新的同时也增加了数据泄露的风险。

（2）国际经验：欧盟《通用数据保护条例》的启示

为了更好地保护个人隐私和企业的信息安全，欧盟于2016年4月27日颁布了《通用数据保护条例》（General Data Protection Regulation，GDPR），在欧盟范围内建立了统一的关于个人数据保护及数据流通的法案。GDPR对于解决金融科技发展中出现的问题有着重要借鉴和启发意义。

2016年4月27日，欧盟通过了《通用数据保护条例》，并规定该条例将有两年的过渡期，以允许组织和政府适应新的要求和程序。2018年5月25日，《通用数据保护条例》正式直接适用于整个欧盟。与先前的95指令不同，GDPR可在所有成员国中直接适用，并在所有成员国中具有一致的效果。GDPR在前瞻性和适应性上有诸多考虑，在多种机制和规范方面有所创新，但为了最终达成政治协议，GDPR允许成员国在其国内数据保护法中采用不同的立法，成员国之间仍有不同的解释和执法做法。

GDPR就数据主体权利、数据控制者和处理者义务、数据跨境流动规则、适用范围等有非常详细和明确的规定。GDPR在第1条即明确说明GDPR是针对个人数据的保护而制定，这为个人数据提供了明晰的权利基础。[①] 与95指令相比，GDPR的主要内容和重要变化集中在下面六个方面：

第一，数据主体的权利扩大。 GDPR对数据主体的同意设立了新的条件，并提高了对于"用户同意"的要求，使得数据主体的同意，成为数据处理合法性的基础。同时，GDPR规定数据主体具有删除权，并详细描述了被遗忘和删除权执行的适用条

---

① GDPR第1条为："本条例保护自然人的基本权利和自由，尤其是他们的个人数据保护权。"

件。此外，GDPR详细规定了存在特定风险的数据，例如涉及种族、宗教、生物数据等特殊个人数据的处理方法。

第二，数据处理者和控制者的义务增加。一方面，GDPR设立了数据保护官（Data Protection Officer, DPO）这一角色，以监督数据控制者和处理者的活动；同时，数据主体可以通过联系DPO来行使他们的权利，DPO也扮演着与监管机构之间合作和联系的桥梁。另一方面，GDPR规定了个人数据泄露发生时，数据的处理者和控制者的通知义务。

第三，严格的个人数据传输规定。GDPR对于个人数据的跨境流动和传输范围提出严格的限制，目前仅有13个国家和地区被列入白名单。此外，对于大型跨国公司，GDPR列了一条"有约束力的公司规则"，便于大型跨国集团的内部数据传输。

第四，监管范围的扩大。GDPR扩大了欧盟数据保护范围，该法规不仅将对那些在欧洲开设子公司或分支机构的企业造成影响，还囊括将欧盟用户作为业务目标的公司。对于存储和处理欧盟居民数据的企业，无论其保存数据的服务地在何处，都被纳入GDPR的监管范围。

第五，惩罚力度的加大。GDPR规定，视情节轻重，将惩罚分为两个处罚数额的等级。第一等级的处罚主要针对控制者或处理者违反相关义务等；第二等级处罚主要针对违反处理的基本原则、损害数据主体权利等较为严重的行为。

第六，数据保护的标准更严格、范围更清晰。在数据保护的核心原则上，相对于95指令，GDPR对于数据保护的标准及范围有了更高和更清晰的要求，例如数据存储的最小化要求、数据使用目的限制原则与准确性原则、数据处理的完整性和保密性等。

GDPR的实施对金融科技企业造成的最直接影响体现在合规成本上升和数据跨境流动限制上。此外，在数据的商业价值挖掘上，GDPR的实施潜在地增加了金融科技行业对于数据商业价值探索的门槛。随着GDPR的实施，企业在短期内将面临合规成本的上升。同时，GDPR对于欧盟个人数据可跨境传输的前提条件的严格设置，也导致一定程度上数据跨境流动的限制。包括中国和美国在内的众多国家和地区，在进行支付等跨境金融业务中，如有涉及向欧盟进行涉及个人数据传输业务时，事先必须取得欧盟委员会认可或批准。

（3）关于我国应对数据安全与隐私保护挑战的政策建议

第一，加快数据保护统一立法。从监管上来说，虽然已经有了相应的法规措施，但相关条例较为散落，同时处罚的力度不足。面对个人信息滥用的金融市场环境，应尽快健全数据保护相关法律法规体系，从而与市场发展相适应。

第二，推进建立金融科技行业自律组织。如果套用严苛如欧盟GDPR这样的法规，可能会短期内对企业造成巨大的合规压力，从而在一定程度上遏制创新。因此，作为法律的补充，可在一定的法律框架内，建立金融科技行业的自律组织，推进行业自律。

第三，传统金融机构应构建更完备的数据治理体系。传统金融机构应构建更完备的数据治理体系，比如建全企业内部的数据安全标准，在采集、应用数据等环节中明确访问权限，监控访问行为等。为未来可能面临的严格数据保护监管做好准备。

第四，新兴金融科技企业应更审慎处理数据。对于金融科技公司而言，其基因决定了拥有对数据爬取、数据挖掘等较强的能力，这也增加了数据暴露的风险。因此，这类公司应对获取数据手段及数据分析、存储的处理更加审慎，以适应未来更加严格的监管要求。

【案例4-2】 蚂蚁金服推出《隐私保护和数据安全白皮书》

在数字经济发展的时代背景之下，数据作为基础性战略资源的地位愈发凸显。技术发展在给数据安全和隐私保护带来挑战的同时，也为解决此类问题提供了更加有力、高效的路径。每一个企业都是数字经济大潮的参与者，在促进全社会隐私保护和数据安全水平提升方面，有着共同的使命和责任。

作为互联网金融行业的领军者，蚂蚁金服于2019年发布了《蚂蚁金服隐私保护和数据安全白皮书》。蚂蚁金服提出，科技创新和管理创新是加强隐私保护和数据安全的两大支柱，通过将最新的科技应用于解决隐私保护和数据安全中的难题，在公司内部建立完善的覆盖数据全生命周期的制度规范和保障机制。在数据安全和隐私保护方面，蚂蚁金服提出了四大原则：

- 坚持公开透明。用简明易懂的方式公布隐私权政策；使用户了解自己的个人信息如何收集、使用；使用户基于充分的信息作出自己的选择。
- 坚持"三同时"。加强新产品上线的隐私保护能力评估流程，执行"三同时制度"：产品设计时，同时制订隐私保护和数据安全的管理方案；产品方案开发时，同时实施隐私保护和数据安全管理措施；产品上线运行时，同时上线运行隐私保护和数据安全管理功能。
- 坚持"三要三不要"。"要给用户安全感，要用数据给用户创造价值，要确保安全与合规"，"不要替用户做主，不要滥用数据，不要采集来历不明的数据"。
- 坚持守护安全。在数据安全方面，蚂蚁金服的目标是"做好用户数据安全的守护者，行业数据安全的建设者"，着力以数据安全为中心，以风险防范为导向，以数据生命周期为切入点，不断提升数据安全体系保障能力、数据安全风险量化能力和数据安全风险运营能力。

以蚂蚁金服为某保险行业客户开发的数据安全产品为例。保险公司的一大痛点在于数据仓库中有大量数据，数据的价值在于开放使用与流通，如果不使用则只是一堆数字，毫无价值。险企在欣喜于仓库价值输出的同时，也越来越感觉数据安全会成为下一个巨大隐患——仓库中有哪些表，包含什么样的敏感数据，这些表被哪些人使用过，使用的过程中是否生成了新的表，这些敏感数据是否有跨库流程，有没有被下载至本地，是哪些人在操作，在什么时间点操作的，在哪台机器上操作的，涉及多少数据量……通过使用数据安全产品，数据保护伞能够自动智能识别哪些表涉敏，存了哪些敏感数据资产，敏感程度是几级，哪些人在使用这些敏感数据，是否存在恶意获取等安全风险，能够让业务安全应用得到有效的保障。

4.2.6 关注5G技术在保险行业的应用前景

5G时代的到来为实现万物互联提供了可能性，并对未来保险业的发展带来巨大影响。目前，已经有国内运营商尝试协助保险公司在智慧职场、智慧理赔等场景下应用5G技术。未来，5G技术也将广泛应用于智能穿戴设备、智能家居、智能医疗等领域，并给保险业务的定价、理赔、风控等环节带来巨大变化。

（1）5G技术对保险行业的意义

2019年6月，工业和信息化部宣布正式向中国移动、中国电信、中国联通和中国广电发布第五代移动通信技术（即"5G"）商用牌照，中国正式进入5G商用元年。5G技术的主要技术特征为海量连接、高网速、短时延。

基于5G技术的物联网赋予保险公司前所未有的数据获取能力，同时物联网的智能感知和智能控制功能可以改变保险风险管理的思维方式，给保险业注入创新活力和服务价值，推进传统保险经营模式的转型升级，其在产品研发、定价、销售、投保、核保、理赔等环节有着巨大的融合创新和应用空间。5G技术在保险行业的应用价值体现在以下四个方面：

一是助力建设数字化智慧网点。 加载了5G技术的保险服务网点，将通过人脸识别、VR技术、流程自动化等前沿科技，实现智慧识别、智慧交易、智慧营销。为客户提供更现代化的体验及"千人千面"的定制服务，这一场景的应用也被认为是保险行业在5G应用上最快能够落地的场景。

二是助力财产险行业的防灾减灾及查勘定损工作。 配备5G高清图像传输及视觉智能分析功能的无人机将对高速公路、重大事故现场、偏远地区，甚至于雪山、沙漠等特殊环境查勘工作提供有力支持，大大解放人力，提升效率。同时，基于物联网构建的实时反馈系统将对高危企业及环境进行精确检测，信号数据的实时分析将在危险出现的第一时间触发防护装置，避免及减少特别重大事故的发生。

三是推进保险业生态提升。 5G将通过服务保险产业链的上下游环节来提升保险业生态，如在大健康领域，5G在医疗领域的应用将使远程医疗变得更加便捷，这也使保险机构能为客户提供更具有针对性的健康资讯和服务。

四是推进保险产品本身的变革。 5G在汽车、医疗、工业等其他行业的应用都将会引发相关保险产品的变革。5G会改变目前保险产品的内容，也会催生新的保险需求。例如无人驾驶汽车就是5G引发传统车险产品变革的产物。目前，华为已经成立智能汽车解决方案部面向汽车企业提供智能汽车解决方案，加速推进自动驾驶汽车的发展。

（2）5G技术在保险行业的应用

5G在保险业的主要应用场景包括智能医疗、无人驾驶、智能穿戴、智能家居、智慧城市和智慧农业等。5G的到来将使万物互联触手可及，汽车成为智能驾驶汽车，家庭财产成为智能家居，种植业、养殖业和林业成为智慧农业，而服务于这些场景的保险行业的变革也势在必行。

- **5G在我国保险业的初步应用尝试**

当前，保险与物联网技术的融合与对接很多还停留在业务探索和前瞻性研究阶段，实际落地保险业的5G应用并不多见。随着5G技术逐渐走向成熟，已有国内的运营商尝试与保险公司合作进行5G技术智慧职场、智慧理赔等场景的应用，辅助保险公司在营销、理赔等业务环节实现更加智能、高效的团队管理和业务运营。

■ **5G应用场景一：智慧职场**

目前，电信运营公司已协助保险公司在销售环节的销售团队管理方面进行了一些5G联合实验。5G的应用可以帮助保险机构在代理人销售行为质检、代理人培训以及代理人出勤等方面实现更加精准有效的管理，提升团队管理能力。比如基于5G技术构建的"双录"（录音录像）质检业务，为了确保销售行为符合行业监管要求，电信运营公司与保险机构合作，通过"5G+智能分析"把工作录音录像实时传到云端并进行实时分析，并支持实时智能质检和后期人工抽检。目前"双录"人工分析的市场价大概每单6~8元，保险机构利用基于5G的智能分析技术，能够快速降低成本并且更加高效便捷地开展业务。此外，通过利用5G技术，电信公司助力保险机构实现摄像头自动打卡，在公司的职场所在地部署这种信号环境以完成边缘计算的处理，保证视频监控在大流量下（例如一个职场有200人都在8点50分~9点之间入场）也能够快速处理人脸，以保障打卡的成功率。

■ **5G应用场景二：智慧理赔**

目前，保险机构已与电信运营公司合作，提供车险理赔数据共享。5G技术的应用帮助保险公司在理赔环节极大地提升了车险理赔业务的处理速度和精确度，提升客户体验。传统保险公司救援业务是以随机派单的方式进行，而现在可以在真正发生车祸时，通过APP进行就近派单，由理赔人员过来查勘，实现远程定损，同时将客户号码进行隐藏，以保障客户的隐私性，将理赔业务的服务进一步整体升级。

5G技术使得配件难以获取的大型车辆在理赔时可以实现远程视频定损，让用户自主选择修理厂和4S店，形成定损和修理的一套整体解决方案，极大地提升了车险理赔效率。例如，重汽生产公司销售的大型车辆在需要维修时，会因为配件在本地并没有备货，而导致客户需要等待一天或更久，而这些等待时间往往会使客户损失几万元的业务收入。此外,当维修人员到达修理厂现场后,第一时间不是修理车辆,而是会按照保险公司的要求先将车辆用手机进行全方位拍摄,耗时约20分钟,进一步加长了客户的等待时长,造成客户对于车辆维修的体验感差。然而,5G技术可以改变这一大型车辆的维修和理赔困境。通过5G信号覆盖,客户可以为车辆配备记录仪,实时把信息以及相关操作通过网络传至保险公司,实现远程视频定损,同时客户能够自主选择修理厂和4S店,整体完成定损相关工作,从而快速解决该场景下的问题。

- **前景展望:5G与保险**

5G技术与物联网体系的融合在未来将具有广泛的应用场景。在汽车领域,物联网与汽车网络相结合形成更加智能的自动化驾驶;在医疗领域,5G技术将使我国医疗健康产业从解决问题式的医疗服务升级为长期管理式的健康服务;在家居领域,物联网使各类家居智能化,为人们生活提供便利。在未来,这些5G与物联网技术结合的应用场景将为保险公司带来巨大价值,保险公司应当制定5G相关的数字化战略,在无人驾驶、智能家居、智慧医疗等方面不断产品创新,更好地服务于消费者的需求,以完成企业的数字化转型升级。

■ **5G未来应用场景一:无人驾驶领域**

5G技术将促进自动驾驶的发展。要实现零事故率的自动驾驶汽车离不开5G网络环境,5G技术将构筑1秒内下载1GB以上数据的网络环境,可以支持更低的延时、更高的可靠性以及更大的带宽,这些都意味着自动驾驶将更加安全,自动驾驶车辆将根据互联网判断道路状况,并能快速准确地应对路上的紧急状况。未来的道路模式会向"汽车即服务"转变,没有司机的网约车会是常态。5G技术将推动自动驾驶正式上路,带来汽车行业的颠覆性变革。

车联网的应用和普及将直接给车险行业带来了变革和机遇。从保险产品的变革上看,5G促进无人驾驶等新型驾驶模式的产生和普及,自动驾驶将引领保险产品的创新,推动原有的车险产品向无人驾驶汽车的产品责任险转变。大部分安全责任从司机身上转移到汽车生产厂商以及软件商,保险公司需要为责任转移过程中出现的新风险提供保险服务。

未来的车险是根据车辆使用频率定价的,保险公司和汽车生产商的合作关系将逐渐成为车险行业最重要的合作关系。在发生车祸的情况下,保单持有人将损坏情况拍成流媒体视频,损失情况将转化为损失状况描述和估计金额。经受轻微损坏的自动驾驶车辆会自动驶去维修车间进行维修。自动客户服务应用通过网络语音和文本与大多数保单持有人进行互动处理,直接遵循与索赔、欺诈、医疗服务、保单和维修系统相关的自学脚本。在车险查勘定损方面,配备5G高清图像传输及视觉智能分析功能的设备可以极大提升效率。以视频定损为例。目前行业内大型险企已有布局。比如,人保通过深耕定损硬件,研发和采购了多种事故车检测工具,希望能够在免拆检的情况下查明车辆损失情况，提升理赔质量；太保的"太畅通"小程序中有一键视频功能，直连公司后台核损人员，在指引下可轻松完成查勘定损工作；平安的"智能保险云"包括实人、实证、保单三合一的"实人认证"与"AI智能闪赔"。

■ **5G未来应用场景二：智能医疗领域**

随着5G网络传输速度的提升，通过可穿戴传感设备，客户的健康数据可以被远程、实时地传输至医疗机构进行分析。可穿戴设备等移动医疗设备的数据互联能支持实时传输大量人体健康数据，协助医疗机构对非住院穿戴者进行不间断的身体监测，同时也可实现通过医疗平台对医疗监护仪和便携式监护仪等医院所有设备进行数据的统一传输。5G技术将为远程医疗创建高带宽、低时延的网络环境。远程医疗的实现十分依赖低延时通信技术，例如远程超声波的诊断需要设备终端和患者之间的交互，医生远程操作手术也需要与患者实现高效实时沟通。

在医疗机构远程获取患者健康信息的同时，保险公司也能够实时掌握客户的健康信息动态，并据此为客户提供更加动态、精准的保险保障。借助于5G技术，保险公司可以在产品设计、疾病预测、健康管理、医疗服务等业务环节实现智能医疗场景，为消费者提供围绕生命周期的全方位保险保障。5G网络下，诊断和治疗将突破地域的限制，健康管理和初步诊断将居家化，医生与患者实现更高效的分配和对接，传统医院向健康管理中心转型。另外，中高端健康险可以为被保人提供更贴合客户实际需求的医疗健康类增值服务，传统的如绿色通道、体检服务、异地就医、海外医疗、在线问诊等。未来，依托于5G网络的普及，更多个性化、定制化的增值服务将走进人们的视野。

■ **5G未来应用场景三：智能家居领域**

依托于5G带来的智能家居领域的革新，保险公司可以增强对家庭财产保险的风险监控能力。智能家居设备作为保险公司产品的一部分，将为保险公司提供更广泛的保险覆盖范围和创新灵感。

智能家居可以无缝嵌入智能穿戴，并为个人打造一个基于现实甚至存在于网络中的"私人空间"，如智能厨房、可以提前半个小时打开的灯、看书时可以自动关闭的窗帘、自动设置音乐、自动测血压、自动测身高等。通过现场总线把家庭生活中使用的通信设备、家居设备、家庭安全防范设备连接成一个完整的、能够实现自动控制的一个控制系统。将数据传感器平台、智能电池、智能漏水检测器和冷冻探测器整合到一起，对接保险公司大数据平台，公司可以为用户提供智能家居监控和紧急援助服务，通知用户及时进行安全升级，或更替实时信息上传至保险公司的信息平台，以便提供个性化服务方案。

例如，总部位于美国加州的智能家居保险公司Hippo的主营业务是提供简单化、智能化的房屋保险。Hippo希望通过智能家居技术为用户提供预防性的保障，为此

Hippo正在逐渐扩展其技术布局。2017年5月Hippo宣布与智能家居科技公司Roots展开合作，为每一个投保人免费提供Roots智能漏水监测仪和冰冻警报器。通过科技手段前瞻性地预防家庭事故的发生，从而降低用户损失。未来Hippo计划推出更多的房屋传感器，将物联网等技术应用到房屋保险中。智能家庭保险服务是Hippo的一大特色。采取预防和前瞻性的措施，帮助用户减少风险，将保险产品转化用户需要的预防性服务是Hippo在提升用户体验上所强调的逻辑。

■ **5G未来应用场景四：智慧农业**

5G的物联网技术能够助力智慧农业的发展。智慧农业是将物联网技术运用到传统农业中，通过传感器和软件的利用对农业生产进行精准感知、监测和管理，对海量的农业数据进行收集、监测与传输。这些数据包括土壤温度、土壤湿度、农作物生长图像、二氧化碳浓度等。5G技术能够实现大量农业数据的传输，只要使用平板电脑或者手机，就可以精准地了解农作物的种植情况，提高农业种植的管理效率与农作物种植质量。

5G让农险理赔环节查看定损更加高效。借助无人机，我国农业保险已经实现远程验标和查勘。在发生灾害后，无人机近地面遥感可精准判断标的的位置及受损情况，大大提高理赔效率和准确率。由于当前通信技术仍有局限性，传统无人机仍然面临飞行痛点。数据传输慢，影像清晰度低，不利于人工智能分析；外围设备单一，无人机作为会飞的照相机，只能确认标的的电子耳标，造成物联网数据采集效率低、物联网设备功能受限。而5G时代的来临，上述问题迎刃而解，无人机将不再只是一台会飞的照相机。保险公司借助5G技术将无人机查勘和卫星遥感技术应用于农险定损工作中，实现遥感作物识别、面积识别；还可以提升验标效率和标的精度，最短时间内完成查勘。同时，"智慧农业"项目还可以利用无人机可以对农作物进行生长监测、病害监控，通过高光谱手段，为农户提供生产建议及技术指导，提高产量，防控风险。

4.3 监管科技专题：推动金融科技监管与时俱进，不断健全金融科技监管体系

4.3.1 金融科技与监管科技

当前，中国金融科技发展迅速，在助力金融机构转型升级的同时，赋能金融供给侧改革的深化。但是，金融科技的迅速发展也给市场造成新风险，给监管带来新挑战。金融科技的快速发展使得金融业务边界逐渐模糊，金融科技在提供跨市场、跨机构、跨地域金融服务的同时，也使得金融风险的传导突破时空限制，具有更强的传染性、更广的波及面，给金融监管带来更高挑战。

在此形势下，为有效应对金融科技带来的风险，监管部门需要使用新的技术手段加强监管，在监管科技方面加快创新，积极利用大数据、人工智能、云计算等技术丰富监管手段，提升跨行业、跨市场交叉性金融风险的甄别、防范和化解能力。同时，监管部门需推动金融科技监管与时俱进，不断健全金融科技监管体系。其中，监管沙盒被认为是有效的金融科技监管方式，目前已有英国、新加坡、澳大利亚等多国尝试建立了监管沙盒机制，以促进金融创新并对创新型业务进行合理监管。监管部门可充分借鉴各国经验，建立适合我国金融市场发展特点的监管沙盒机制，完善金融科技监管体系。此外，监管部门需要对金融科技发展进行全面规划，在严密防范风险的同时积极支持金融科技创新，在创新和监管之间寻求平衡，以推动金融科技行稳致远，更好地服务实体经济。

（1）我国金融科技监管规划与举措

为建立健全我国金融科技监管体系，央行于2019年9月印发了《金融科技（FinTech）发展规划（2019~2021年）》（以下简称《规划》），明确提出到2021年建立健全我国金融科技发展的"四梁八柱"，实现金融风控水平明显提高，金融安全管理制度基本形成，金融风险技防能力大幅提高，金融风险防范长效机制逐步健全。在金融监管方面，《规划》提出在2021年实现金融监管效能持续提升，金融科技监管基本规则体系逐步完善，金融科技创新产品全生命周期管理机制基本形成，金融监管效能和金融机构合规水平持续提升。12月5日，央行进一步发布公告表示，中国人民银行支持在北京市率先开展金融科技创新监管试点，探索构建符合我国国情的金融监管政策。目前，北京市已经启动了金融科技监管试点，探索构建包容审慎的中国版"监管沙箱"；同时，上海市也在全面推进监管沙盒，这是中国金融科技创新监管的新突破。

现阶段，我国主要从提升金融风险技防能力和增强金融科技审慎监管力度两大方面开展金融科技监管工作。 在提升金融风险技防能力方面，《规划》提出应正确处理安全与发展的关系，运用金融科技提升跨市场、跨业态、跨区域金融风险的识别、预警和处置能力，加强网络安全风险管控和金融信息保护，做好新技术应用风险防范，坚决守住不发生系统性金融风险的底线。在增强金融科技审慎监管力度方面，《规划》提出应建立健全监管基本规则体系，加大监管基本规则拟订、监测分析和评估工作力度，运用现代科技手段适时动态监管线上线下、国际国内的资金流向，探索金融科技创新管理机制，服务金融业综合统计，增强金融监管的专业性、统一性和穿透性。

（2）监管科技助力打造全面性、动态性、智能化、低成本监管

当下监管行业应用科技、打造监管科技的重点发展方向在于应用科技手段服务监管需求，提高监管效率，降低监管成本，维护金融稳定，推动跨境合作。根据应用主体的不同，监管科技主要包含行业监管和公司合规两大方面。随着云计算、大数据、人工智能和区块链等一系列技术的应用，科技与监管需求深度融合，助力监管构建更加全面、动态、高效、智能和低成本的新型监管体系，响应新经济、新金融和新保险发展的监管需要，促进全球范围内的金融监管合作，维护金融稳定和健康可持续发展。监管科技的发展和应用，给监管带来的能力提升主要体现在全面性、动态性、智能化和低成本四方面。

第一，监管科技提升金融监管全面性，打造全局性、持续性和穿透性监管。科技对监管全面性能力的提升主要体现在提升监管的全局性、持续性和穿透性三个方面。在监管的全局性方面，更广来源、更多维度、更长跨度的数据，帮助监管构建更具有全局性的监管视角。在监管的持续性方面，建立连贯的风险监控体系和标准，有助于从源头发现风险，采取相应的措施进行补救和惩治处理，并在后续的过程中不断监督相应的措施效果，提高整体监管的有效性。在监管的穿透性方面，在科技与创新场景、业态的融合过程中，风险会呈现出一定的叠加性和高隐秘性。应用科技手段，对更全面的数据进行更深入的挖掘和分析，大幅提升了监管对风险源头的甄别处理能力，从而更有效、更全面地控制风险，提高监管有效性，防范风险事件。

大数据、人工智能等新兴技术的出现以及行业数据完整性的增强为实施更加全面的监管提供了必要的基础设施支撑。随着行业科技应用水平的不断提升，行业整体数字化水平不断提高，行业数据的完整性不断加强，尤其在区块链等技术的进一步支持下，数据的连贯性、一致性和可追溯性都不断强化，为监管提供了更加可靠和便利的资源支持。同时，应用大数据、人工智能等技术，可实现对大量数据进行分析和处理，提高风险和异常点的甄别灵敏度，为实施全面性监管提供技术支撑。

第二，监管科技实现金融监管动态化，提升监管效能。金融行业发展瞬息万变，特别是在当前科技的助推作用下，市场的发展速度尤为迅猛。在持续高速运行的市场环境下，紧扣市场运行脉搏，动态追踪市场变化，从中发现违法违规的市场行为，防范可能的风险特征，都是对传统监管手段的巨大挑战。而科技手段的运用，让全天候、动态实时的市场监管监控成为可能，助力构建更加稳定的市场运行体系。在监管科技的支撑下，金融监管动态性能力加强，监管效能得以大幅度提升。一方面，监管科技助力监控效率大幅提升，借助于监管科技提供的计算资源、数据资源和处理能力，监管机构对市场全面、动态和全天候的监控成为现实，对违法违规及潜在风险的灵敏性和及时性得到增强。另一方面，监管科技助力监控效果大幅提升，通过应用创新科技，对监管对象采取持续、动态、穿透式追踪及实时评估，有助于进一步提升监管措施的有效性，确保监管的权威性，提升整体的监管效能。

第三，监管科技推动金融监管智能化，降低监管成本。随着监管科技的不断发展，基于科技的数字化监管有望进一步发挥效用，监管机构在未来可能成为数据化的管理机构。借助于科技的不断应用，监管机构通过智能化的手段，实现对整个市场的全面、动态和高效的监督、监控和管理。这包含了对风险的智能化识别、监管措施的智能化匹配、监控效果的智能化追踪等一系列的智能化应用。同时，监管科技的应用，为包括系统性风险识别和大量长尾机构的监控提供了更加高效和低成本的解决方案。通过云计算、大数据、人工智能、区块链等技术的应用，数据的获取、维护和分析处理成本都大幅度降低，人力投入相应减少，处理能效提高，监控和监管有效性得到增强，监管死角和漏洞进一步减少，整体监管成本得到了有效控制和降低。

4.3.2 监管沙盒国际经验对比分析[①]

金融科技在带来经济社会效益的同时，也可能会带来业务、技术、网络、数据等多重风险的叠加与扩散，为金融监管和社会稳定提出了更多的挑战。很多国家都在针对金融科技特点和发展态势对监管的框架和政策工具进行适应性的调整。

不同国家的金融科技监管理念与方式具有一些共性的特点，主要包括五大方面：一是根据金融科技业务功能进行分层分类监管；二是在涉及募集公众资金等特许经营领域对金融科技采取严格的准入管理；三是重点关注信息披露、金融消费者保护等方面的行为监管；四是提倡使用监管科技监管金融科技；五是探索实施监管沙箱、创新加速器等监管新工具。

监管沙盒是未来监管科技创新发展条件下可被应用的监管模式之一。2015年11月，英国金融行为监管局率先提出了监管沙盒（Regulatory Sandbox）的创新监管理念，并于2016年正式开始实施。随后，新加坡、澳大利亚、荷兰、中国香港等国家和地区也在英国模式的基础上，相继推出各自的监管沙盒模式。目前，监管沙盒得到了众多国家的响应（见图4-4）。

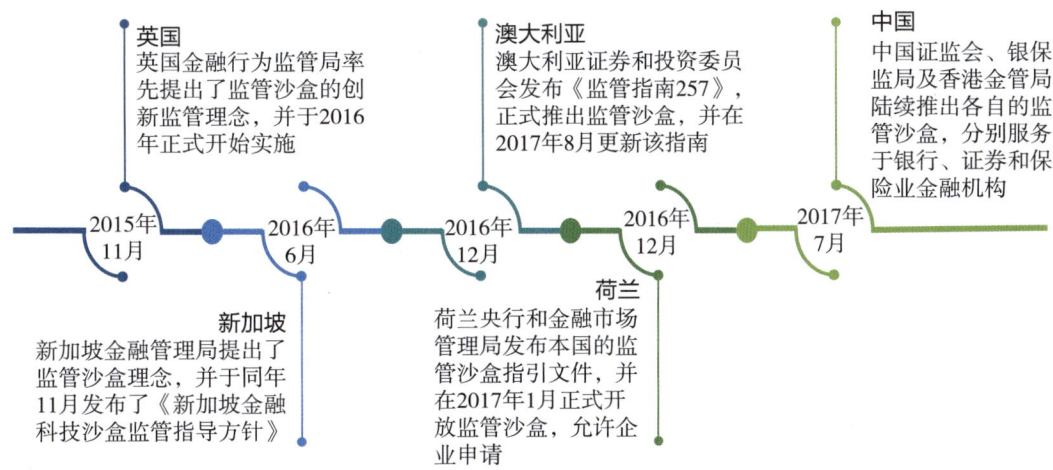

图4-4　不同国家与地区的监管沙盒出台时间

数据来源：清华大学金融科技研究院、中国保险与养老金研究中心

英国作为全球首个实行监管沙盒的国家，对其他国家的监管沙盒运行模式有重

[①] 本部分内容基于清华五道口金融科技研究院于2018年9月发布的《一样的监管理念，不一样的监管实践——国际监管沙盒模式对比分析》研究报告整理而成。

要的模范作用，也是各国监管沙盒制度建立的基础。受英国监管沙盒制度的影响，各国监管沙盒模式的核心理念较为统一，均将监管沙盒用作一个受监督的安全测试区，通过对测试准入设立限制性条件和制定消费者权益保护措施，允许企业在真实的市场环境中，以真实的消费者为对象测试创新性产品、服务和商业模式。

纵观监管沙盒两年多以来在全球范围内的发展，可发现四大趋势：一是监管沙盒的目标范围有所扩充；二是进入沙盒的方法除了审批制外还新增了报备制；三是监管沙盒辅助工具多样化；四是退出沙盒方式多元化。

（1）促进创新发展是监管沙盒机制的基本和首要目标

从监管沙盒的目标和功能来看，促进创新发展是每个国家实行监管沙盒机制的基本和首要目标，英国作为监管沙盒概念的提出者以及首个实施者明确指出，监管沙盒的目的是在保障消费者权益的前提下，给予企业足够的自由度，以达到支持金融创新的目的。

除了促进金融创新外，各国监管沙盒设立的目标还主要包括以下三类：

❖ **对创新业务合理监管**：澳大利亚证券与投资委员会与中国证监会和银保监局均提出监管沙盒应为创新业务提供一个受到限制的监管环境，保证创新在现行的监管体系下受到适当监管，同时增加金融投资者和消费者的信任和信心，使监管沙盒成为创新业务的有效合理监管机构。

❖ **促进市场竞争，提高市场效率**：英国金融行为监管局在明确鼓励创新之余，希望监管沙盒可以进一步促进国内有效的市场竞争，新加坡金融管理局也希望监管沙盒可以高效率地利用金融科技与金融产品创新，使金融生态越来越具有活力。

❖ **完善法律法规**：荷兰央行和金融市场管理局提出希望通过监管沙盒让监管机构从法规的制定目的出发，审查已制定的政策，发现不必要的冗杂规定，并在必要的情况且不放弃监管标准的前提下，考虑新的技术发展，审查和微调规则以适应创新。

（2）进入监管沙盒的申请方式：申请审批制和申请报备制

目前企业进入监管沙盒的申请方式主要有两种：一种是英国的申请审批制；另一种是澳大利亚创新的申请报备制。多数国家的监管沙盒采用英国的申请审批制。

申请审批制采用一事一议原则，申请企业按照监管沙盒的规定向沙盒管理机构提交申请材料，等待审批。管理机构根据评估标准分别审核每一家企业是否具备加入沙盒测试的资格。评估标准多为主观要求，并非具体的客观条件。采用申请审批制的各国监管沙盒在评估企业进入沙盒的标准大同小异，可概括为创新性、市场发展、风控措施、准备工作和面临障碍五大方面。从企业能否进入监管沙盒测试的准则来看，创新是否有利于本国金融市场的稳定、金融行业的发展，是否有助于保障消费者权益是成功进入监管沙盒的关键。澳大利亚是全球第一个尝试采用监管沙盒申请报备制的国家。一般而言，公司在提交申请后14天进入沙盒测试。澳大利亚证券与投资委员会会确认提交材料的真实性，但不会审核评估公司，因此为了控制风险，证券与投资委员会对于选择报备制进入沙盒的企业在测试产品、提供的服务、用户的数量上有明确的严格限制。澳大利亚证券与投资委员会规定，当企业作为金融服务提供者时，可以为消费者提供投资建议，帮助交易金融产品，但不能发行金融产品；当企业作为信贷服务提供者时，只能作为信贷中介运营或者提供信贷服务，不能直接放贷给消费者。

申请审批制对申请沙盒测试企业未设定统一标准化的条件，可更有效灵活地评估创新业务模式。但是，由于创新业务的多样性与复杂性，监管沙盒管理机构需要使用大量资源对每一项创新业务进行准确评估，评估耗时较长，对管理团队要求较高。申请报备制采用统一标准，相较于申请审批制，可在一定程度上减轻沙盒管理机构的工作量，降低对管理团队的要求，加快企业进入沙盒的速度。然而，由于报备制的申请条件采用标准化操作，缺乏申请审批制的灵活性，极有可能造成创新型企业难以通过申请标准进入沙盒。

（3）监管沙盒辅助工具多样化

企业正式进入沙盒后，各国的监管沙盒管理机构会根据所在国家金融水平的发展、法律法规的允许空间以及对风险的认知和承受能力的不同，为测试企业提供多种不同程度的辅助措施。在沙盒测试期间，各国监管沙盒管理机构为测试企业提供的辅助措施虽各不相同，但最终目标都是为了给予企业创新空间，促进金融创新发展。

英国监管沙盒是所有监管沙盒中提供辅助措施种类最多、最全面的沙盒，具体包括限制性牌照、个别指导、规定豁免与修改、无异议函和非正式引导。这五大类辅助措施，在牌照许可、法规要求、监管引导以及答疑解惑等方面为企业在测试期间提供了支持，以此来鼓励测试企业创新业务的发展。

与英国相比，各国及地区辅助措施的不同之处主要体现在以下几方面：

- 牌照许可方面：澳大利亚监管沙盒较英国监管沙盒更为宽松。澳大利亚证券与投资委员对于进入沙盒的企业不是授予限制性牌照，而是直接豁免企业需要的许可证。
- 法规要求方面：各国及地区依据本国及地区的法律法规允许空间会提供不同程度的放宽，且在具体放宽的法规上也会有所不同。
- 监管引导和答疑解惑方面：中国香港金融管理局的监管沙盒设立了金融科技聊天室，荷兰监管沙盒设立了创新指导窗口，均为专门用于企业与监管层沟通的窗口，搭建企业与监管层直接交流的渠道，增加双方的沟通效率，降低时间成本。
- 各国及地区的辅助措施都在不同程度上减少了测试企业面临的法律法规监管障碍，提供了监管层与企业相互交流的途径，推动了金融创新的大力发展。

（4）退出方式进一步多元化

各国及地区监管沙盒为测试企业提供了不同的退出选择方式，企业完成沙盒测试后，根据测试结果，可选择合适的退出方式进入下一步发展阶段。目前，多国及地区已有成功退出的企业，其中英国监管沙盒成功退出的企业数目最多。结合各国及地区的退出方式，目前退出方式主要包括四种：一是继续测试；二是授予牌照；三是业务调整；四是停止运营。这四种退出方式在各国及地区具体实施时，细节有所不同。

当企业依据自身所处的状态，选择不同的方式退出后，所有监管沙盒在测试期间允许放宽的法律空间和牌照豁免会随着测试结束而结束。如果测试结束后企业想持续运营，其业务必须在满足现行法律法规的要求下进行。因此，测试企业需要明确认识，监管沙盒不是躲避监管的工具，而是帮助企业更好地符合监管要求的有效方式。

英国的监管沙盒是全球应用相对最为成熟的模式，进入沙盒测试和成功退出沙盒的企业数量在各国中最多。截至2018年8月，英国监管沙盒的第四期已经开始测试。从第一期至第四期，累计申请测试企业276家，成功进入测试企业89家，40%的企业已成功完成测试。统计表明，通过沙盒测试并获得授权的企业更容易在资本市场上获得投资，相当于获得金融行为监管局的信用背书。此外，新加坡监管沙盒自2016年推出后已有30多家企业提出测试申请，半数通过审核进入沙盒测试，1家企业成功完成测试退出沙盒。截至2018年7月底，中国香港金管局监管沙盒已有33项新技术产品进入测试，其中26项已完成测试，即将向市场全面推广。澳大利亚通过申请报备制进入监管沙盒的企业有3家，已退出的企业有3家。

4.3.3 关于推动我国监管科技发展的建议

（1）坚持发展特色差异化监管沙盒

不同国家在实行监管沙盒时，应因地制宜，根据本国金融的发展和监管的需求，确定监管沙盒的定位与目标，发展适合本国特色与需求的监管沙盒模式。监管沙盒模式尚未完全成熟，仍旧处于实验期中，从最早英国实行监管沙盒开始，至今也不到2年的时间，英国金融行为监管局依旧会不定期地对本国的监管沙盒进行修改。因此，其他国家及地区在实行监管沙盒时，更应根据国情的需要，多方位尝试不同的运行模式。例如，中国香港根据该地区实行分业监管体制而采用分业监管沙盒的模式，对于不同行业的金融创新产品与服务采用不同的监管沙盒进行测试，这是完全不同于英国模式的混业监管沙盒模式。此外，印度出现了产业沙盒案例——India Stack。产业沙盒是指行业内的公司聚集在一起成立虚拟的测试环境，对产品进行测试。India Stack主要为印度低效金融部门的金融技术转型提供基础，目前已经受到印度政府以及印度储备银行的支持。India Stack测试内容包括国家生物特征识别系统、建立银行账户、开放式API软件和电子KYC，主要注重于数字标准化。

（2）认知风险，谨慎推行

监管沙盒为测试创新业务而设立，创新业务多使用新兴技术研发全新的产品、服务和商业模式，并对传统业务模式进行创新，使得其面临的风险除了传统风险外，可能还存在尚未发现和认知的新风险。这要求监管沙盒在实施过程中能及时识别并控制测试企业运营中出现的风险。此外，互联网金融的蓬勃发展，使得跨界商业模式越来越多，金融风险传递性是另一个不可忽视的问题。因此，在推行监管沙盒时，应谨慎实施，不宜过度放开标准而引发重大风险。监管沙盒模式应是在尝试不同创新的同时严格把控风险，既探索新业务，鼓励创新发展，激发市场活力，又不损害消费者，影响市场稳定运行。

后 记

近10年来，在全球金融科技大潮下，全球主要保险市场、大型国际保险机构，竞相进入了科技驱动的保险业数字化转型的时代。其中，中国保险业在科技创新的应用实践上，所进行的尝试和取得的成就，令世人瞩目。当前，中国保险业正经历从高速度增长向高质量发展的重要转型升级阶段，科技是推动保险业质量变革、效率变革、动力变革的核心驱动力，也是推进保险业动能转换及转型升级的关键。

本书的撰写，源于一个有现实意义应用的课题：2019年中旬，由全国政协委员、国务院参事室金融中心研究员、清华大学五道口金融学院理事周延礼同志牵头启动了题为《金融科技发展视角：构建保险科技创新新生态》的全国性调研课题。该课题为国务院参事室的年度重点研究课题，也是金融科技领域的代表性课题。

2019年6月，在周延礼同志直接领导下，由来自清华大学五道口金融学院、中国人民银行参事室、中国银保监会的相关人员参与的课题组正式成立。9月至10月，课题组赴北京、上海、杭州及南昌进行了实地调研，既覆盖保险总部聚集的经济发达地区，也覆盖金融欠发达的中西部地区。调研过程中，课题组实地走访了中银保信、泰康保险、新华保险、太平洋保险、大地保险、众安保险、人保江西分公司、上海保交所、蚂蚁金服等机构，并组织中国平安、人保金服、微民保险代理等20余家代表性机构进行了深度座谈。调研的样本既包含大型保险公司，也包括中小型保险公司、互联网保险公司、保险中介机构及保险科技初创企业等，获取了全面详实的第一手丰富资料。同时，清华大学五道口金融学院的中国保险与养老金研究中心的海外研究团队，也为课题组提供了近一年的海外市场、公司调研成果。现场调研后，课题组成员用近6个月时间查阅了大量中外文献资料，结合实地调研内容及公司资料，对金融科技、保险科技、技术发展趋势及海外保险科技发展等相关行业研究资料进行了全面梳理，搭建起保险科技发展研究的理论框架，最后形成了20余万字的研究报告。2020年10月，研究报告正式付梓出版。

此次调研课题及研究报告撰写、出版工作是在周延礼同志的亲自指导下，由中国银保监会中介部主任、清华大学五道口金融学院中国保险与养老金研究中心理事姜波，清华大学五道口金融学院常务副院长廖理担任主编，由清华大学国家金融科技研究院副院长、五道口金融学院中国保险与养老金研究中心主任魏晨阳，中国银保监会办公厅正处级秘书金鼎策划组织安排，五道口金融学院中国保险与养老金研究中心的邓珊珊、冯采、王言全程参与了课题调研的组织实施，五道口金融学院中国保险与养老金研究中心的刘晓、薛越、蒋昭昆以及实习生吴康妮、李心怡参与撰写工作。

感谢中国财政经济出版社金融出版分社郁东敏社长的全力支持，感谢贾延平、胡永立等编校们的悉心指导和辛苦付出，他们为本书做了大量细致的编辑和校对工作，使得本书得以顺利出版。本书编写过程中，虽然我们尽了最大的努力，但疏漏和不当之处在所难免，真诚欢迎读者的批评、指正。

本书编写组
二〇二〇年九月二十日